粮食安全：
国计民生的永恒主题

——关于国家粮食安全课题系列研究报告

白美清　主编

Grain security,
The eternal theme of national planning and people's livelihood
——China's grain security theme research series reports

The editor, Bai Meiqing

经济科学出版社
Economic Science Press

图书在版编目（CIP）数据

粮食安全：国计民生的永恒主题——关于国家粮食安全课题系列研究报告／白美清主编 . —北京：经济科学出版社，2013.6

ISBN 978 - 7 - 5141 - 3561 - 9

Ⅰ.①粮… Ⅱ.①白… Ⅲ.①粮食问题 - 研究报告 - 中国 Ⅳ.①F326.11

中国版本图书馆 CIP 数据核字（2013）第 144450 号

责任编辑：侯晓霞
责任校对：隗立娜
责任印制：李 鹏

粮食安全：国计民生的永恒主题
——关于国家粮食安全课题系列研究报告
白美清 主编
经济科学出版社出版、发行 新华书店经销
社址：北京市海淀区阜成路甲 28 号 邮编：100142
教材分社电话：010 - 88191345 发行部电话：010 - 88191522
网址：www.esp.com.cn
电子邮件：houxiaoxia@ esp. com. cn
天猫网店：经济科学出版社旗舰店
网址：http://jjkxcbs.tmall.com
北京密兴印刷有限公司印装
710×1000 16 开 21.25 印张 270000 字
2013 年 9 月第 1 版 2013 年 9 月第 1 次印刷
ISBN 978 - 7 - 5141 - 3561 - 9 定价：48.00 元

编 委 会

前　言

粮食安全是全球共同关注的重大战略问题。我国作为世界上人口最多的国家，同时也是最大的粮食生产国、消费国和进进出口贸易国，粮食安全始终是国计民生的永恒主题，历来受到党和政府的高度重视。

进入 21 世纪以来，随着改革开放不断深化和全面建设小康社会迅速发展，我国粮食出现了消费快速增长、种植面积逐年减少、自给率不断下降和对外依存度持续上升等新情况。尽管粮食总产量实现了"九连丰"，但我国仍由此前的粮食净出口国变成了现在的粮食净进口国。这一系列新的变化，凸显了保障粮食安全的极端重要性和紧迫性。

中国粮食经济学会和中国粮食行业协会在国家粮食主管部门的领导下，一贯重视保障国家粮食安全的战略和对策研究。在学会和协会会长白美清同志的大力倡导和亲自部署下，早在 10 年前即 2002 年，学会和协会就组织业内外资深专家和有关粮油企事业单位，专门成立了国家粮食安全研究课题组，针对涉及我国粮食安全的相关重大课题，分期分批按专题深入进行系列研究，平均一年多时间提出一份专题研究报告，供国家领导机关和粮食宏观决策部门参考。

  国家粮食安全系列研究课题，以提出国家实施新的粮食安全战略为开篇，建议从国情和粮情出发，把全国年粮食消费量的25%作为国家粮食安全的红线，依次展开了专题系列研究：重点保障全国332个贫困缺粮县的粮食安全；科学把握我国粮食安全库存和储备水平的量化调控指标；把稻米放在国家粮食安全重中之重的战略位置；着力消减粮食周期性波动对国家粮食的影响；建立保障城乡低收入人群口粮安全的长效机制。其中关于我国食用植物油安全战略研究专题报告，由粮经学会委托国家粮油信息中心承担并完成。截至目前，课题组已完成了7个系列研究报告。在2008年6月和2010年4月，白美清会长在组织有关专家深入讨论研究的基础上，还向国务院提出了保障我国食用油安全和"十二五"计划期间粮食安全的8项建议。其中有5个研究报告和两次书面建议，在当时由白美清会长呈报国务院总理温家宝，副总理李克强、回良玉等领导同志，均受到了他们的高度重视，并分别批示有关部门研究落实。当时提出的许多重要政策建议和举措，被国家宏观经济决策部门在制定粮食安全中长期战略规划和粮食宏观调控政策时参考和吸纳，为促进各级党政领导机关和粮食主管部门自觉重视国家粮食安全，及时制定和出台相关优惠政策，切实保护粮农和广大消费者的利益，为维护社会和谐稳定，发挥了积极作用。

  为深入贯彻落实党的十八大提出的"确保国家粮食安全"的重要战略部署，建设好符合我国国情的可持续、抗风险、能自主的国家粮食安全保障体系，进一步引起全行业和全社会，尤其是各级党政领导部门对粮食安全问题的广泛关注和高度重视，由白美清会长亲自担任主编，把粮食安全研究课题组已完成的7个粮食安全系列研究报告和有关粮食安全问题的重要研究资料重新汇编出版，供各级党政领导部门、各类粮油企业、广大粮食工作者、科研人员和社会各界广大读者研究参考，以期使粮食安全这个事关国计民生的永恒主题警钟长鸣，世代无虞，永保平安，为胜利实现党的十八大提出的全面建成小康社会的宏伟目标而奋斗。

中国粮食经济学会
中国粮食行业协会　　课题组

2013 年 5 月

目　录

Contents

国家粮食安全新战略研究和政策建议 *

——国家粮食安全系列研究报告之一

中国粮食经济学会
中国粮食行业协会　　课题组

粮食安全是关系国民经济全局的重大战略问题。我们按照科学发展观的要求，从分析粮食产量和消费新变化入手，展望全面建设小康社会的粮食安全形势，提出了实施国家粮食安全新战略的主要指标和政策建议。

一、粮食产量和消费的新变化

近年来，我国粮食产量和消费出现了令人关注的新变化：

（一）粮食总产量由降转升，但恢复到历史最高水平需要较长时间

1990 年以来，全国粮食总产量逐年上升，1996 年突破 5 亿吨大关，1998 年创历史最高水平 51 230 万吨。但从 2000 年起，则连续 4 年产不抵消，到 2003 年降为 43 070 万吨。粮食减产的主要原因不是自然灾害，而是耕地和粮食播种面积大幅减少，其中虽有农

---

* 这份研究报告由白美清会长报送国务院和有关部委后，回良玉副总理曾于 2004 年 5 月 12 日和 10 月 14 日两次作出批示："守宏同志：这是白美清同志送来的材料，请阅研。""请有芳、锡文同志阅研。"国家发改委和国粮局有关领导同志也分别作了批示。

业生产结构调整的合理因素，更有盲目压缩种粮面积、大搞开发区和大上"形象工程"等不合理因素推波助澜。2003 年与 1998 年相比，粮食播种面积减少 2.15 亿亩，单产减少 11.5 公斤，粮食总产减少 8 160 万吨，其中因播种面积减少导致粮食减产 622 万吨，占减产总量的 7.6%。可见，这次粮食减产与过去受灾减产只影响当季当年产量不同，耕地面积特别是粮食播种面积减少，意味着丧失了一部分最重要的粮食生产要素，是"硬伤"，恢复相当困难。

今后除非粮食播种面积、单产有大幅提高和科技有重大突破，要恢复到历史最高的产量 51 230 万吨，估计需要相当长的时间（见表 1 和图 1）。

表1　　　　全国粮食总产量增减变化表（1995～2003 年）

项目 / 年度	1990	1995	1996	1997	1998	1999	2000	2001	2002	2003
播种面积（万亩）	170 199	165 090	168 822	169 368	170 681	169 742	162 695	159 120	155 837	149 115
比上年 +-（万亩）	1 891	774	3 732	546	1 313	−939	−7 047	−3 575	−2 383	−6 682
每亩产量（公斤）	262	282.5	299	291.5	300	299.5	284	284.5	293.5	288.5
比上年 +-（公斤）	16	11.5	16.3	−7.5	8.5	−0.5	−15.5	−0.5	9	−5
总产量（万吨）	44 624	46 662	50 454	49 417	51 230	50 839	46 218	45 264	45 706	43 070
比上年 +-（万吨）	6 713	2 152	3 792	−1 035	1 813	−391	−4 621	−10 954	442	−527

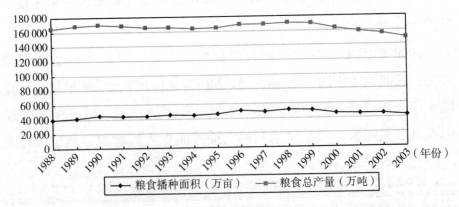

图1　全国粮食总产量和播种面积变化图（1988～2003 年）

（二）粮食消费总量逐年上升，消费结构出现新变化

粮食消费总量，1990 年为 41 395 万吨，以后各年小幅度上升，到 2003 年增至 48 800 万吨，13 年里平均每年增加 570 万吨。

粮食消费结构最突出的新变化是：城乡居民口粮消费比例下降，饲料用粮比例快速增长，工业用粮比例也逐年增加（见图 2 ~ 图 4 和表 2）。

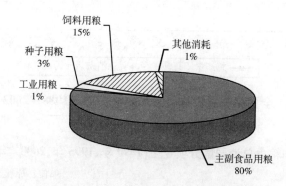

图 2 1990 年全国粮食消费结构

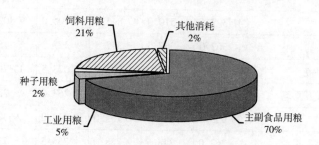

图 3 2003 年全国粮食消费结构

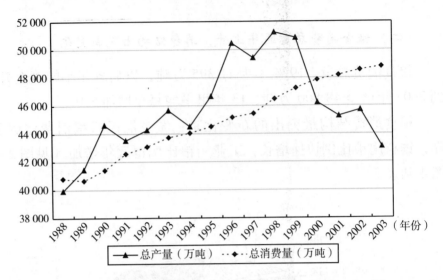

图4 全国粮食总产量和总消费量变化（1988～2003年）

表2 全国粮食总消费量分项变化（1990年、1995年、2000年和2003年）

单位：原粮万吨、公斤/人

年度 项目	1990	1995	2000	2003	2003比1990增减	
					数量	年平均
消费总量	41 397.5	44 510.0	47 845.0	48 800.0	7 402.5	569.4
总人口每人平均	362.0	367.5	377.5	377.5	15.5	1.2
一、主副食用粮	32 647.5	33 492.0	33 208.5	34 023.5	1 376.0	105.8
总人口每人平均	285.5	276.5	262.0	263.0	22.5	1.7
（一）口粮	29 935.0	30 113.5	30 155.0	30 472.0	537.0	41.3
总人口每人平均	162.0	248.5	238.0	235.5	73.5	5.7
1. 农业人口口粮	24 312.0	23 972.5	23 655.0	22 887.5	-1 424.5	-109.6
农业人口每人平均	269.0	259.0	251.0	250.0	-19.0	-1.5
其中：农村劳动力到乡 外就业人口口粮	420.0		2 040.0	2 675.0	2 255.0	173.5
乡外就业人口每人平均	280.0		274.0	274.0	-6.0	-0.5
2. 非农业人口口粮	5 623.0	6 141.0	6 500.0	7 584.5	1 961.5	150.9

4

项目 \ 年度	1990	1995	2000	2003	2003 比 1990 增减	
					数量	年平均
非农业人口每人平均	235.5	215.0	200.0	200.0	-35.5	2.7
（二）食品、副食酿造、饮料酒用粮	2 712.5	3 378.5	3 053.5	3 551.5	838.9	64.5
1. 食品（含餐饮）、副食酿造业用粮	1 365.5	1 453.5	1 521.0	1 551.5	186.0	14.3
其中：农业人口副食用粮	58.5	40.9	20.9	14.6	-43.9	-3.4
2. 饮料酒用粮	1 347.0	1 925.0	1 532.5	2 000.0	653.0	50.2
二、工业用粮	437.0	1 590.0	1 776.5	2 420.5	1 983.5	152.6
三、种子	1 380.0	1 175.0	1 155.0	1 072.0	-308.0	-23.7
四、饲料粮（粗饲料）	6 335.5	7 653.0	11 060.0	10 489.0	4 153.5	319.5
五、国家及国有企业经营中的大豆榨油、水分杂质减量、损耗	597.5	600.0	645.0	795.0	197.5	15.2
附：转作饲料的粮食加工副产品	4 417.0	6 477.5	9 362.5	12 011.0	7 594.0	584.2

1. 城乡居民口粮：2003 年非农业人口人均口粮 200 公斤，比 1990 年减少 35.5 公斤；农业人口人均口粮 250 公斤，比 1990 年减少 19 公斤。从 1990 年到 2003 年的 13 年中，全国城乡居民口粮消费只增加了 535 万吨，年均仅增 40 万吨，只占年均粮食消费增加量的 7%。

2. 工业用粮：1990 年为 435 万吨，到 2003 年已增加到 2 420 万吨，净增约 2 000 万吨，年均增加 152.5 万吨，约占年均粮食消费增加量的 27%。

3. 饲料用粮：1990 年为 6 335 万吨，2003 年猛增到 10 490 万

吨，净增约 4 150 万吨，年均增加 320 万吨，约占年均粮食消费增加量的 56%。

粮食消费结构的上述变化，表明我国在解决温饱问题后进入全面建设小康社会的新时期里，须在确保城乡居民口粮供应的同时，注意解决饲料和工业用粮。

（三）全国粮食已连续四年产不抵消，使现有库存难以长期支撑

由于粮食消费刚性上升而粮食生产波动较大，使粮食产量与消费平衡发生了较大变化。大体分为三个阶段：

一是 1991~1995 年产量与消费基本平衡略有结余。每年产量消费后结余约 500 万~2 000 万吨，4 年累计节余 6 700 万吨。

二是 1996~1999 年产量大于消费供给暂时过剩。每年产量消费后余额达 3 500 万~5 000 万吨，4 年累计结余 17 500 万吨。

三是 2000~2003 年产不抵消挖用库存。每年产量与消费缺额 1 500 万~2 500 多万吨，2003 年缺额最多达 5 500 多万吨，4 年累计缺额 13 120 万吨。这些缺额，是靠挖用 1991~1999 年的累计结余库存来解决的。虽对缓解当时国家粮食库存一度爆满的压力起了一定作用，但也带来了缺乏粮源补充库存等新问题。

2003 年，全国粮食库存还比较充裕，保证近期市场供应尚无问题。但面对每年连续出现的几千万吨产消缺口，将难以长期支撑，缺粮的隐忧已开始显现（见表 3 和图 5）。

表3　　　　全国粮食产消余缺（1991~2003 年）　　单位：原粮万吨

年　份	总产量	总消费量	产消余缺
1991	43 530	42 565	965
1992	44 265	43 060	1 205
1993	45 650	43 735	1 915
1994	44 510	44 045	465

年 份	总产量	总消费量	产消余缺
1995	46 662	44 510	215
1991～1995 累计			6 700
1996	50 455	45 160	5 295
1997	49 415	45 435	3 980
1998	51 230	46 475	4 755
1999	50 840	47 235	3 605
1996～1999 累计			17 635
2000	46 218	47 845	－1 625
2001	45 264	48 180	－2 915
2002	45 706	48 555	－2 850
2003	43 070	48 800	－5 730
2000～2003 累计			－13 120

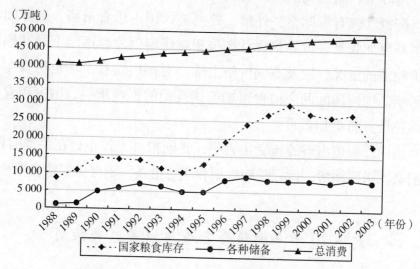

图 5 国家粮食库存、各种储备、总消费量变化（1988～2003 年）

（四）粮食价格走出六年低迷，开始恢复性上升

1998 年以来，粮食价格一直在低位运行甚至下降。从 2003 年 10 月开始，市场粮价明显回升，到 2004 年 5 月，3 种粮食（小麦、稻谷、玉米）价格比上年同期上涨 40%～60%，大豆价格突破了历史最高水平。

（五）粮油购销全面放开，国内外粮市竞争更加激烈

在国内，随着粮食购销市场全面放开，多种经济成分进入粮食流通领域，经营主体多元化；众多国有粮食企业通过深化改革和改制、转制，独家收购和经营粮食的情况将不复存在。这两方面的变化，将使粮食市场更加活跃，同时规范粮食市场秩序、防止不正当竞争将更为艰巨。

国际上，随着我国加入世贸组织，"过渡期"即将结束，粮食进口配额管理有所调整，外粮、外商进入国内粮食市场，国际间粮食贸易更加频繁。世界粮食总产虽相对稳定但库存逐年下降和国际粮价趋涨的情况，以及石油价格上涨，对国内粮食市场也将发生重大影响。国内国际两个粮食市场连接互动的影响增强，国家粮食宏观调控任务将更加繁重。

国内外粮情出现的新变化表明，我国粮食工作正处在关键时期。我们必须未雨绸缪，做好长期规划和应急准备，确保国家粮食安全。

二、到 2020 年全国粮食产量与消费趋势预测

根据相关资料分析研究，从现在到 2020 年，我国粮食产量与消费总的趋势大体是：粮食生产由恢复性增长转为相对稳定，粮食消费持续小幅上升，但国内粮食产量与消费缺口逐年增加，每年需

要适当进口才能实现供求平衡。

（一）粮食总产平缓恢复性增长

在科技没有明显突破的情况下，粮食总产量取决于播种面积和单位面积产量两个重要因素。

1. 粮食播种面积测算。2003 年为 14.91 亿亩。随着中央 1 号文件和一系列重要措施的贯彻落实，粮食播种面积将有所恢复，在今后几年内，有可能恢复到 15.5 亿亩，但再增加的可能性不大，恢复到 16 亿亩以上预期目标的难度加大。

2. 单位面积产量估计。1990～2000 年亩产年平均增长 0.7%。今后，随着免征农业税和对粮农直补政策落实、国家对粮食生产投入增加、科技推广与应用、农民种粮积极性提高，单产肯定会提高。但也有一些影响单产提高的不利因素，如城镇化特别是东部沿海城镇化占用的多是城镇周边稳产高产粮田，而新开发的耕地多是低产田。经综合分析，仍按平均亩产年增长 0.7% 测算，2005 年为300 公斤，2010 年为 310.5 公斤，2020 年为 333 公斤。

据此推算，今后全国粮食总产量为：2005 年 46 450 万吨、2010 年 48 150 万吨、2020 年 51 650 万吨，可恢复到历史最高水平（见图 6）。

（二）粮食消费持续小幅度上升

粮食消费增加，主要取决于人口增长和消费结构变化。

1. 人口增长预测。由于我国坚持实行计划生育的基本国策，人口自然增长率比原先预计的低。2002 年为 6.45‰，若按这个比例测算，2005 年总人口为 13.09 亿。根据有关部门的研究资料测算，2010 年为 13.61 亿，2020 年为 14.45 亿，比原先预计的 2020 年 15 亿少 0.55 亿人（见表 4）。

9

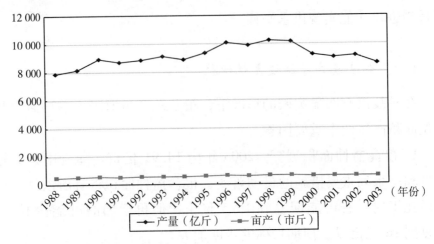

图6 全国粮食总产量和亩产变化（1988～2003年）

表4   **全国人口增长预测**   单位：万人

项目 年度	2005	2010	2020
总人口	130 955	136 100	144 500
非农业人口	39 470	46 274	60 257
农业人口	91 485	89 826	84 243
其中：农村劳动力外出就业人口	10 700		

    2. 粮食消费结构变化分析。在全面建设小康社会进程中，人民生活水平提高、城镇化建设加快和农业结构调整、恢复生态环境等，都是增加粮食消费的主要因素。但也有一些限制粮食消费量增加的因素：一是城乡居民口粮消费已从量的满足向质的提高转化。今后除农村贫困人口和城市低收入阶层口粮消费会有所增加外，其他阶层口粮消费将逐步减少；二是我国居民2002年的恩格尔系数，城镇已降至37.7%（接近发达国家标准），农村降至46.2%（小康型标准），今后对包括口粮在内的粮食制成品消费增长幅度将相对降低；三是老年人比例增大。按照国际通例，65岁以上老年人占人口总数的7%即为老年社会。据我国2000年人口普查，老年人占

10

6.96%，已开始进入老年社会，预计 2020 年将达到 11.8%。老年人口粮消费的质量要求高，但数量减少；四是随着农业机械化和新型工业化程度的提高，无论是城市还是农村，体力劳动减少，劳动强度降低，人均口粮消费还会减少。今后，城乡居民口粮消费的需求将相对降低，而饲料和工业用粮的需求则会持续增加。经综合分析测算，我们对今后人均粮食总消费水平的预测是：2005 年为 377.5 公斤，2010 年为 380 公斤，2020 年为 385 公斤。

据此推算，今后全国粮食消费总量为：2005 年 49 435 万吨，2010 年 51 720 万吨，2020 年 55 635 万吨（见表 5）。

表 5 　　　　　　全国粮食消费预测表　　　单位：原粮万吨，人均公斤

项目 \ 年度	2005	2010	2020	项目 \ 年度	2005	2010	2020
总消费量	49 435.0	51 719.5	55 635.0	2. 非农业人口口粮	7 894.0	9 139.0	11 750.0
总人口每人平均	377.5	380.0	385.0	非农业人口每人平均	200.0	197.5	195.0
一、主副食用粮	34 337.0	35 547.5	37 670.0	（二）食品、副食酿造、酒用粮	3 571.5	4 177.0	5 070.0
总人口每人平均	262.0	261.0	260.0	1. 食品（含餐饮）、副食酿造业用粮	1 571.5	2 154.0	3 025.0
（一）口粮	30 765.5	31 371.0	32 600.0	其中：农业人口副食用粮	150.0	372.5	555.5
总人口每人平均	235.0	230.0	226.0	2. 饮料酒用粮	2 000.0	2 023.0	2 045.0
1. 农业人口口粮	22 871.5	22 232.0	20 850.0	二、工业用粮	2 430.0	2 470.5	2 525.0
农业人口每人平均	250.0	247.5	247.5	三、种子用粮	1 085.0	1 101.0	1 100.0
其中：农村劳动力外出就业人口粮	291.0			四、饲料用粮	10 778.0	11 785.0	13 460.0
外出就业人口人均口粮	272.0			五、国家库存和粮食企业经营加工中水分杂质减量、损耗	805.0	815.5	880.0
				附：转作饲料的粮食加工副产品	12 262.0	11 260.0	11 695.0

（三）粮食产量与消费缺口将逐步扩大

综上测算，2005～2020 年，我国粮食产量增长在总体上还不能满足消费增长的需要，大多数年份有缺口。预计 2005 年缺口为 2 985 万吨，粮食自给率在 94% 左右；2010 年缺口为 3 570 万吨，粮食自给率降为 93.1%；2020 年缺口为 3 985 万吨，粮食自给率再降为 92.8%（见表6）。

表6   全国粮食供求平衡预测表   单位：原粮万吨

项目 ＼ 年度	2005	2010	2020
总产量	46 450.0	48 150.0	51 650.0
消费总量	49 435.0	51 720.0	55 635.0
产消余缺	－2 985.0	－3 570.0	－3 985.0
进口	2 750.0	5 880.0	4 865.0
出口	250.0	550.0	550.0
净进口	2 500.0	5 330.0	4 315.0
需挖补社会库存	－485.0	1 760.0	330.0
产消自给率（%）	94.0	93.1	92.8

三、国家粮食安全新战略的三个重要指标

从近期粮食产消变化和对今后发展趋势预测看，实施国家粮食安全新战略，必须把握三个重要指标。

（一）必须把国内粮食自给率保持在年消费量的95%左右

在经济全球化和我国已加入世贸组织的情况下，立足国内粮食基本自给，适当增加进口调剂余缺，是我们今后唯一正确的选择。

关键是如何把握好国内自给和进口调节的"度"。参照国际惯例和总结我国多年来正反两个方面的经验教训，经过反复测算，我们认为，把我国粮食自给率保持在国内年消费量的95%左右比较接近实际。提出这一指标的主要依据有4点：

一是粮食产量与消费平衡的需要。据预测，2020年国内粮食产消缺口为7.2%，自给率为92.8%。1996年在罗马联合国世界政府首脑粮食会议上，我国政府郑重表示，粮食基本自给，进口约占5%。从今后若干年的供需分析看，这个比例可能偏小，需要适当增加。但是，当时提出我国粮食自给率为95%，是按照我国传统粮食统计口径，除谷物外还包括了豆类和薯类。近五年，我国豆类和薯类产量折粮约5 500万~6 000万吨，占全国粮食统计总产量的11%~13%。按照国际惯例，豆类和薯类均不纳入粮食统计范围。把这两项扣除后，我国进口粮食即谷物仍在5%左右。

二是可以取长补短，发挥我国的优势。我国人均耕地只有1.5亩，仅相当于世界平均水平的40%；人均水资源2 200立方米，也仅为世界平均水平的1/4，均属短缺。进口粮食等于进口耕地和淡水资源，节约下来的资源可以用于发展劳动密集型、科技含量高和出口创汇多的农产品，充分发挥我国农业劳力多和成本低的优势，从宏观上看是划算的。

三是从我国的外汇储备、港口装卸和仓储能力看，适当增加粮食进口是能够承受的。我国外汇储备2003年已超过5 000多亿美元；港口装卸粮食的能力，在2000年即已达到5 600万吨；粮食仓储能力显著增强，世行贷款粮食流通项目已建成现代化仓容480多万吨，近几年仅新建的中央储备库就增加了5 000多万吨仓容。

四是从粮源看，适当增加进口粮食，也是可能的。据预测，2020年我国粮食产量与消费缺口3 000万~4 000万吨，即使全部用进口来解决，也只相当于2002年世界谷物贸易量的2.4亿吨的1/8~1/6。据联合国粮农组织统计，1972年世界粮食贸易量只有

1.3 亿吨, 到 2002 年已达 2.4 亿吨, 30 年中增幅近 85%。预计今后十多年, 国际粮食贸易的供给量在需求增长的刺激下, 还将进一步增加, 届时我国进口粮食占世界谷物贸易的比例还要低一些, 进口粮源是有保障的。

过去, 我国对进口粮食有两个忧虑: 一是担心西方产粮大国尤其是美国卡我们的脖子, 二是缺少外汇。现在, 美国非但无法卡我们, 反而以缩小贸易顺差为由压我们多从美国进口粮食; 国家雄厚的外汇储备已能随时满足进口粮食的需要。只要我们始终保持粮食进出口渠道畅通, 国家粮食安全就无大的后顾之忧。

(二) 必须把粮食播种面积保持在 15.5 亿亩以上

今后, 大量恢复并扩大粮食播种面积的难度很大, 原因如下。

一是已减少的 2 亿多亩粮食播种面积要全部或大部恢复种粮食很难实现。因为: 基建占用的耕地除少量占而未用的以外, 不可能再改种粮食; 已退耕还林、还草、还湖、还湿的耕地, 除违规的以外, 也不可能退回来再种粮食; 已改种经济作物和果菜等的耕地, 因其经济收入高, 比较效益好, 大部分已不可能再退回来种粮食。

二是新开垦耕地种植粮食的空间不大。有资料显示, 目前我国共有宜耕后备土地资源 1.2 亿亩, 按 60% 的垦殖率计, 可开垦耕地 7 200 万亩, 仅为现有耕地的 3.7%。

三是随着经济发展和城镇化进程加快, 今后还会占用一些耕地。据有关部门预测, 2001~2030 年由于各种原因将导致耕地减少约 20 410 万亩, 可开垦补充耕地约 15 450 万亩, 净减少耕地仍达 4 960 万亩。因此, 今后增加粮食总产的重点在于提高单产、增加复种指数和提高品质。

确保粮食播种面积, 是恢复和发展粮食生产的基本保证。但要恢复到 1998 年 17 亿亩的最高粮食播种面积已不可能, 即使恢复到过去警戒线的 16.5 亿亩也不太现实。

我们认为，今后将粮食播种面积保持在 15.5 亿亩以上不仅是必需的，也是可能的。这比 2003 年的实播面积只增加 0.6 亿亩，即把已减少的 2 亿亩粮食播种面积恢复三成种粮，是小部分恢复，分几年实施，完全可以做到。如果粮食播种面积恢复不到 15.5 亩，自给率就将下降逼近 90%，直接危及国家粮食安全。

（三）必须把粮食安全库存保持在占年度消费总量的 25% 以上

粮食安全库存（含中央和地方储备粮及原国有粮食企业周转库存，下同），是国家粮食安全的一个重要指标，是防备灾害、应对突发事件的物质基础，是国家宏观调控、保持粮食市场基本稳定的重要手段。从我国国情、粮情、过去实践经验和未来趋势看，在近期将政府粮食安全库存保持在占下年度消费总量的 25% 以上，即 12 500 万吨（折贸易粮 10 500 万吨），其中中央储备占 48%，地方储备和周转库存占 52%，比较安全。今后工作的重点是使地方储备真正落实到位。我们的主要依据是：

第一，从历史经验和 1990 年以来十多年的实践来看，中央、地方储备和企业周转库存占下一年度消费总量的比例，一般在 30% 以上，最高时达 62%；如下降到 25% 以下，粮食市场就会发生较大波动。例如，1988 年和 1994 年两次出现粮食市场波动，其主要原因就是这两个年度的中央、地方储备和企业周转库存占下年消费总量的比例已下降到接近或低于 25%。1988 年为 21%，当时全国粮食市场波动很大，国务院不得不组织专门机构紧急调粮；1994 年为 24.6%，当时南方粮食市场尤其是大米市场波动较大，国家紧急动用了近 2 000 多万吨中央储备粮平抑市场，并采取了挂牌限价限量销售等特殊措施。目前，在国内粮食市场全面市场化和国有粮食企业原有周转库存大幅下降之后，把国家可用于应急和调控市场的粮食安全库存保持在占消费总量的 25% 以上，是保证国内粮食市场不发生震荡和防灾备荒的安全底线，也是保证国家粮食安全的警戒线（见表7）。

表7　　　　各种粮食储备和企业年末库存占下年消费
总量的比例（1987～2003 年）　　　　单位:%

年度	各种储备及企业库存占下年度消费比重	其中稻谷库存占下年度消费比重
1987	25.0	24.2
1988	21.0	16.6
1989	26.0	25.0
1990	33.7	34.9
1991	32.4	34.3
1992	31.5	34.5
1993	26.0	24.9
1994	24.6	23.0
1995	28.2	27.3
1996	42.1	38.1
1997	51.7	46.0
1998	56.9	48.6
1999	62.0	55.4
2000	56.5	54.0
2001	54.1	51.2
2002	55.3	54.1
2003	37.7	35.5

第二，国家粮食宏观调控能直接调用的主要是各级政府储备尤其是中央储备。因此，需要充实政府粮食储备，以增强国家粮食宏观调控的物质基础。

近年来，粮食市场和粮食库存已发生了一系列新的变化：

一是买粮食吃的人多了。2003 年非农业人口已增加到 3.5 亿人。农村中，还有 2 800 万人没有脱贫；部分种粮农民改种经济作

16

物、果菜、从事其他行业，由卖粮人变成了买粮人；退耕还林、还草、还湖、还湿，涉及 1 330 万个农户和 5 300 万农民，需要粮食供应；农村外出打工的近 1 亿人，也需要买粮吃。综上，全国需要供应粮食人口已扩大到 5 亿人以上。

二是社会存粮少了。城市居民基本不存粮食；粮食加工企业为节省资金随用随买，都尽量不留库存；农户存粮呈逐年减少趋势。据国家统计局农调队对全国 6.7 万农户抽样调查，2000 年年末人均存粮 493 公斤，比上年同期减少 18.5%。另据湖北省统计局农调队抽样调查，2003 年年末全省农民人均存粮 387 公斤，比上年同期减少 10.9%，沿海地区农民存粮更少。

三是粮食经营主体多元化。这既活跃了市场，也激化了竞争，使国家宏观调控难度加大。

第三，国家过去构建的粮食宏观调控"三道防线"发生了重大变化。

第一道防线是国有粮食企业的周转库存。当时国家核定的合理周转库存为 5 380 万吨，超出的部分由国家财政补贴储存费用。过去，在新粮上市前青黄不接的缺粮季节，主要靠国有粮食企业周转库存解决粮食供应；出现局部自然灾害和市场波动，也是首先动用国有粮食企业的周转库存来解决。现在，随着国有粮食企业改革的深化，企业已成为完全独立的法人，贸易粮权也归属企业，国家再像过去那样随时动用企业周转库存去平抑粮食市场的做法实际上已难以实现，只能依靠充足的国家粮食储备。

第二道防线是地方储备。近几年虽略有增加，但是远远没有达到销区储备 6 个月销量、产区储备 3 个月销量的粮食安全要求。许多地区尤其是财政困难的缺粮地区储备很少，经不起风吹草动。有些地方原来是产区或基本自给区，现在已变成了销区而且产消缺口在逐步扩大，更应当充实地方粮食储备。过去，中央没有对基本自给区下达过地方粮食储备的量化指标，今后也必须令其建立和充实其地方储备。

第三道防线是中央储备。这是宏观调控的重要力量，在地方储备未全部落实到位以前，保留足够规模的中央储备尤其重要。在中央储备中，须划出一部分作为战略储备，用于防备全国性灾害和应付突发事件，不能随便动用。

第四，现在粮食供求正处在转折时期，国内粮食供求平衡向偏紧转变，可变因素增多。从国家粮食安全、社会稳定和经济发展的全局考虑，政府粮食储备规模还不宜缩减，把国家可随时调用的粮食安全库存保持在年消费量的 25% 以上更为稳妥。

第五，我国幅员辽阔，存粮点多面广，地区之间极不平衡，部分缺粮地区交通运输紧张，粮食调运相当困难。根据 1994 年粮食市场波动时的经验，当全国粮食库存下降到 10 000 万吨时，即使在当时指令性计划条件下，地区间的粮食也很难调动。现在粮食市场已全面放开，调拨计划不复存在，一旦出现粮食紧张，地区间的粮食流动无疑将更加困难。国务院发布的《粮食流通管理条例》虽已明确规定所有粮食经营者必须保持必要的库存量，但要真正落实到每个粮食经营者，尚需很长时间，并要有相应的政策支持才能保证落实。因此，在当前转折时期保持足够的政府粮食储备和合理布局，对从整体上保障国家粮食安全是非常必要的。

四、实施国家粮食安全新战略的主要政策建议

为确保顺利实现国家粮食安全新战略的三项重要指标，需要进一步对粮食生产、流通和消费等重要政策进行调整和改革。

（一）通过法律赋予农民土地永久使用权，保障粮食种植面积

目前国家有关法律和法规虽已对农村土地的所有权、使用权和

农户土地承包等作了规定，但由于没有从法律上明确保障粮食种植面积，使得成千上万亩高产良田经常被以各种借口蚕食和非法占用。为确保今后全国15.5亿亩基本粮食种植面积，建议对涉及农村土地问题的法律和法规进行全面清理和修订，在现有土地承包制30年不变、实行最严格的耕地和基本农田保护制度的基础上，进一步从法律上保障粮食种植面积，明确法律责任，加大执法监督力度，以从根本上杜绝乱占耕地和粮田的现象。

同时，建议进一步深化农村土地制度改革，通过国家立法从法律上明确赋予农民土地永久使用权即事实上的所有权，改变合作化和公社化以来实行的所谓农村土地集体所有制，重新给农民颁发土地永久使用证。通过试点逐步开放农村土地交易市场，在严格规定农村土地用途和不改变土地使用性质的前提下，允许农民依法对土地使用权实行有偿转让，如出售、出租、继承和委托经营等，使农村小块土地拥有者有得到土地使用转让金从事其他事业的机会，以广泛吸引各界有实力的投资者投资开发粮食种植，进一步提高农村土地经营和粮食种植集约化水平，促进农村剩余劳动力转移，加快农业现代化的步伐，缩小城乡差距，增加农民收入，使广大农民过上现代生活，走出一条符合国情的粮食种植集约化经营之路，从法制上保证全国15.5亿亩粮食播种面积不受侵蚀。

同时，建议国家对农村土地特别是粮食种植面积进行一次全国普查，建立和健全国家和省市农村土地资源和粮食种植面积数据库和信息网，以便适时对全国粮食种植情况进行动态监控和有效管理，及时、准确地掌握粮食生产信息，彻底改变仅靠手工填报所造成的信息滞后失真等现象。

（二）继续加大财政支持力度，把对粮农的直补正式列入各级政府财政支出预算

2003年以来，国家实施在5年内取消农业税和对粮农实行直补等一系列重要政策鼓励农民增加粮食生产，取得了显著效果。但对粮农的直补资金在粮食风险基金中列支的办法，只能作为一种临时性的过渡措施，从长远看，长期挪用粮食风险基金，必将严重影响国家粮食安全，对稳定粮食市场极为不利。因此，建议把对粮农的直补资金正式纳入各级政府的财政支出预算，专账管理，专户结算，以保证直补资金有可靠的来源。直补方式应同国家能掌握的粮源紧密结合起来，以建立鼓励农民积极种粮的长效机制。这项改革，可与国家建立公共财政预决算体系和调整各级政府财政支出结构的财政体制改革一并进行。

（三）完善国家粮食中央和省市两级储备制度，重点落实省市级政府粮食储备

20 世纪 90 年代初，国家曾提出建立中央、省和县三级粮食储备体系的设想，实际执行的结果是：中央储备已全面落实，省市级储备只落实了 30% 左右，县级储备基本落空。造成这种状况的主要原因是：地方普遍存在着粮食安全靠中央的依赖思想，中西部大部分地区因财政困难未能落实。因此，建议国家今后重点抓好中央和省市两级粮食储备体系建设，县级储备在东部发达地区可以提倡，在中西部地区特别是老少边穷地区即使提倡也无法落实，关键是要解决储备资金、利息、费用等问题，可考虑在财政上予以支持。

当前需着力落实 12 500 万吨粮食安全库存规模，以实现国家掌控年消费量 25% 粮源的国家粮食安全目标。在 12 500 万吨安全库存规模中，对中央储备粮的品种结构和区域布局需要进行调整和优化。今后的重点是要全力落实省市级的地方储备和安全库存规模。建议国家将落实省市粮食储备作为实行粮食省长负责制的一项重要内容，定期进行检查考核。国家可根据全国 31 个省（区）市的不同情况，将省市粮食储备和安全库存规模逐项分解，一省一策，逐一落实。对东中部经济较发达的主销区，全部粮食储备费用须由省

市财政负担并应纳入省市财政预算；对财政困难的西部地区和粮食主产区，可区别情况分别对待，如由省（区）市财政承担大部或部分储备费用，不足部分可由中央财政用转移支付等办法加以解决和落实，并应纳入各级政府财政预算。同时，还须解决好以下几个问题：

——关于储备粮轮换。可考虑通过三种办法轮换：一是国内批发市场，二是产销区合作，三是进出口调剂。

——关于储备粮的品种和比例。应以城乡居民口粮和耐储品种为主，可考虑按"五、四、一"的比例安排，即小麦占五成左右，稻谷占四成，玉米占一成。

——关于储备粮的地区分布。在以大米为主食的南方地区，应多储稻谷；在以面粉为主食的北方地区应多储小麦；在特大城市和少数严重缺粮地区，除应储备足够的原粮外，还需储备一定数量的面粉和大米等成品粮，并设立突击加工粮食的定点企业和指定销售网点，以备在紧急情况下保证居民的口粮供应。

——关于储备粮管理的改革。今后宜在总结经验的基础上，按照政策性粮食储备、企业化管理和市场化经营的取向进行改革，调整和完善相关政策，并逐步减轻国家财政负担。

——关于加强国家粮食宏观调控。主要是通过储备粮的吞吐和进出口粮食调节市场，保持供求平衡和价格基本稳定。

同时，应建立和健全国家粮食安全预警系统，设立全国和地方粮食安全应急预案，加强粮食批发市场和期货市场的建设，引导粮食主产区与主销区建立长期稳定的购销关系。

（四）对稻谷、小麦、玉米和大豆四大品种进行市场细分，分别采取不同对策

四大主要粮油品种的用途、产销量和在粮食供求平衡中的地位不一样，应进行市场细分，采取不同对策（见图7和图8）：

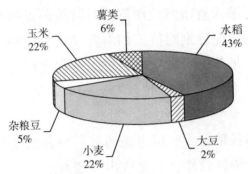

图 7　1990 年全国粮食品种结构

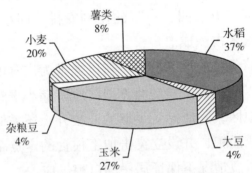

图 8　2003 年全国粮食品种结构

大米要做到自给有余，少量出口；小麦需适当进口；玉米可有进有出，南进北出一部分，总体上进大于出；大豆应从粮食中划出去作为油料管理和统计，适当多进口。

1. 稻谷是应重点关注的首要品种，必须做到自给有余。我国是世界上最大的稻谷生产国和消费国，产量占世界的 30% ，在国内粮食总产量中一直占首位，国内有 60% ~65% 的人吃大米；我国又是大米的传统出口国，改革开放以来，除个别年份外，我国大米年净出口几百万吨，1998 年最高达到 530 万吨。稻谷在我国农业生产、人民生活和粮食供求平衡中占首要位置（见图 9）。

从历史经验和现实市场看，稻谷是与国家粮食安全关联度最高和敏感性最强的品种，以下情况值得各级政府领导和粮食管理部门高度重视：

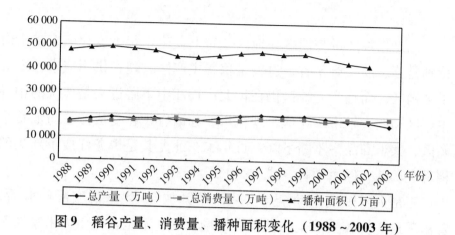

图9　稻谷产量、消费量、播种面积变化（1988～2003年）

一是人均稻谷保有量降至最低水平。近十多年来，受多种因素影响，稻谷生产增长慢于其他品种。2002年同1990年相比，粮食总产量增加1 080万吨，而稻谷总产量却减少1 080万吨。全国人均稻谷保有量1990年最高达到165.5公斤，到2002年已降至137公斤，为最低（见表8）。

表8　　　　　　　　　　　全国稻谷供求情况

单位：原粮万吨，人均公斤

项目＼年度	1988	1992	1993	2002	2003	备注
总产量	16 910.0	18 620.0	17 750.0	17 455.0	16 066.0	
总人口每人平均	152.5	159.0	150.0	136.0	124.3	
总消费量	16 381.4	17 700.0	18 782.0	19 082.0	17 723.5	
总人口每人平均	147.5	151.0	158.5	148.6	137.2	
产销差	528.5	920.0	-1 032.0	-1 628.0	-1 675.0	
进口	44.3	11.8	12.5	51.4	40.0	
出口	88.5	136.6	220.0	313.4	392.9	
净进口	-44.2	-124.8	-207.5	262.0	-352.9	
需挖补社会库存	484.3	795.2	-247.9	-378.0		
国家储备和企业库存占下年度消费比例（%）	16.6	34.5	24.9	54.1	35.5	1987年为24.2

二是稻谷产量与消费在地区分布上发生了很大变化。东南沿海特别是苏、浙、粤 3 省，过去是稻谷主产区，现在供不应求，变成了主销区，而且产需缺口仍在扩大；长江中下游过去是传统的稻谷主产区和四大米市所在地，现在川、苏诸省正在变成产量与消费平衡区，大米商品率不断下降；近年来东北尤其是黑龙江成了新兴的稻谷主产区，但运距长，成本高。

三是大米短缺牵动全局。从改革开放 25 年来的实际经验看，曾出现过 3 次较大的全国性粮食市场波动，都是首先由大米紧缺引起的：1988 年粮食市场波动，主要因当年稻谷减产、库存下降所致，当时国家不得不一度实行大米统一经营；1994 年粮价上涨，也是因人均稻谷保有量降到了 150 公斤以下，加之通货膨胀拉动，南方个别省（区）市场大米首先涨价而波及北方和其他粮食品种，形成了全国性粮食涨价；2003 年粮价上扬，又是由于南方早稻首先涨价引起的。

四是国际大米贸易量少。目前一年只有 2 500 多万吨，仅相当于我国消费总量的 20% 左右。出口大米主要是东南亚国家和美国，数量均不太多。如果一旦我国出现大米大量短缺，即使紧急进口也没有足够货源，解决不了国内大米短缺的问题。因此，我国必须做到大米特别是优质米自给有余，以保证内需和出口。按照我国加入世贸组织时的承诺，需要进口一些大米。但我国如果大量进口大米，势必引起国际米价上涨，从而引发与其他缺米国的贸易纠纷，也对我们自身不利。

2. 小麦需要大力增加优质专用麦产量，维持适当进口。小麦是我国北方居民的主食原料，近十年平均年产 10 000 万吨左右，2003 年下降到 9 000 万吨，在粮食总产中居第三位。我国是小麦净进口国，20 世纪 90 年代以来，年进口量为 500 万 ~ 1 000 多万吨，1997 年后逐年减少。2002 ~ 2003 年有象征性的少量出口，分别净出口 20 万吨和 4 万吨。小麦产量与消费平衡中的突出问题是优质麦、专用麦不足。按照产量与消费预测和"入世"的承诺，今后我国仍要进口一定数量的小麦，主要是优质麦和专用麦。从货源看是充足的。2002 年世界小麦贸易量为 1.05 亿吨，我国进口量一般只占百分之几。为了规避风险，可考虑同小麦主要出口国订立长期进口小麦的合同，允许他们在我国建立仓库，储存专供我国的小麦；还可以允许国内大型粮食企业适当参与国际小麦期货贸易，套期保值。

3. 玉米需要利用国内国际两种资源、两个市场搞好调剂。玉米在我国粮食总产量中居第二位，2003 年产量为 12 130 万吨，是减产幅度较小的品种。现在用玉米作口粮的数量很少，主要是饲料用粮和工业用粮，总消费量从 1990 年的 8 000 万吨增加到 2003 年的 12 000 多万吨，是消费增长最快的品种。今后，随着养殖业和畜牧、食品业的发展，玉米消费仍是增长的趋势，并将出现消费大于产量。从进出口看，1990～2003 年的 14 年中，有 13 年是出口的，2003 年出口最多为 1 720 万吨。从长远看，今后玉米将进多于出。玉米销区主要在东南沿海，产区主要在东北。由于运距长、成本高，东北玉米运到南方的价格往往高于当地进口玉米，而出口到日本、韩国等地则较为有利。因此，既要积极搞好国内产区与消费区调剂，又要利用国际市场搞好进出口调剂，做到有进有出，南进北出一部分，总体上保持进出平衡或进略大于出。

4. 大豆应从生产、流通、加工、消费和进出口统计中划出去作为油料作物统计和处理。这样做的好处：一是可与同国际粮食统计口径接轨，便于国际比较；二是大豆主要用于油脂和饲料加工，可同其他油料作物一起统筹确定相关政策；三是把大豆从粮食中划出去能反映我国粮食自给的真实水平。近年我国进口大豆较多，2003 年达 2 095 万吨，统计在粮食进口量中，当年粮食自给率只有 88%，如把大豆从粮食中划出去，则自给率为 92%，相差 4 个百分点。

（五）从满足人民群众小康生活对食品、副食品的需求出发，统筹发展"大粮食"产业

在温饱问题基本解决之后，居民对主粮的需求相对减少，对副食的需求不断增加。因此，必须树立"大粮食"观点，多方开辟和合理利用资源，促进大粮食产业和肉蛋奶禽果菜等食品、副食品的发展，并着重提高质量，满足人民生活的需求。

1. 广辟饲料来源，促进饲养业、畜牧业的发展。1990～2003年，我国肉蛋产量每年以两位数上升，2002年我国人均肉类产量达到51.5公斤，比世界平均水平高12公斤，比周边国家印度高46公斤，比日本高28公斤，比韩国高16.5公斤；同年蛋类人均产量，我国为19公斤，比世界平均水平高1倍，比韩国高8公斤，与印度19公斤、日本19.5公斤持平。但2002年我国奶类人均产量只有11公斤，与世界平均水平48.3公斤、印度40.5公斤、日本66公斤、韩国50公斤相差很多。今后我国肉蛋消费仍将小幅增长，奶类则有较大增加。充分利用秸秆和粮油加工副产品作饲料，大力发展饲草业，促进养殖业和乳业全面发展，将大有可为。预计到2020年全国粮油加工的各种副产品折合粮食11 500多万吨，是很可观的饲料资源，综合利用的潜力很大。

2. 恢复和发展杂粮杂豆产业。我国有悠久的杂粮杂豆种植历史，品种多达100多种，既是传统的口粮，又是营养保健食品，还是老、少、边、贫地区重要的经济增长点，在我国农产品出口中占有重要位置，有广阔的国内外市场前景。今后需克服种植分散、产量下降、流通不畅、加工粗放、增值很低等弱点，并在税收、资金和科技攻关等方面给杂粮杂豆主产区以支持，以充分满足国内外市场的需求。

3. 适当发展薯类作物。2002年，薯类（折粮）产量为3 665万吨，占粮食总产量的9%，主要用作食品、工业原料和饲料。以

26

优质马铃薯为原料的西式快餐和休闲食品，深受年轻人的欢迎，可根据市场需求开拓利用。同时，建议今后不再把薯类纳入粮食统计，以与国际粮食统计口径相一致。

（六）实行科学节约用粮，降低粮食产后损失浪费

今后在大力发展粮食生产的同时，更应当大力推广节约用粮和科学用粮，减少损失浪费。为此，需在全社会树立科学用粮观念，提倡科学的饮食结构，降低粮食消耗，最大限度地减少粮食损耗。如果能将从田间到餐桌粮食损耗率降低 1 个百分点，一年即可节省 500 万吨粮食，相当于 1 600 万亩地的产量，这将是践行科学发展观的一个重要举措。

总 顾 问：白美清

课题负责人：宋廷明

主要执笔人：肖振乾 贡冯保

课题组成员：文绍星 宋文仲 李思恒 张正义 袁学善
     刘与忠 乔秀仓 李为民 耿兆书 姚国勤

附件：

中国周边印、日、韩三国和
中国台湾地区粮食概况

一、基本情况

（一）人口

1. 总人口和农业人口（见表9）。

表9   **2003 年印、日、韩三国和中国**

台湾地区人口统计   单位：万人

	总人口	农业人口	农业人口占总人口比例（%）
印度	107 000	5 500	51.4
日本	12 700	458	3.6
韩国	4 767	386	8.1
中国台湾地区	2 360	80	3.4

2. 贫困人口。

（1）印度。按国家贫困线，则贫困人口为 37 450 万人，占 35%（城镇占 30.5%，农村占 36.7%）。按国际贫困线（每日生活费在 1 美元左右），则贫困人口占 44.2%，共 47 294 万人。

（2）日本。据世界银行 2002 年《世界发展报告》，无贫困人口。

（3）韩国。按国家贫困线无贫困人口；按国际贫困线，贫困人口小于总人口 2%，约为 90 万人。

（4）中国台湾地区，尚无统计资料。

（二）耕地（见表9）

表 10   2003 年印、日、韩三国和中国台湾地区耕地统计

	总耕地（万亩）	人均耕地（亩）	农业人口平均耕地（亩）
印度	243 000.0	2.3	4.3
日本	5 850.0	0.7	12.8
韩国	2 586.0	0.5	6.7
中国台湾地区	1 290.0	0.6	16.0

印度耕地占世界第二位。占第一位的是美国，有 285 000 万亩，其中灌溉面积 33 600 万亩，耕地占美国国土总面积 20%。另外，美国有永久性草地 36 亿亩。

（三）粮食产量（见表11）

表 11   2003 年印、日、韩三国粮食产量统计

	粮食总产量（万吨）	人均占有粮食产量（市斤）
印度	23 480	440
日本	1 070	168
韩国	650	270
中国台湾地区	164（糙米）	139（糙米）

资料来源：2003 年联合国粮农组织的统计数据。

（四）粮食进出口 2003/2004 年度（见表12）

表 12   2003 年印、日、韩三国谷物进出口统计　　　　单位：万吨

	谷物进口量	谷物出口量	谷物净进出口量	其外大豆进口量
印度	30	670	净出 640	
日本	2 630	70	净进 2 560	515
韩国	1 220		净进 1 220	155
中国台湾地区	630		净进 630	235

注：印度自英迪拉·甘地政府开始实行"绿色革命"并取得了显著成效以后，由原来的谷物纯进口国变成了谷物净出口国。

（五）粮食自给率

1. 按中国粮食统计口径（谷物＋豆类＋薯类），2003/2004 年度。

日本净进口谷物、大豆 3 075 万吨，超过本国总产 2.87 倍。

韩国净进口谷物、大豆 1 375 万吨，超过本国总产 2.12 倍。

中国台湾地区净进口谷物、大豆 865 万吨，超过本地区总产 5.27 倍。

2. 由此测算，其粮食（含大豆）自给率。

日本谷物自给率为 30%，包括大豆则自给率为 26%。

韩国谷物自给率为 35%，包括大豆则自给率为 32%。

中国台湾地区谷物自给率为 21%，包括大豆则自给率为 17%。

3. 日、韩和中国台湾地区的主食大米口粮居民均自给有余。

日本 1996～2000 年的 40 年间，大米供大于求的共 17 年，供求基本平衡的 8 年。20 世纪 90 年代末，大米连续 4 年大丰收，大米总量平衡有余。

韩国 1996～2002 年稻谷平均产量是 706 万吨，大米自给有余，自给率达 107%。

中国台湾地区 1998～2000 年稻谷平均产量 164 万吨（糙米），人均占有产量 69.5 公斤。而人均糙米消费量，年平均 55～60 公斤，自给有余。

二、粮食安全政策措施

（一）保护价收购

1. 印度。2001/02 年度，小麦保护价 6 000 卢比/吨，大米保护价 5 600 卢比/吨，均高于市场价。政府通过印度粮食公司，按保护价收购小麦 2 060 万吨（占产量 30%），收购大米 1 910 万吨（占产量 20%）。

2. 日本。2002 年度，按大米保护价收购自主流通米 419 万吨（占产量 47%），全年补贴 90 亿日元，合每公斤补贴人民币 0.16 元。

3. 中国国台湾地区。每公斤大米生产成本（每公斤 17.7 元台币，合人民币 4～4.25 元）。按保护价收购公粮（每公斤 21 元台币，合人民币 5.25 元），粮农每公斤可得利 1～1.25 元。按指导价购余粮（每公斤 18 元台币，合人民币 4.5 元），粮农每公斤可得利 0.5～0.25 元。

（二）平价粮供应系统

印度现有平价粮店 44 万个，覆盖 1.6 亿户，年平价供应大米、小麦销售额为 150 亿卢比。各邦按国家贫困线审定贫困人口，发卡供应平价粮。2000

年凭卡人均供粮 25 公斤，其价格为一般销价的 50%。

（三）粮食财政补贴

1. 印度。近 10 年，小麦收购保护价提高 2 倍，大米收购保护价提高 1.5 倍，刺激了粮食增产，造成库存积压，政府便采取粮食出口补贴措施。印度粮食公司对出口商销售小麦每吨仅 89.4 美元，大米每吨 120 美元，此价尚不到成本的 50%，也低于国内零售价，其差额均由政府财政补贴。2001/2002 年度粮食财政补贴达 29 亿美元，仍不够用。由于穷人太多，虽然政府对粮食财政补贴很多，但仍有 20% 的穷人吃不饱。

2. 日本。2002 年，政府动用 90 亿日元补贴，采购自主流通米 419 万吨（占产量的 47%），合每公斤补人民币 0.16 元。近年，日本大米有余，财补已由生产、流通环节转向农业结构调整和农民增收。每年粮补总额约 3 000 亿日元，其中生产调整补贴为 1 800 亿日元，占 60%。凡稻田改种小麦、大豆、饲料用粮，每 1 000m² 补贴 10 000 ~ 73 000 日元；改种其他豆类补贴 10 000 ~ 43 000 日元；改种野菜、果树补贴 10 000 ~ 13 000 日元。

3. 中国台湾地区。稻田改种绿肥、休耕，每公顷直接补贴 41 000 台币（合每亩 683 元人民币）。改种地区性经济作物，每公顷直接补贴 26 000 台币（合每亩 433 元人民币）。

（四）粮食储备

1. 印度。分两类：一为经营储备，按居民 3 ~ 8 月消费量储备小麦、大米，以满足平价粮供应。由印粮食公司和各邦粮食及居民供应部负责，粮权分属中央和邦经营机构。二为缓冲库存。全部由印粮食公司负责，粮权属中央，库存量随粮食生产量变化而变动。另外，还在境外参加东南亚区域性联合粮食储备。

2. 日本。按居民 2.6 个月消费量，确定大米最低储备量 100 万吨，目前已超额，共储 140 万吨。

3. 韩国。对粮食储备无最低量的规定，凡政府直接采购量和进口量均可视为储备量。目前已储备大米 120 万吨。

（五）发挥中介组织的作用

1. 日本。农协，分三级，有 263 个，既是粮食流通的主渠道，又是调控市场的载体。

2. 韩国。农协，分两级，有 1 386 个，为粮农代理收购、加工、销售。

3. 中国台湾地区。农会，有 309 个，是粮农服务性组织，与市场对接。

（六）确保口粮主食品种（大米）安全，饲料粮（玉米）和大豆全部靠进口

日、韩和中国台湾地区粮食（含大豆）自给率分别为 26%、32%、17%。谷物自给率分别为 30%、35%、21%。但大米自给率均在 100% 以上。

（七）食物多样化

印度人均谷物产量虽然只有 223.4 公斤，但因其近几届政府推行"白色革命"成效显著，牛奶产量占世界第一位，人均乳类 69.3 公斤，再辅以瓜果菜 95.5 公斤、豆类 20.7 公斤，实现了食物构成多样化。

保障贫困缺粮县粮食安全问题
是构建和谐社会的关键*

——国家粮食安全系列研究报告之二

中国粮食经济学会
中国粮食行业协会   课题组

近年来，全社会都在关注我国的粮食安全问题，但注意力多集中在解决大中城市的粮食安全上，而对贫困缺粮县的粮食安全却没有引起足够的重视。我国贫困缺粮县是城乡弱势群体集中聚居、粮食资源匮乏、粮食物流不畅和既缺粮又缺钱的地方，是粮食安全的高危地区，是国家粮食安全体系中的软肋，也是历史上因粮荒导致社会动乱的频发地区。保障贫困缺粮县的粮食安全，是构建和谐社会的关键，需要引起高度重视。

我们全面收集、整理、研究了全国 592 个国家扶贫重点县的粮食资料，集中对其中 332 个贫困缺粮县的粮食产消、库存、储备和缺粮情况作了详细统计和对比分析。同时，通过派调查组深入基层掌握第一手材料和委托有关省（区）粮食经济学会和粮食行业协会调查等方式，重点对冀、晋、赣、鄂、桂、川、黔、滇、陕、甘、宁、青等 12 个省（区）的 34 个贫困缺粮县的粮食安全情况作了实地抽样调查。在较为广泛调查研究的基础上，又先后分南北两片召

---

* 这份研究报告由白美清会长报送国务院和有关部委后，温家宝总理于 2005 年 11 月 11 日作出重要批示："课题组反映的情况和提出的建议应予以重视。请发改委会同有关部门认真研究并提出解决问题的措施。"曾培炎、回良玉副总理，国家发改委和国粮局负责同志也分别作了批示。此报告所提出的政策建议受到了党中央、国务院的高度重视和采纳。在 2006 年中共中央一号文件《关于推进社会主义新农村建设的若干意见》中指出："切实做好贫困缺粮地区的粮食供应工作。"

开了贫困缺粮县粮食安全专题调研会，充分听取了来自基层的意见和建议，并多次对课题研究报告作了补充、修改和充实。

一、2003年全国332个贫困缺粮县的基本粮情

2003年全国332个贫困缺粮县总人口12 904.8万人，其中西部地区有206个县6 853.9万人，占53.1%，仅云南、贵州、甘肃三省就有102个贫困县5 003.8万人，占38.8%，而湖南、安徽、江西三省就有49个县3 276.2万人，占中部地区缺粮人口的65.5%；东部地区也有35个县1 047.1万人，占8.1%，仅河北省就有27个贫困缺粮县855.7万人，占东部地区缺粮人口的81.7%（见图1）。

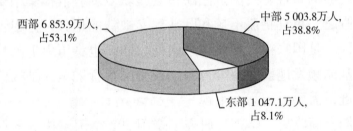

图1　2003年全国332个贫困缺粮县人口分布

2003年全国332个贫困缺粮县大多地处山区和高原，属于"老、少、边"地区。多数县土壤贫瘠，气候恶劣，靠天吃饭，灾害频繁，生产方式落后，生态环境很差。其特点是"四低一降"，即：人均粮食量低、人均粮食消费水平低、粮食自给率低、农户存粮低和粮食总产量下降。

（一）粮食总产量下降，人均粮食量很低

2003年全国332个贫困缺粮县共生产粮食3 427.8万吨，人均

265.6 公斤（原粮，下同），比所在省（区、市）人均少 106 公斤（见表1），比全国人均少62.7公斤。其中人均粮食量在250公斤以下的有 132 个县，4 361.4 万人，占贫困缺粮县的 39.8%；人均 101～200公斤的有54个县，占贫困缺粮县的16.3%，陕西、甘肃、河北、广西四省（区）就有28个县，占51.8%；人均在100公斤以下的有 17 个县（河北宽城县，山西娄烦县、临县、石楼县、中阳县，四川石渠县、色达县，陕西绥德县、吴堡县，青海泽库县、甘德县、达日县、杂多县、治多县、囊谦县、玉树县，新疆乌恰县），占贫困缺粮县5%，是需要特殊照顾和重点帮扶的地方（见表2）。

表1　　　2003 年全国 332 个贫困缺粮县与所在省（区、市）
人均粮食量比较

省区市	缺粮县数（个）	人均粮食量（公斤）			省区市	缺粮县数（个）	人均粮食量（公斤）		
		缺粮县人均	所在省人均	比所在省人均增减			缺粮县人均	所在省人均	比所在省人均增减
总 计	332	265.6	371.6	-106.0	广 西	23	258.8	301.6	-42.8
河 北	27	242.8	352.8	-110.0	海 南	5	287.6	292.2	-4.6
山 西	15	170.5	289.3	-118.8	重 庆	3	279.8	347.3	-67.5
内蒙古	3	340.8	571.7	-230.9	四 川	19	362.3	371.0	-8.7
吉 林	5	179.0	835.7	-656.7	贵 州	34	292.8	305.3	-12.5
黑龙江	3	288.9	658.5	-369.6	云 南	36	278.3	336.2	-57.9
安 徽	16	254.4	345.5	-91.1	陕 西	27	207.9	262.4	-54.5
江 西	15	268.7	340.9	-72.2	甘 肃	32	235.8	303.2	-67.4
河 南	11	266.7	369.2	-102.5	青 海	15	194.3	202.5	-8.2
湖 北	11	247.5	320.1	-72.6	宁 夏	7	338.7	465.8	-127.1
湖 南	18	302.4	366.6	-64.2	新 疆	7	249.4	401.5	-152.1

表2　　　　2003 年人均粮食产量 250 公斤以下的 132 个重点
贫困缺粮县分类情况

省区	人均 100 公斤以下			人均 101～200 公斤			人均 201～250 公斤		
	县数（个）	人口（万人）	人均（公斤）	县数（个）	人口（万人）	人均（公斤）	县数（个）	人口（万人）	人均（公斤）
总　计	17	207.3	62.4	54	1 771.5	170.2	61	2 382.6	223.4
河　北	1	23.4	99.6	6	200.7	161.9	7	237.1	217.4
山　西	4	93.3	63.6	2	29.5	191.8	7	138.4	219.4
吉　林				2	43.4	168.3	1	14.0	212.9
黑龙江							1	31.4	230.5
安　徽				4	266.3	183.4	4	457.3	227.0
江　西				1	90.2	186.3	3	218.7	218.4
河　南				2	115.6	187.5	2	109.8	238.8
湖　北				4	156.0	153.5	2	104.7	217.0
湖　南							3	79.7	238.2
广　西				5	158.7	166.6	2	79.9	220.2
海　南							1	15.6	211.1
四　川	2	10.0	56.7	4	16.7	130.2			
云　南				2	149.4	180.5	4	114.4	227.2
陕　西	2	44.7	57.8	9	221.9	147.5	8	293.4	230.0
甘　肃				8	200.1	167.6	12	455.0	216.8
青　海	7	31.3	32.1	4	119.5	188.3	1	11.2	226.9
新　疆	1	4.6	87.9	1	3.5	128.2	3	22.0	226.6

据我们对 34 个重点贫困缺粮县的抽样调查，2004 年粮食产量只有 350 万吨，虽比 2003 年增加 8.6%，但与前几年相比，下降 20%～30%。河北围场县 2004 年产量仅为 12 万吨，比 1998 年最高年产量下降 15 万吨，降幅达 55.6%。青海的贫困缺粮县 2003 年比 1998 年粮食产量减少 33%。

36

（二）粮食消费水平低，群众生活很贫困

2003 年 332 个贫困缺粮县粮食消费量（包括口粮、饲料粮、工业用粮和种子粮）4 474.5 万吨，人均消费粮食 346.6 公斤，其中人均口粮为 220 公斤，比其所在的 21 个省（区、市）人均消费 371.2 公斤少 24.6 公斤（见表3）。山西、湖北、广西、重庆、陕西 5 省市的 79 个贫困缺粮县 2 685.2 万人，人均口粮只有 195.3 公斤（见表4）。以上口粮消费量均为原粮。产稻谷的地方，每百斤稻谷只出大米 70 斤左右。实际每天不到 1 市斤成品粮。很多农户由于缺钱，对肉食、食用油和其他副食品消费也很少，只能勉强维持最低生活需求；不少群众营养不良，体质很差，是社会生活中最为艰难的弱势群体。

表3　2003 年全国332 个贫困缺粮县与所在省（区、市）人均消费粮食比较

省区市	缺粮县人口（万人）	人均消费粮食（公斤）			省区市	缺粮县人口（万人）	人均消费粮食（公斤）		
		缺粮县人均	所在省人均	比所在省人均增减			缺粮县人均	所在省人均	比所在省人均增减
总 计	12 904.8	346.6	371.2	-24.6	广 西	747.4	338.2	397.4	-59.2
河 北	855.7	361.8	395.9	-34.1	海 南	98.3	393.7	406.1	-12.4
山 西	292.3	289.4	330.4	-41.0	重 庆	262.8	324.2	401.0	-76.8
内蒙古	90.5	407.7	539.9	-132.2	四 川	625.1	419.6	421.1	-1.6
吉 林	108.3	446.9	539.9	-93.0	贵 州	1 456.9	336.8	348.8	-12.0
黑龙江	83.1	460.9	482.5	-21.6	云 南	1 316.2	331.3	399.9	-68.6
安 徽	1 531.0	352.5	388.6	-36.1	陕 西	762.8	301.8	308.9	-7.1
江 西	834.6	355.1	365.0	-9.9	甘 肃	1 080.5	314.1	332.3	-18.2
河 南	717.1	332.5	334.6	-2.1	青 海	236.2	356.1	366.4	-10.3
湖 北	619.9	308.0	309.9	-1.9	宁 夏	216.3	413.8	491.4	-77.6
湖 南	910.6	397.4	400.0	-2.6	新 疆	59.2	361.2	366.4	-5.2

表4　　　　　2003 年全国 332 个贫困缺粮县人均口粮消费情况

省区市	缺粮县人口（万人）	人均消费口粮（公斤）	省区市	缺粮县人口（万人）	人均消费口粮（公斤）	省区市	缺粮县人口（万人）	人均消费口粮（公斤）
总　计	12 904.8	220.0	河　南	717.1	233.2	云　南	1 316.2	217.9
河　北	855.7	217.7	湖　北	619.9	209.4	陕　西	762.8	178.8
山　西	292.3	186.0	湖　南	910.6	243.5	甘　肃	1 080.5	228.8
内蒙古	90.5	214.5	广　西	747.4	202.8	青　海	236.2	212.9
吉　林	108.3	250.0	海　南	98.3	250.0	宁　夏	216.3	219.2
黑龙江	83.1	250.9	重　庆	262.8	199.1	新　疆	59.2	235.8
安　徽	1 531.0	250.3	四　川	625.1	230.0			
江　西	834.6	257.7	贵　州	1 456.9	215.3			

（三）粮食自给率低，产需缺口加大

这 332 个贫困缺粮县粮食自给率 76.6%，比全国自给率低 11.9 个百分点，粮食产需缺口 1 086.7 万吨，大部分需从外地购进。其中人均粮食量 250 公斤以下的 132 个县 4 361.4 万人，粮食自给率只有 57.9%，年缺粮达 615.2 万吨（见表5）。

表5　　　　　2003 年全国 332 个贫困缺粮县粮食自给率情况

省区市	缺粮县数（个）	粮食产量（万吨）	自给率（％）	自给率分类					
				自给率30%以下		自给率31%~60%		自给率61%以上	
				县数（个）	自给率（％）	县数（个）	自给率（％）	县数（个）	自给率（％）
总　计	332	3 427.8	76.6	22	21.2	53	51.0	257	82.5
河　北	27	207.7	67.1	2	28.3	8	50.6	17	79.4
山　西	15	49.8	58.9	4	21.9			11	76.2

省区市	缺粮县数（个）	粮食产量（万吨）	自给率（%）	自给率分类					
				自给率30%以下		自给率31%~60%		自给率61%以上	
				县数（个）	自给率（%）	县数（个）	自给率（%）	县数（个）	自给率（%）
内蒙古	3	30.8	83.6					3	83.6
吉 林	5	19.3	40.0	1	21.6	4	45.8		
黑龙江	3	24.0	62.7			1	50.0	2	70.5
安 徽	16	389.5	72.2			5	53.8	11	77.6
江 西	15	224.3	75.7			2	59.0	13	81.0
河 南	11	191.2	80.2			1	47.9	10	81.7
湖 北	11	153.5	80.3			2	42.4	9	87.6
湖 南	18	275.3	76.1			2	59.5	16	77.0
广 西	23	193.4	76.5			5	49.3	18	83.9
海 南	5	28.3	73.1			1	52.9	4	77.0
重 庆	3	73.5	85.3					3	85.3
四 川	19	226.8	86.5	5	21.4	1	40.5	13	89.2
贵 州	34	426.6	86.9					34	86.9
云 南	36	366.3	83.9			2	54.4	34	87.8
陕 西	27	158.6	68.9	2	19.2	7	46.0	18	81.1
甘 肃	32	254.9	75.1			7	50.8	25	79.2
青 海	15	45.9	54.6	7	9.0	4	52.9	4	73.7
宁 夏	7	73.3	81.8					7	81.8
新 疆	7	14.8	72.8	1	25.7	1	37.4	5	78.2

值得注意的是，北方低温地区和西部山区的土地与气候适宜种植薯类、杂豆、杂粮等。据我们对 34 个重点贫困缺粮县的调查，杂粮占粮食产量达 65% 左右。其中河北、甘肃、宁夏有 16 个县的杂粮产量占粮食产量 80% 以上。如河北张北县 2003 年粮食产量为

10.8万吨，其中马铃薯等杂粮9.9万吨，占总产量的91.7%。马铃薯虽作为粮食统计，但当地群众只把它当做蔬菜食用和外销，实际能消费的粮食只有5.4万吨，缺粮率达68%。杂粮用于食品业、副食品业、工业、出口等方面，其经济价值比用作口粮要高，是当地经济发展新的增长点，也是农民增加收入的重要来源。随着人民生活水平的提高，许多杂粮主产区正在逐渐改变过去以杂粮作口粮的习惯。据统计，2003年在贫困缺粮县群众口粮消费中，薯类等杂粮及其制品只占口粮消费总量的6.6%，主粮占口粮消费的93.4%。缺粮地区群众口粮消费习惯的改变是不可避免的，但也因此降低了当地粮食自给率，扩大了粮食产需缺口，增加了保障粮食安全的难度（见图2）。

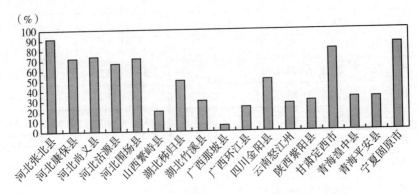

图2　部分贫困缺粮县杂粮占粮食产量比重

（四）农户存粮少，相互差异大

据统计，2003年国家扶贫重点县农户人均存粮情况是：山区321.8公斤，丘陵地区419.8公斤，远远低于全国农户人均存粮506公斤的水平；而且地区之间、农户之间人均存粮差距很大。据对陕西省2 220个农户调查①，2003年年末，农户人均存粮426.5

---

① 2004年7月国家统计局《从农户存粮差异情况看陕西粮食安全问题的调查报告》。

公斤，没有存粮的有 29 户，占 1.3%；人均不足 400 公斤的有 1 275户，占 57.48%；其中存粮维持不到次年新粮下来，又缺钱买粮的，就有 153 户，占 6.9%；人均存粮 100 公斤以下的达 336 户，占总户数的 17%；100～200 公斤的 348 户，占总户数的 15.7%。据贵州织金县抽样调查，2004 年全县农户存粮仅为 1.04 万吨，平均每户存粮只有 50 公斤。根据我们 2005 年 5 月对贵州赫章县白果镇大湾子村文友平等三户彝族农民的入户调查，户均 8 口人，而户均存粮不足 50 公斤，人均年收入仅 85 元，家徒四壁，完全处于赤贫状态。若非亲临，难以置信。

形成以上情况的主要原因：

一是可耕地少，粮食单产低。据对国家扶贫重点县 9 万多农户的调查，山区、革命老区和少数民族地区农村人均水田和梯田面积只有 0.6～0.8 分。据我们对 34 个重点贫困缺粮县调查，2004 年粮食平均亩产 222.5 公斤，比全国平均亩产 308 公斤低 85.5 公斤，低 27%。云南怒江傈僳族自治州有耕地 75 万亩，其中水田 10 万亩，70% 的耕地分布在坡度大于 25 度的山体上，粮食单产长期在70 公斤左右徘徊。河北省坝上地区属寒温带大陆性季风气候，降雨少，无霜期短，昼夜温差大，大部分耕地只能种植马铃薯和杂粮，粮食平均亩产历年只有 80 公斤左右。

二是粮食播种面积下降，粮食消费需求增加。这几年实施农业结构调整和退耕还林还草工程，这是改善生态环境，为贫困农、牧民造福的伟大工程，但也使贫困地区本来很少的粮田进一步减少。还有基本建设占用了一些耕地，也有部分粮田改种蔬菜、瓜果和经济作物。据我们对 34 个贫困缺粮县的抽样调查，2003 年粮食播种面积为 1 572.8万亩，比 20 世纪 90 年代末约减少 1/3。河北、湖北、广西、陕西、青海和宁夏 6 个省区的 16 个贫困缺粮县，比 2000 年以前减少了 50% 多（见图 3）。与此同时，这些地方的粮食需求尤其是口粮需求却进一步增加，从而加大了贫困缺粮县的粮食产消缺口。

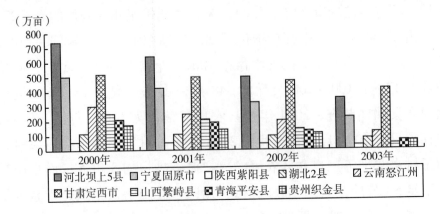

（万亩）

图3　部分贫困缺粮县粮食播种面积减少比较（2000～2003年）

三是人均收入低，有粮无钱买。据统计资料显示，国家扶贫重点县年人均收入 1 406.3 元，比其所在的 21 个省（区、市）人均收入 2 622.2 元低 46.3%；其中人均外出务工收入仅 165 元，只占总收入的 11.7%。特别是深山区和民族地区外出务工的人更少，外出务工占总收入的比重更小，缺粮的人即使有粮也无钱购买。

二、新中国成立后保障贫困缺粮县粮食安全的措施与当前存在的主要问题

现在全国这 332 个贫困缺粮县，在历史上就是多灾缺粮县，也是历代动荡不安、农民起义的策源地。有鉴于此，历代封建统治者都非常重视防范因粮荒引发的社会动乱。在调研中各地反映，新中国成立 50 多年来，我们主要依靠党和政府高度重视、从产区调粮支援和依托当地国有粮食部门的供应服务体系，从总体上成功地保障了贫困缺粮县的粮食安全，从未出过大的乱子，这是一条举世公认的成功经验。但粮食进入市场经济、全面放开后，也出现了值得注意的新问题，亟待研究解决。

（一）新中国成立后保障贫困缺粮县粮食安全的措施

1. 从中央到地方各级领导高度重视。党中央、国务院始终对贫困缺粮县给予高度关注，地方各级党委和政府也都作为重大问题及时研究解决。如1956年广西平乐县发生1.4万多人逃荒，550多人饿死的事件。党中央和国务院对此事进行了严肃处理，并由周恩来总理向第一届全国人大常委会第37次会议正式报告。在20世纪60年代初的三年困难时期，对河南信阳和新疆阿克苏发生的类似事件，党中央和国务院同样进行了严肃查处，使全党全国引以为戒。

2. 全国统一调粮支援贫困缺粮县。贫困缺粮县一直是中央和省、地三级调拨粮食、确保供应的重点。几十年来，当贫困缺粮县遭灾减产时，中央和地方政府都及时从产区调粮救济。如1987年和1988年贵州、广西和川东地区遭灾，中央立即从东北等地紧急调粮400万吨救援。因路途遥远，交通不便，时间紧迫，采用水陆运输并举，并调海军船只支援，海运到离灾区最近的港口，然后用火车、汽车甚至手推车、人背、马驮抢运到灾区，及时把救命粮送到灾民手中。1988年10月国务院专门为此成立了粮食货源组织和调运小组，负责统一组织粮源、安排调运等工作。1990年建立了中央储备粮制度以后，对中央储备粮的布局进行了调整，减少了长途跋涉紧急调粮，受灾地区一般就近动用当地中央或地方储备粮解决。如1991年安徽、江苏、湖南、湖北等地发生水灾，1994年、1995年在全国大中城市平抑粮价的同时，针对陕、甘、宁连续三年大旱的情况，先后就地动用了600多万吨中央储备粮，较好地解决了当地的救灾问题。

3. 依靠当地国有粮食企业保障供给。许多山区贫困缺粮县的群众受恶劣自然条件的影响和封闭落后环境的约束，在严重缺粮生活困难时，仍习惯于"不给不要，不喊不闹，饿了睡觉"。为确保粮食安全和安排好群众生活，新中国成立后各级粮食行政部门的首要任务就是逐级掌握粮食产需情况，组织调粮平衡，保障粮食供给。基层国有粮食购销点设有专人常年走村串户，随时掌握当地粮食产量、消费和农户的缺粮情况，并按照政策，及时把口粮供应到缺粮农户手中，使缺粮农民切身体验到了党的政策的温暖。

（二）当前全国 332 个贫困缺粮县粮食安全存在的主要问题

近两年，随着粮食购销市场化改革的深化，因贫困缺粮县所在的地方政府粮食宏观调控的能力薄弱，市场粮源匮乏，单靠"三小"，即小商贩、小作坊、小集市难以满足群众对粮食的起码需要。再加上当地财政困难，无力筹措从外地购粮的资金和运费，粮食供应存在着很大隐患。一旦发生问题，因交通闭塞，远水解不了近渴，将影响这些地区的粮食安全，影响社会安定。

1. 国有粮食企业粮食收购量大幅下降。据我们对冀、赣、鄂、黔、陕、青的 9 个贫困缺粮县随机抽查，2004 年国有粮食企业的粮食收购量比 2000 年下降 80% 左右，降幅之大令人吃惊。下降的主要原因是资金困难和基层收购单位减少。江西会昌县国有粮食企业 1997 年前收购 1.8 万吨，到 2004 年减少到 0.6 万吨，下降达 2/3。该县有两家民营米粉生产企业，年收购粮食 2 万吨，产品全部销往县外和出口，也导致本县缺粮率扩大到了 49%。

2. 当地粮食库存和储备严重不足。据我们对 29 个贫困缺粮县抽样调查统计，其库存粮和储备粮总量，只够这 29 个县消费 12 天，仅为国家规定的缺粮销区应有 6 个月（即 182.5 天）粮食消费量库存的 6.6%，粮食安全已处于高危状态。这 29 个县中，有 11 个县没有周转商品粮库存，21 个县无中央储备粮，18 个县无省级储备粮，14 个县无县级储备粮。这 29 个县在紧急情况下能动用的粮食商品库存和储备粮，平均只够 12 天消费，其中只够消费 10 天以下达 15 个县，而四川金阳和青海平安两县自身则既无商品粮库存，也没有储备粮库存。需要说明的是，商品粮周转库存是动态的。粮食购销市场化后，企业受利益驱动，商品周转库存还在继续

44

下降。湖北秭归县地处三峡工程库区，目前全县只在县城有1 500吨储备粮，够4天的消费。由于淹没、灾害等影响，全县有效仓容不到6 000吨，大多分布在交通不便的地方，且年久失修。2003年该县沙溪镇千家坪山体滑坡，急需10吨大米救灾，但当时粮食部门库存仅有5吨，当地政府不得不紧急从外地市场上高价购买粮食抢运到本地救灾（见表6）。

表6   2004年29个贫困缺粮县粮食库存和储备情况调查表

县　名	县库存粮和储备粮总量（吨）			够消费天数（天）	省储备粮（吨）	中央储备粮（吨）
		周转库存	县储备			
29个县合计	121 605	103 254	18 351	12.0	54 320	65 810
河北张北县	8 867	8 867		23.7		
河北康保县	800	800		2.8		
河北尚义县	5 711	5 711		29.9		
河北沽源县	11 000	11 000		48.4		
河北围场县	20 000	20 000		38.6		30 000
江西会昌县	2 000		2 000	5.9	6 820	5 380
湖北秭归县	1 500		1 500	4.5		
湖北竹溪县	1 500		1 500	4.0		
广西那坡县	2 686	1 543	1 143	14.8		
广西环江县	1 000		1 000	2.9		
四川金阳县					4 500	1 000
贵州织金县	8 804	3 322	5 482	8.5		
贵州赫章县	5 000	5 000		6.9		
云南怒江州4县	6 940	5 240	1 700	15.0	8 000	
陕西紫阳县	450	450		1.4		
甘肃定西市5县	4 026		4 026	2.3	3 000	
青海平安县						8 330
宁夏固原市5县	41 321	41 321		23.7	32 000	21 100

在调查中发现，在上述 29 个县仅有的少量库存粮中，大部分是不适销对路的原粮。因这些县的原国有粮食加工企业大都转制歇业，遇到出现救灾等紧急需要时，只能靠私营小作坊加工成品粮发给灾民。河北坝上 4 县无任何储备粮，在 2004 年年末只有商品粮周转库存 2.6 万吨，仅能供当地消费 24 天；但现有库存中 80% 以上是杂粮豆，没有成品粮，一旦受灾，实际上无粮可供。在非典流行时期，因北京至张家口的公路短暂停运，仅两三天内，坝上的每袋面粉就上涨了 10 元。

3. 无力从产地购进或进口粮食保障本地粮食安全。

一是粮价太高，无力承受。贫困缺粮县从产区购入粮食，运距远，费用高，仅铁路运费每公斤就达 2 角左右。从铁路沿线运粮到贫困缺粮的地方，多因山高坡陡，交通不便，每公斤粮食运费高达 2 角至 1 元。云南怒江傈僳族自治州从县城运粮到缺粮乡镇，一些偏僻地方仍靠肩挑人背，需 2 天半的时间才能到达，每公斤运费在 1 元以上。这些贫困地方的政府财政入不敷出，连年赤字，根本无力承担补贴。面对如此情况，既缺粮又缺钱的居民尤其是农民只好望而却步。

二是民企经营难以调控。从 2002 年以来，缺粮地区从产区购进的粮食中，大部分是由非公有制企业经营的。如云南省 80% 以上的省外购进粮是由非公有制企业经营的。政府若对民企进行调控，需要付出相应的代价。

三是道路不通，容易断粮。不少贫困缺粮县地势危险、气候恶劣，必须在汛期或大雪封山等交通断绝前，备足粮食，存放到位。否则一旦出现问题，远水解不了近渴，有可能在当地发生大面积断粮的事故。

4. 粮食市场发育滞后无法满足缺粮农民的需要。部分贫困缺粮县人烟稀少，当地不产粮或缺少商品粮，没有就地进行粮食余缺调剂的物质基础。从外地购粮成本高，粮商经营利小或无利可图，很少有人经营。因此，当地多数是农民自发形成的互换型的粮食小集市。有的地方甚至至今形不成集市，缺粮农民要翻山越岭，长途跋涉，到很远的地方才能买到一点粮食。据青海省统计，全年通过各类市场交易的粮油量为16万吨左右，只相当于全省1个月的消费量。

5. 粮食安全预警预报体系不健全。预测预报粮情是基层国有粮食购销网点的一项重要任务。近年来，随着粮食流通体制和国有粮食企业改革的深化，这些地方基层国有粮食购销点由于购粮成本高而销售价格低，长期亏损，大部分已撤除或合并。据国家粮食局统计，到2003年，有贫困缺粮县的12个省区基层国有粮食购销点减少28.6%，其中贵州、云南、青海、宁夏4省区减少60.9%，减少的主要是贫困缺粮县的网点。现在，这些网点被撤销后，尚无明确的机构来调查、监测、预报贫困缺粮县基层粮食安全情况，基本上处于无人负责的自流状态，潜伏着很大的危险。

6. 退耕还林改为现金补助后农户买粮难。我们在调查中发现，国家决定从2004年起原则上将退耕补助粮改为现金补助后，贫困缺粮县的农民对这一政策的变更反应十分强烈。

一是许多山区农户所退的坡耕地原是口粮田且无其他经济收入来源，需要以退耕还林补助粮当做口粮。如陕西紫阳县有退耕户29 670户，占总户数的42%；其中有20%的农户在退耕中未留口粮田，40%的农户人均自留地不足1亩，都要靠退耕补助粮过日子。改补现金后，因粮价上涨，所补现金买不够所需的粮食，口粮出现了缺口，农民有怨言。

二是有的地方退耕还林补助粮的规定补助年限已到，但栽种的林木，大部分还处于树苗状态，如停止补粮，将影响退耕农户的生产和生活。

三是不论供应现粮还是兑付现金，都要有相应的粮源，但贫困缺粮县对所需的粮源难以保证。特别是西部地区的大部或全部退耕

47

补助粮需要从省外购进，运粮成本高，地方财力难以承担。许多退耕还林的贫困缺粮县反映，当地农民为了生存很有可能砍树复耕。

7. 当地粮食行政管理机构极不健全，工作处于半瘫痪状态。在新一轮地方政府机构改革中，大多数县的粮食局已退出行政序列改为事业单位。据对 34 个贫困缺粮县的典型调查，有 14 个县粮食局已全部改为事业编制；有 20 个县粮食局只有局长是行政编制，其余人员全部是事业编制，很难负担行政管理职责。大多数贫困缺粮县的粮食行政机构实际上已陷入半瘫痪状态，无力发挥应有的作用。这些县的城镇零售粮店已全部撤并、转制或租赁，农村的粮食收购网点大部分已被撤销或合并，县粮食局只剩下几个人守摊子。基层普遍反映，贫困缺粮县的粮食局一无权，二无钱，三无腿，都在为自己的生计发愁，连县里的基本粮情和行情都掌握不准，更谈不上如何保障全县的粮食安全了。

三、对确保全国 332 个贫困缺粮县粮食安全的七项政策建议

通过调查研究和广泛听取基层群众和有关专家的意见，我们对确保全国 332 个贫困缺粮县的粮食安全，有如下七项政策建议：

（一）把确保贫困缺粮县的粮食安全作为国家扶贫攻坚的一项主要任务

贫困缺粮县的粮食安全，关系到广大群众的生命安全和身体健康，关系到民族和睦和社会安定，应作为国家扶贫重点县脱贫的一项主要攻坚任务来完成。贫困缺粮县以及所在的县以上各级政府要加强对扶贫、财政、民政、粮食等部门的统一领导和协调，明确责任，落实到位。要站在全面构建和谐社会和建设小康社会的高度，坚持以人为本的原则，区别情况，分类指导，把工作做深、做细、

做扎实，保证这些地区农民的口粮需要，并及时切实落实到户。对影响贫困缺粮县粮食安全的各种因素，应及时采取措施加以解决，绝不能因缺粮而发生问题。一旦出现缺粮断粮事故，要追究责任，严肃处理。

（二）贫困缺粮县必须保持必要的粮食综合生产能力

建议各级政府采取有效措施，在退耕还林的贫困缺粮县建设好基本口粮田，争取口粮基本自给或部分自给。贫困山区的粮食耕地面积本来就很少，必须对耕地实行最严格的保护制度，严禁滥征滥占，不得弃耕抛荒。要稳定粮食播种面积，搞好水土保持，努力提高单产，适度提升粮食自给率，尽力保持必要的粮食综合生产能力。要鼓励和发展粮食龙头企业，与农户组成产销联合体，发展粮食产业化经营。

（三）建立健全贫困缺粮县粮食储备体系

1. 多渠道解决储备粮费用和合理确定储备规模。对于全国 332 个贫困缺粮县要建立县级储备，其资金建议按中央储备粮的办法由农发行负责供应。可按 3 种类型分别解决储备粮资金和费用：一是西部 11 省（区、市）的 206 个县，全部由中央财政解决；二是中部 6 省和海南的 91 个县，由中央财政负担 70%，有关省财政负担 30%，地县两级财政免负；三是东部 3 省的 35 个县，由中央财政负担 50%，有关省财政负担 50%，地县两级财政免负。储备规模可按所在县城镇人口半年的消费量加上与农村人口缺粮量的一半之和确定。

对于那些商品粮库存和储备粮"双缺"的高危贫困缺粮县，当前应立即调整中央和省级储备粮的储存布局，及时增加这些地方的储备粮库存，以防当地突发粮食安全责任事故。同时，建议将贫困缺粮县的储备粮和储备库纳入省储备粮管理体系统一管理，以确保贫困缺粮县的储备粮管得住、调得动、用得上、能救急。

2. 由中央投资为每个贫困缺粮县建设一座中心粮食储备供应库。中心储备供应粮库可充分利用现有仓库改扩建或新建相应的仓库，并充分考虑高山、高原、高寒等偏远地区的供应需要，做到在每年汛期或大雪封山等交通断绝前，能把粮食集运到可供应到户的地方储存，相应确定部分定点供应单位和应急加工单位，以保证这些特困地区的粮食安全。按平均每库投资 500 万元计，332 个粮库共需投资约 17 亿元，规模不是太大，建议在国家"十一五"规划中由中央专项安排。

（四）保留和加强贫困缺粮县粮食局的机构设置和行政编制

贫困缺粮县的粮食局是当地政府当家理粮的助手，亟待充实、加强。县粮食局的机构应本着精简、效能的原则，因地制宜设置，解决好编制、人员、经费等问题，使之能正常运转，加强粮食市场管理，维护粮食市场秩序，及时掌握当地和周边地区的粮食生产、需求、价格等市场动态，加强监测和动态分析，逐步形成信息的收集、反馈和发布网络，定期发布粮食供求及市场价格信息，以正确引导粮食生产和流通。如发现问题，应及时向当地政府和上级机关提出切实可行的解决意见和办法供决策参考，从根本上保证粮食安全。

（五）对贫困缺粮县恢复实行退耕还林补助现粮的政策

目前暴露出来的退耕还林补助粮兑现问题，实质是如何保证贫困缺粮地区的口粮供应问题，也是生态环境建设能否可持续发展的重大问题。我们抽样调查的 34 个贫困缺粮县一致要求，退耕还林补助应恢复供应现粮。对那些按每公斤粮食 1.4 元的价格，已买不到规定数量粮食的地方，国家应考虑增加补助标准，保证政策兑现。对按照规定年限不能完成退耕还林任务的，应实事求是适当延长粮食补贴期限，并早出安民告示，避免复耕砍树。对国有粮食企业从外地组织补助粮的粮源所需的资金，农业发展银行应给予解决；所需费用，财政应给予相应的弥补。当地财政有困难的，中央和省财政应给予支持。

（六）着力培育贫困缺粮县的粮食市场

进一步规范、完善贫困缺粮县多种形式的粮食批发和零售市场，巩固发展农村初级市场，为粮商营造经营粮食的平台。通过当地政府的优惠政策和充分发挥市场的功能，把外省、外地多种经济类型的粮油企业吸引进来，使外地的主要粮食品种进入当地市场，增加市场粮源；同时把当地的杂粮推销出去，促进粮食有序流通，增加农民收入。对市场没有粮源的地方，国有粮食企业要想方设法筹措粮源，保障供给。建议农发行帮助解决组织粮源的资金，中央和省财政对粮食的运费给予适当补贴。对那些无钱购买口粮的缺粮农户，县粮食部门应及时提供给政府民政部门，通过社会救助等方式妥善解决。

（七）采取综合措施促进贫困缺粮县经济发展

中央和省、区、市财政要增加对贫困缺粮县的投入，加强交通、信息等基础设施建设，安排好造血功能强的扶贫项目。有计划地搞好各种免费培训，组织劳务输出，在外吃粮，寄钱回家，逐步增加农民收入，改变无钱买粮的状况，以减轻这些地区人多地少条件差的压力。对交通闭塞、自然条件恶劣、农户较少和常年缺粮的边远山村，由政府统筹规划，并与小城镇建设紧密结合起来，有计划地实行整体搬迁，进行异地开发，开辟新的生产就业门路。对主

51

产杂粮豆类的地方，应和大宗粮食作物一样，给农户发放良种和农机补贴，以调动农民的种粮积极性。

课题高级顾问：白美清
课题负责人：赵凌云　宋廷明　宋文仲
主要执笔人：宋文仲
课题组成员：赵凌云　宋廷明　宋文仲　肖振乾　文绍星　李思恒
　　　　　　曹允江　张正义　刘与忠　邹振东　李为民　耿兆书
　　　　　　秦红民　李　红　温洪镭　姚国勤　闻景发

附件：

2003 年全国 332 个贫困缺粮县一览表

地区	县数	县　名
河　北	27	孟村县、青龙县、盐山县、涉县、临城县、巨鹿县、广宗县、阜平县、唐县、涞源县、海兴县、张北县、康保县、沽源县、尚义县、蔚县、阳原县、怀安县、万全县、赤城县、崇礼县、平泉县、滦平县、隆化县、丰宁县、宽城县、围场县
山　西	15	娄烦县、灵丘县、和顺县、平陆县、宁武县、静乐县、保德县、永和县、兴县、临县、石楼县、岚县、方山县、繁峙县、中阳县
内蒙古	3	喀喇沁旗、太仆寺旗、商都县
吉　林	5	靖宇县、龙井市、和龙市、汪清县、安图县
黑龙江	3	甘南县、林甸县、杜尔伯特县
安徽省	16	枞阳县、潜山县、太湖县、宿松县、岳西县、临泉县、阜南县、颍上县、无为县、金安区、寿县、霍邱县、舒城县、金寨县、霍山县、石台县
江　西	15	修水县、赣县、上犹县、安远县、宁都县、于都县、兴国县、会昌县、上饶县、横峰县、寻乌县、波阳县、遂川县、万安县、广昌县
河　南	11	栾川县、新蔡县、沈丘县、鲁山县、淮滨县、新县、商城县、台前县、卢氏县、南召县、淅川县
湖　北	11	丹江口市、秭归县、红安县、罗田县、蕲春县、阳新县、郧县、郧西县、竹山县、房县、神农架林区
湖　南	18	龙山县、邵阳县、隆回县、城步县、古丈县、桑植县、安化县、汝城县、桂东县、新田县、江华县、沅陵县、通道县、新化县、泸溪县、凤凰县、花垣县、保靖县

省区	县数	县　　名
广　西	23	隆安县、马山县、天等县、龙州县、三江县、融水县、金秀县、田东县、平果县、德保县、那坡县、凌云县、乐业县、隆林县、罗城县、环江县、南丹县、天峨县、凤山县、东兰县、巴马县、都安县、大化县
海　南	5	通什市、白沙县、陵水县、保亭县、琼中县
重　庆	3	万州区、古蔺县、马边县
四　川	19	南部县、阆中市、屏山县、广安区、平昌县、小金县、黑水县、壤塘县、雅江县、新龙县、石渠县、色达县、理塘县、木里县、盐源县、越西县、甘洛县、美姑县、雷波县
贵　州	34	望谟县、册亨县、贞丰县、大方县、织金县、纳雍县、威宁县、赫章县、黄平县、普安县、三穗县、岑巩县、天柱县、锦屏县、剑河县、台江县、黎平县、榕江县、从江县、雷山县、盘县、丹寨县、荔波县、独山县、平塘县、罗甸县、水城县、三都县、关岭县、镇宁县、普定县、沿河县、晴隆县、六枝特区
云　南	36	会泽县、东川区、昭阳区、鲁甸县、巧家县、盐津县、大关县、永善县、绥江县、镇雄县、彝良县、威信县、广南县、富宁县、墨江县、澜沧县、梁河县、武定县、永胜县、泸西县、元阳县、红河县、宁蒗县、泸水县、文山县、福贡县、西畴县、麻栗坡县、贡山县、德钦县、临翔区、凤庆县、云县、镇康县、沧源县、印台县
陕　西	27	丹凤县、太白县、旬阳县、彬县、白河县、商州区、绥德县、米脂县、佳县、白水县、延长县、延川县、子长县、吴堡县、吴旗县、清涧县、子洲县、西乡县、宁强县、略阳县、汉滨区、府谷县、汉阴县、宁陕县、商南县、山阳县、柞水县
甘　肃	32	榆中县、会宁县、北道区、秦安县、甘谷县、武山县、张家川县、天祝县、通渭县、陇西县、渭源县、漳县、岷县、武都县、宕昌县、康县、文县、西和县、礼县、庄浪县、静宁县、临夏县、康乐县、广河县、和政县、东乡县、积石山县、合作市、临潭县、卓尼县、舟曲县、夏河县

省区	县数	县 名
青 海	15	大通县、湟中县、平安县、民和县、囊谦县、乐都县、化隆县、循化县、尖扎县、泽库县、甘德县、达日县、玉树县、杂多县、治多县
宁 夏	7	盐池县、同心县、原州区、海原县、西吉县、隆德县、泾源县
新 疆	7	阿图什市、阿合奇县、乌恰县、塔什库尔干塔吉克县、尼勒克县、托里县、吉木乃县
合 计	332	

2005 年 10 月

关于我国粮食安全库存水平的量化调控指标研究和政策建议[*]

——国家粮食安全系列研究报告之三

中国粮食经济学会
中国粮食行业协会　　课题组

一、改革开放以来我国粮食安全库存系数变化情况分析

本报告使用的粮食安全库存系数，是以当年粮食库存占下一年度粮食消费需要量的百分率来计算。联合国粮农组织曾提出粮食安全库存系数为17%～18%，其中12%为周转库存，5%～6%为后备库存。需要指出的是：这个指标是就全世界的粮食安全的平均水平而言，具体到某个国家，余粮国、基本自给国和缺粮国的粮食安全库存系数差异很大，不能简单地套用这个标准来衡量某个国家的粮食安全水平。粮食耕地多、人均占有产量高、出口数量大的美国，粮食库存占国内消费量的比率经常在50%以上，有时高达90%多。而一些人多地少、生产条件差、自给水平很低的国家，粮食安全库存系数则远远低于17%～18%。因此，研究我国的粮食安全库存水平，既要参考联合国粮农组织提出的粮食安全指标，又必须从我国的国情和粮情出发，实事求是地分析论证，才能得出符合实际的结论。我国在粮食统购统销计划经济时期，由于长期粮食不过关，粮

---

[*] 这份研究报告由白美清会长报送国务院和有关部委后，温家宝总理于2006年11月29日作出重要批示："这是一个关系国家粮食安全问题的重大建议，请培炎、良玉同志阅示后转发改委并国家粮食局研究提出意见，报国务院。"曾培炎、回良玉副总理，国家发改委和国粮局负责同志也分别作了批示。

食安全库存系数一直很低。当时主管粮食工作的中央领导同志曾多次在全国粮食会议上说过，国家征购农民的粮食，实际上是农民从饭碗里抠出来的。据统计，从国家实行粮食统购统销前的1953年至改革开放前的1977年这25年间，国家粮食库存最低为"三年困难时期"的1961年。当时像北京、天津、上海等大城市粮食库存最低时只够几天的销量，辽宁的城镇居民有时只准凭证购买3~5天的玉米面。由于粮食供应紧张，当时省间粮食调拨都由周总理同粮食部领导商定，调拨5 000吨以上的，由周总理亲自定案，周恩来总理当时被党内称为"全国调粮总指挥"。在这25年中，库存最高为1974年。

1978年改革开放以后，通过实行农村家庭联产承包责任制等一系列改革，极大地调动了农民种粮的积极性，粮食连年丰收，国家的粮食库存逐步充裕，农户存粮大幅增加，国家粮食安全库存系数也逐年上升。从1980年到2005年这26年间，按照国家全部粮食库存计算，粮食安全库存系数最低的1981年只有14.1%；最高的1999年达到62%。特别是从1983年到2005年，已连续23年超过联合国粮农组织提出的17%~18%的国家粮食安全库存指标。这充分说明，改革开放以来，我国粮食生产的成就十分显著，为全世界所瞩目。

改革开放以来国家粮食安全库存系数变化的情况，大体上可以分为4个时期：

（一）粮食库存低水平期（1980~1989年）

在改革开放以前，我国粮食底子太薄，不是拆东墙补西墙，就是寅吃卯粮。以后随着改革开放，粮情开始好转，粮食库存稳步增加，但粮食安全库存系数仍然偏低，徘徊在20%左右。在1980年到1989年的10年间，全国粮食总产量由3亿多吨增加到4亿多吨，跃上了一个新台阶，基本解决了温饱问题。但从总体上看，粮食供求仍处于紧平衡状态，不得不继续实行凭票定量供应制度。在此期间，曾出现过两次大米供应紧张、国家收粮难和一次特大丰收、农民卖粮难的状况。

1980年，全国粮食产量32 056万吨，比上年减少1 156万吨，国家收购和年末国家库存都有所下降，导致1981年的粮食安全系数也由上年的15.5%降低到14.1%。其中小麦缺口尚可通过进口补充，但稻米进口调节的余地很小，引起当年大米调拨困难，上海等销区大米告急。当时只得由粮食部部长、副部长亲自分头去稻米主产区安徽、江苏、江西、湖南、湖北、浙江等省商调大米，才勉强渡过难关。

从1982年到1984年，连续3年粮食大增产，产量由1981年的32 502万吨增加到1984年的40 731万吨，粮食安全系数由1981年的14.1%上升到1984年的21.6%。这是新中国成立以来从未见过的大好形势。从1982年下半年开始，安徽、贵州等省反映农民卖粮难，引起了中央领导同志的重视。当时，由于连续3年大增产，农民售粮热情高涨，铁路、粮库建设一时跟不上，到1984年，全国普遍出现农民卖粮难、铁路运粮难、粮库存粮难的新问题。为此，中央决定从1985年开始，取消粮食统购，实行合同定购，定购以外的粮食由农民自由处理，如卖给国家，则按市价议价收购。因当时市价低于合同定购价，由此产生的新问题是，农民和一些地方政府担心粮多了卖不掉遭受损失，种粮的积极性受到了影响，因而出现了从1985年到1988年，全国粮食产量连续4年低于1984年，而消费又逐年刚性增长，导致这4年的粮食安全系数徘徊在17.2%~21.1%，均低于1984年21.6%的水平。

1988年夏秋再次出现全国性大米短缺，国务院决定从1988年秋季开始，大米由粮食部门统一收购，其他部门、单位和个人不得经营。国家对省间"议转平"大米调拨实行指令性计划，并规定合理价格，调出地区必须保证完成。国家粮食储备和周转库存粮权属于中央，必须服从统一调度，不允许以任何借口有粮不往外调。为加强省间粮食调拨，1988年10月，国务院又决定成立国务院粮食货源组织和调运领导小组，负责粮源组织、分配、安排调运等工作，解决了部分地区的缺粮救灾问题。

为进一步缓解粮食供求矛盾，1989年3月国务院决定从当年4月1日起，将合同定购粮的收购价平均提高18%；继续完善合同定购粮与平价化肥、柴油和预购定金"三挂钩"的政策，适当提高挂钩化肥数量，使农民的种粮积极性得到了进一步发挥，粮食总产量恢复到4亿吨以上，达到了40 755万吨，国家粮食安全库存系数也达到了创纪录的26%。

（二）建立专储库存上升期（1990～1995年）

1990年国家又采取了一系列鼓励农民增产粮食的新政策，使粮食生产进入了一个新的增长期。国务院决定从1990年秋粮收购开始，将合同定购粮改为国家定购，交售国家定购粮是农民应尽的义务，必须保证完成。1990年，全国粮食总产创历史新高，达到44 624万吨，比上年净增3 869万吨，增幅达9.5%。国家粮食总库存创纪录，比上年净增3 543万吨，增幅达9.5%。粮食安全库存系数也首次突破30%达到33.7%。各粮食主产区尤其是东北地区再度出现"三难"即农民卖粮难、粮库存粮难、铁路运粮难。从1990年至1992年，国家粮食安全库存系数上升到31.5%～33.7%，粮食供应比较正常，市场粮价也比较稳定。

在此期间，国家采取了两项重大举措：一是从1990年起建立了以中央专项储备为重点的国家粮食储备制度，成立了国家粮食储备局，着手从制度上保障国家粮食安全。中央专项储备粮从1990年起步，到1992年就增加44.7%。二是1993年以后逐步放开了粮食零售市场，侧重从机制上推进粮食商品化和经营市场化改革。

到1993年，粮食产量45 650万吨，比上年增产3.1%。从当年产消总量看，还是产量略大于消费，但国家粮食库存有所下降，特别是稻谷库存下降较多，导致这一年的粮食安全库存系数降为26%，比1990年至1992年每年都超过31.5%的安全库存系数下降了约6个百分点，1994年进一步下降到23.4%，比1990年净下降了10.3个百分点。稻谷的安全库存系数也由前两年的34.3%和34.5%下降到24.9%，降低了9.6个百分点。加上当时经济过热、通货膨胀等因素，从1993年年底到1994年年初由南到北发生争购大米的风潮，并引起整个市场粮价波动。为此，国务院决定采取抛售中央专储稻谷，在城市挂牌供应大米、面粉和大幅度提高粮食收购价等政策措施，使粮食市场价格应声回落，交易秩序恢复正常，粮食供求形势迅速好转。

从以上两个阶段粮食供求情况看，粮食安全库存系数不能过低。我们认为，最少不能低于25%，即可用于国家粮食宏观调控的库存，不能少于3个月的粮食消费量。否则就可能出问题。在气候反常的偏歉年景，则应早做准备，适当多进口一些粮食。

（三）粮食库存高峰期（1996～2000年）

针对1993年年底和1994年年初出现的大米供应偏紧、市场粮价上扬的情况，为确保粮食安全，国务院采取了大幅度提高粮食收购价的重大举措。1994年5月，国务院决定从当年6月夏粮收购开始，粮食定购价一次提高40%；到1996年2月，国家计委又发出通知，决定从1996年新粮上市起，稻谷、小麦、玉米、大豆四种粮食平均每公斤国家定购价由1.04元提高到1.48元，这次提价0.44元，提价幅度42.35%。经过这两次提价，1996年的粮食收购价比1994年夏收前的收购价提高了1.05倍，这极大地调动了农民的种粮积极性。1995年全国粮食总产量46 662万吨，1996年到1999年这4年间，有3年（1996年、1998年、1999年）总产量都超过5亿吨，最低的1997年，总产4.94亿吨。国家粮食库存一增再增，1999 年创历史新高，国家粮食安全库存系数也猛增到 62%，均创历史最高水平（见表 1）。这是中国粮食史上从未出现过的大好形势，国家粮食安全库存系数也迅速上升：1996 年 42.1%；1997 年 51.7%；1998 年 56.9%；1999 年 62.0%；2000 年 56.5%。

表 1　1980～2005 年全国粮食产量、消费量和安全系数变化比较

原粮：万吨

时期	年份	全国粮食总产量	占上年（%）	全国粮食消费量	占上年（%）	产消余缺	国家粮食安全库存系数（%）
库存低水平期	1980	32 056.0	100.0	32 613.0	100.0	−557.0	18.0
	1981	32 502.0	101.4	33 685.0	103.3	−1 183.0	16.0
	1982	35 450.0	109.1	35 355.0	105.0	95.0	18.0
	1983	38 728.0	109.2	36 398.0	102.9	2 330.0	22.0
	1984	40 731.0	105.2	39 352.0	108.1	1 379.0	22.0
	1985	37 911.0	93.1	40 543.0	103.0	−2 632.0	19.0
	1986	39 151.0	103.3	41 055.0	101.3	−1 904.0	17.0
	1987	40 473.0	103.4	41 260.0	100.5	−787.0	20.0
	1988	39 408.0	98.7	40 800.0	98.9	−1 320.0	21.1
	1989	40 755.0	103.8	40 658.0	99.1	97.0	26.0
上升期 建立专储库存	1990	44 624.0	107.7	41 398.0	101.8	3 226.0	33.7
	1991	43 529.0	97.5	42 565.0	102.8	964.0	32.4
	1992	44 266.0	101.7	43 060.0	101.2	1 206.0	31.5
	1993	45 649.0	103.1	43 735.0	101.6	1 914.0	26.0
	1994	44 510.0	97.5	44 045.0	100.7	465.0	24.6
	1995	46 662.0	104.8	44 510.0	101.1	2 152.0	28.2

时期	年份	全国粮食总产量	占上年（%）	全国粮食消费量	占上年（%）	产消余缺	国家粮食安全库存系数（%）
高峰期 粮食库存	1996	50 454.0	108.1	45 160.0	101.5	5 294.0	42.1
	1997	49 417.0	97.9	45 435.0	100.6	3 982.0	51.7
	1998	51 230.0	103.7	46 475.0	102.3	4 755.0	56.9
	1999	50 839.0	99.3	47 235.0	101.6	3 604.0	62.0
	2000	46 218.0	90.9	47 845.0	101.3	−1 627.0	56.5
下降期 挖库补消库存	2001	45 264.0	97.9	48 180.0	100.7	−2 916.0	54.7
	2002	45 706.0	101.0	48 555.0	100.8	−2 849.0	49.4
	2003	43 070.0	94.2	48 800.0	100.5	−5 730.0	36.7
	2004	46 947.0	109.0	49 090.0	100.6	−2 143.0	31.3
	2005	48 400.0	103.1	49 500.0	100.8	−1 100.0	33.2
	1980～2005	1 123 950.0		1 117 307.0		6 715.0	34.1

注：2001～2005 年均为贸易粮。

　　粮食多了，安全库存系数高了，保障供给有了雄厚的物质基础，但也出现了一些新问题：一是粮食一时供过于求，加上品种结构不对路，粮价低迷，谷贱伤农，即使国家规定了收购保护价，也扭转不了市场粮价的跌势，影响了农民的种粮积极性。二是粮食仓库严重不足，尽管国家连续投资建粮仓有较大缓解，但仍不足。早在 1991 年 8 月，国务院就决定用 4 年时间，在全国铁路沿线建设 2 500 万吨粮食仓容；1993 年 4 月，世界银行同意向中国提供粮食流通项目贷款 4.9 亿美元，主要用于建设粮食进出口的港口和铁路中转设施，加上国内配套资金，项目总投资约 82 亿元。从 1998 年 6 月开始，国务院先后决定利用国债专项资金，分三批建设 5 750 多万吨仓容的国家粮食储备库，总投资达343亿元。这一时期建仓规模之大，为中国历史上所未有。三是存粮多了，占用的银行贷款大大增加，粮食储存费用和国有粮食企业的潜亏也大幅增长。四是粮多了，保管时间长，如何推陈储新，合理轮换，是粮食工作面临的新课题。

（四）挖库补消库存下降期（2001～2005年）

由于国家库存增加较多，超过了正常需要，通过调整农业生产结构，实行退耕还林、还草、还湖、还湿政策，降低了粮食产量。调整粮食收购政策，将一些地区的春小麦和早籼稻退出保护价收购范围。同时，通过推陈储新、在粮食批发市场拍卖部分小麦和玉米，组织玉米出口等措施，适当减少库存。2000年，全国粮食总产量下降到46 218万吨，比上年净减产4 621万吨，减幅达9.1%。到2005年，国家粮食总库存下降，这6年的粮食安全系数也逐年下降：2000年56.5%；2001年54.1%；2002年55.3%；2003年42.1%；2004年34.3%；2005年33.2%。

这一时期虽通过粮食生产结构调整、国内促销和组织出口等，解决了"胀库"问题，但同时又出现了新的问题，即我国粮食连续6年产不足消，库存大幅下降，粮食安全库存系数也逐年降低，至2005年已降到33%左右，比最高的1999年下降了一半多（见表1）。

2000～2005年，我国粮食已连续6年生产不足消费，出现了缺口，主要靠挖库存和适当进口补足。近6年缺口累计达16 365万吨。尽管目前国家粮食安全系数尚为33.2%，粮食供求基本平衡，粮食市场还比较稳定，但可随时动用的国家粮食库存却越来越少。目前脆弱的偏紧供求平衡，很可能被大的自然灾害、突发事件和国际粮价上涨所打破，需要早做准备，防患于未然。

从 1980～2005 年我国 26 年间粮食库存情况综合分析，国家粮食安全库存系数平均为 34.1%，粮食产量消费后累计结余 6 715 万吨，年均结余 258 万吨，总体上处于产量与消费平衡、略有结余的状况。我们认为，今后将我国粮食库存安全系数的预警线即进入"黄灯区"的警示线，控制在 34% 左右即 4 个月的消费量比较适宜。

纵观 1980 年以来的粮食生产、消费、库存和安全库存系数的发展变化，可以看出一个很明显的现象，即每年国家粮食库存和安全库存系数的波动幅度远远大于生产和消费的波动幅度。例如 1982 年粮食比上年增产 9.1%，消费比上年增加 5%，因年末国家库存增加较多，影响到 1983 年的安全库存系数，但仍比上年增长 21.2%。又如 1994 年和 1996 年两次大幅度提高收购价以后，粮食产量由 1994 年的 44 510 万吨增长到 1996 年的 50 454 万吨，两年增长 13.4%，而国家粮食安全库存系数则由 23.4% 上升到 42.1%，增长 80%（见图 1 和表 1）。

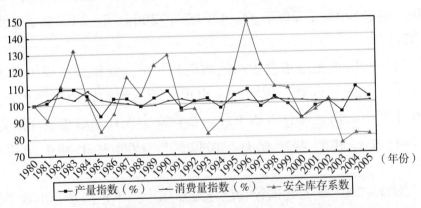

图1 1980～2005 年全国粮食产量、消费量指数和安全库存系数变化比较

出现这种明显变化的主要原因是：当市场粮食暂时出现供过于求、粮价见跌时，农民受心理定势的影响，怕谷贱伤农，都想早卖多卖余粮，致使国家收购和库存急剧增加；反之，在年成歉收、粮价见涨时，农民又待价惜售，都愿晚卖和少卖。这样，就使丰年粮多、歉年粮缺的信息被人为地放大了。为了避免这种情况，搞好丰歉调剂，有些粮食主产国如美国，对农场主运用农贷利息杠杆进行调节，实行鼓励农场主丰年多存粮可减息、歉年存粮不减利息的政策，效果较好。中国历代封建王朝，为调节年成丰歉，平衡粮食供求，稳定市场粮价，也采取官办、民办、官民共办等形式，建立常平仓、社仓、丰储仓和义仓等粮食储备制度和籴粜政策，对积谷防荒、社会安定起了一定作用。为了更好地搞好丰歉调剂，解决好粮食一时多，一时又严重不足的矛盾，我们应该在总结历史经验的基础上，研究鼓励农民丰年适当多存粮的政策，尽可能改变丰歉都由政府包揽的情况。

还需要说明的是，改革开放 28 年来，1981 年、1988 年、1993 年和 2003 年曾先后 4 次出现过比较大的粮食市场波动，而每次粮食市场波动都是先从大米紧缺开始的。究其原因，主要是由于我国有 60% 以上的人口以大米为主食，而大米的 86% 是直接用作口粮，市场敏感度极高。加之国际市场大米货源有限，临时从国际市场采购因交货期长，远水难解近渴，只能靠国内自求平衡。一遇大米供不应求，粮食市场就会出现问题。因此，大米的安全库存系数应该高一些，库存应该多一些。我们考虑，按粮食年度计算，在每年三月底青黄不接时，可用于日常市场周转和宏观调控的稻谷安全库存应相当于五个月的消费量，即稻谷安全库存系数应为 42%。这五个月中有稻谷青黄不接的 4 月、5 月、6 月为接新必须库存，两个月为接新初期用于正常供应的周转库存和储备库存。按这个要求计算，稻谷比较合理的安全库存系数大体上应为：5 个月的消费量 ÷ 12 个月的消费量 =42% 左右。

二、目前我国粮食库存潜在的主要问题

在我国加入世贸组织和全面放开国内粮食购销市场的新形势下，需要从充分利用国际国内两个市场和两种粮食资源的高度，来分析我国粮食库存潜在的问题，预作防备。我们通过对全国各省（区、市）的粮食生产和人均占有粮食等情况的分析、比较和研究，发现各地区之间和主要粮食品种之间的余缺调剂问题比较突出，对保障国家粮食安全库存影响很大。

（一）全国粮食产销区变化对国家粮食库存地区分布和品种结构产生巨大影响

改革开放 28 年来，全国粮食产区和销区发生了巨大变化。过去，湖南、湖北、江西、安徽、四川、江苏等省都是大量调出稻谷的主产省，现在外销很少，甚至不能自给，变成了缺粮省。过去盛产玉米、大豆的黑龙江、吉林和辽宁省，现在又成为稻米的主要外销省。河南也由过去的粮食调入省成为现在全国最大的小麦主产省。

1. 在我国东中西三大区域之间，中部和东北地区成为全国的大粮仓，东部和西部地区都缺粮。中部地区粮食产量占全国粮食总产量的比例和人均粮食产量都大大高于东部和西部地区，特别是东北的黑龙江、吉林和中部的河南等省，已成为全国商品粮的主要供应地。东部和西部地区人均占有量均低于全国平均数，成为缺粮区。例如，2004 年中部人口占全国的 35%，粮食产量占全国的 45.8%，比人口比例高 10.8 个百分点；东部人口占全国的 42%，但粮食产量只占全国的 32.8%，比人口比例低 9.2 个百分点。东部、中部和西部三个地区的粮情如表 2 所示。

表 2　2003 年和 2004 年我国东部、中部、西部地区人口和粮食产量对照

年份	地区	人口数 （万人）	占全国人口比重 （%）	粮食产量 （万吨）	占全国产量比重 （%）
2003	全　国	129 227.0	100.0	43 069.5	100.0
	东　部	53 476.0	42.0	14 676.4	34.0
	中　部	45 209.0	35.0	18 689.8	43.0
	西　部	29 687.0	23.0	9 703.3	23.0
2004	全　国	129 998.0	100.0	469 946.9	100.0
	东　部	54 140.0	42.0	15 395.0	32.8
	中　部	45 421.0	35.0	21 484.4	45.8
	西　部	29 854.0	23.0	10 067.6	21.4

2. 全国 31 个省、区、市（未含台、港、澳地区）有粮食产区10 个、销区 16 个、产销平衡区 5 个。按惯例，2004 年为平年偏丰年景，当年不包括大豆的粮食总产量为 45 206.6 万吨，总消费量为45 620 万吨，国内粮食产销基本平衡。为此，我们以 2004 年全国人均粮食产量作为供求平衡的均衡点参照：超过均衡点的省（区、市）为自给或余粮区，低于均衡点的省（区、市）为缺粮区。

按此计算，产区余粮的有吉林、黑龙江、内蒙古、宁夏、山东、河南、安徽、辽宁、新疆、河北 10 个省区。其中人均产量最高的是吉林省，为 927 公斤；其次是黑龙江省，为 786 公斤；再次是内蒙古，为 631 公斤。

销区缺粮的有 16 个省、区、市，按人均产量由低到高即缺粮多少排序为北京、天津、上海、青海、浙江、广东、福建、海南、广西、陕西、贵州、甘肃、山西、湖北、云南、西藏。其中最低为北京市，人均产量只有 47 公斤。

产销基本平衡区有湖南、江西、江苏、重庆、四川 5 个省（市）。按原粮计算的人均产量最高为湖南省，人均生产原粮 394 公

67

斤；最低为四川省，人均生产原粮 361 公斤。但如折成大米，则均低于全国人均产量，也存在着缺粮的隐忧（见表3）。

表3　　　　　　**2004 年全国产销区人均粮食产量比较**　　　　单位：公斤

产 区		销 区		产销基本平衡区	
地区	人均产量	地区	人均产量	地区	人均产量
全 国	361	全 国	361	全 国	361
吉 林	927	北 京	47	四 川	361
黑龙江	786	上 海	61	重 庆	367
内蒙古	631	天 津	120	江 苏	381
宁 夏	494	青 海	164	江 西	388
山 东	451	广 东	167	湖 南	394
河 南	438	浙 江	177		
安 徽	425	福 建	210		
辽 宁	408	海 南	232		
新 疆	408	陕 西	281		
河 北	364	广 西	286		
		贵 州	294		
		甘 肃	308		
		山 西	318		
		云 南	342		
		湖 北	349		
		西 藏	350		

3. 我国粮食主产区由南向北逐步转移，从"南粮北调"变为"北粮南运"。在 20 世纪 50 年代到 80 年代初期，我国粮食的主要走向是南粮北调，具体是指南米北调和川米东运北上，东北玉米和大豆南下。根据南方城乡居民的消费习惯，大米是最主要的口粮，小麦、玉米难以代替。近 20 多年来，每当市场粮价上涨，均首先发源于华南稻谷销区。但在稻谷生产方面，却出现了南降北增、北米南运的趋势。因此，搞好地区间的大米供求平衡，是确保国家粮

食安全的一个重点问题。

我国12个稻谷生产省近20多年来的生产发展情况表明：东北的黑龙江、吉林和辽宁3省发展最快，近5年即2000~2004年的稻谷平均年产量，比改革开放头5年即1978~1982年的平均年产量，分别增长13倍、2.18倍和59.2%。同期，南方浙江、广东、福建、江西4省则分别下降了36%、20%、2.6%和1.4%；湖南、湖北也只增长12%和19.7%（见表4）。

表4　　　　　　　　　　12个省稻谷生产发展比较

地　区	1978~1982年稻谷平均年产量（万吨）	2000~2004年稻谷平均年产量（万吨）	后5年比前5年增减（%）
浙　江	1 254.9	795.8	−36.6
广　东	1 561.1	1 243.6	−20.3
福　建	664.8	647.6	−2.6
江　西	1 213.1	1 195.8	−1.4
湖　南	1 999.4	2 239.3	12.0
湖　北	1 212.8	1 452.3	19.7
江　苏	1 311.2	1 656.5	26.3
安　徽	901.5	1 195.8	32.6
四　川	1 472.2	1 511.6	2.7
黑龙江	70.6	990.5	13.0倍
吉　林	117.7	374.4	2.2倍
辽　宁	235.1	374.3	59.2

4. 近几年小麦和稻谷总库存相对安全，主要是玉米供给向偏紧发展。为保护农民种粮的积极性，确保国家粮食安全，从2005年开始，国家在对农民实行直补的同时，对稻谷实行最低收购价政策。2006年又对小麦收购实行最低收购价。据统计，2005年，全国小麦、稻米总库存均有一年的销量。因此，就全国而言，目前小

69

麦、稻米库存是安全的，暂时不会出现紧缺情况。

当前粮食流通中的主要矛盾，是玉米这个产地十分集中（主要是东北和华北）、消费又很分散、各地需求量很大的粮食品种，没有实行最低收购价。先是东北玉米增产，市价下跌农民卖粮难；随后东北玉米就地转化深加工快速发展，玉米身价大增，形成多头争购，市价上涨，由供过于求转变为供应偏紧，当前出现了玉米价格"双倒挂"：一是有时玉米产区价高于港口价，港口价高于销区价；二是玉米与小麦的比价倒挂，过去小麦比玉米贵，目前东北每吨玉米价反而高出小麦 150~200 元，对全国玉米市场的稳定影响很大（见表5）。

表5 2001~2005 年全国小麦、稻谷、玉米产、购、销变化统计

品种	年份	产量	国有粮食企业收购	占产量（%）	国有粮食企业销售	当年购销差	净进出口	当年存、消差
小麦	2001	9 387.0	4 438.0	47.3	3 226.0	余 1 212.0	出 2.3	余 1 209.0
	2002	9 929.0	4 202.0	42.3	4 733.0	缺 531.0	出 9.9	挖 630.0
	2003	8 049.0	3 682.0	45.7	5 501.0	缺 1 819.0	出 208.0	挖 2 027.0
	2004	9 195.0	3 448.0	37.5	4 641.0	缺 1 194.0	进 647.4	挖 546.0
	2005	9 745.0						
稻米	2001 年稻谷	17 758.0						
	折大米	12 431.0	2 799.0	22.5	2 156.0	余 643.0	出 156.0	余 487.0
	2002 年稻谷	17 454.0						
	折大米	12 218.0	2 190.0	17.9	3 156.0	缺 966.0	出 175.0	挖 1 141.0
	2003 年稻谷	16 066.0						
	折大米	11 246.0	2 110.0	18.8	3 559.0	缺 1 449.0	出 224.0	挖 1 973.0
	2004 年稻谷	17 909.0						
	折大米	12 536.0	2 138.0	17.1	3 246.0	缺 1 108.0	出 14.0	挖 1 122.0
	2005 年稻谷	18 059.0						
	折大米	12 641.0						

品种	年份	产量	国有粮食企业收购	占产量（％）	国有粮食企业销售	当年购销差	净进出口	当年存、消差
玉米	2001	11 409.0	4 128.0	36.2	2 579.0	余1 549.0	出600.0	余949.0
	2002	12 131.0	4 182.0	34.5	3 552.0	余630.0	出1 166.0	挖536.0
	2003	11 583.0	3 703.0	32.0	3 801.0	缺98.0	出1 639.0	挖1 737.0
	2004	13 029.0	3 158.0	23.8	3 575.0	缺417.0	出232.0	挖649.0
	2005	13 937.0						

注：本表粮食产量为国家统计局公布数，其中大米产量均按稻谷产量的70%计算。

以上情况说明：面对当前的玉米产销反常的情况，政府应当充分利用价格杠杆、税收政策和产业政策适时进行宏观调控，在确保玉米增产的同时，以市场为基础整合配置玉米资源，该保的保，该压的压，防止玉米深加工业出现重复建设、产能过剩和投资浪费，用科学发展观指导玉米产业实现可持续发展，以保护产区农民和投资者的根本利益。

5. 大豆进口成倍增长。据统计，2000～2005年大豆占我国进口粮食的79%，小麦、大米、玉米等主粮品种进口量都很少。具体情况如下：

利用比较成本优势进口大豆发展我国大豆加工业，既可满足国内日益增长的油脂、饲料需求，带动养殖业发展，扩大就业，又能促进肉类和水产品出口，在总体上是有利的。但需要注意有效规避市场风险，防止大豆加工业盲目发展和低水平重复建设（见表6）。

表6　　　　2000～2005年我国粮食和大豆进口情况比较

年份	粮食进口总量（万吨）	其中进口大豆（万吨）	占进口总量（％）
2000	1 408.0	1 093.0	77.6
2001	1 743.0	1 399.0	80.3
2002	1 417.0	1 132.1	79.9

年　份	粮食进口总量(万吨)	其中进口大豆(万吨)	占进口总量(%)
2003	2 293.3	2 074.2	90.5
2004	2 998.0	2 023.0	67.5
2005	3 286.0	2 659.0	80.9
合　计	13 145.3	10 380.3	79.0

（二）我国粮食连续6年产不足消，主要靠挖库存弥补产消缺口，库存大幅下降

从2000年到2005年，我国粮食已连续6年多产不足消，主要靠挖库存弥补产消缺口，粮食库存大幅下降。2000～2005年这6年中，国内累计产消缺口达16 365万吨，平均每年缺口2 727.5万吨左右。国家粮食库存由最高的1999年下降，到2005年降幅达50%以上。

1. 中央储备粮库存稳中有降。自国务院从1990年起建立中央粮食专项储备制度以来，中央专项储备粮由当年起步逐年上升，1999年达到最高。2001年国家决定将原506、甲字粮处理以后，中央储备粮库存名增实降（见图2）。

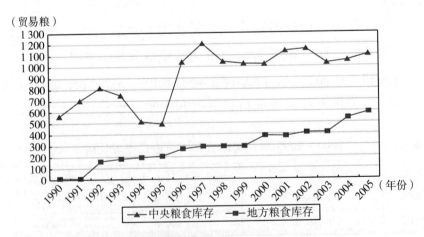

图2　1990～2005年中央和地方粮食库存变化

2. 地方储备粮库存逐步充实。随着地方经济实力增长和对建立地方粮食储备的重要性认识不断提高，地方储备粮库存呈逐年上升趋势。但地方储备粮分布极不平衡，主要集中于京、津、沪三大城市。地处西部少数民族聚居贫困地区的青海、宁夏等省（区），也着手建立地方粮食储备。到 2005 年年末，全国地方储备粮最少的是湖南，全省人均仅 6.54 公斤；其次是河北，人均仅 8.25 公斤；湖北人均也只有 8.5 公斤，均不足两周的消费（见图2）。

3. 粮食企业周转库存下降最多。国有粮食企业的周转库存是国家粮食安全的蓄水池和稳定器，历来是应急需要时国家首先动用的库存。据我们抽样调查，改制以后，现在国有粮食流通和加工企业有周转库存的很少；民营和外资粮食流通和加工企业基本不留周转库存，随用随购；不少贫困缺粮县的国有粮食企业早已没有周转库存，一旦发生自然灾害和突发事件，必然会引起粮荒，只能临时从外面调用国家储备粮救急。因这些地方大都交通不便和远离产粮区，潜伏着很大的危险（见图3）。

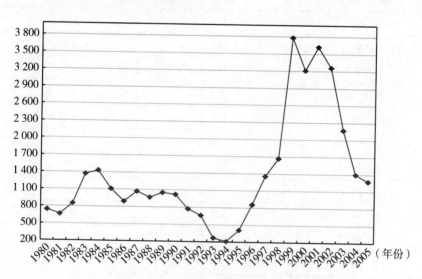

图3　1980～2005 年国有粮食企业周转库存变化

4. 农户存粮继续减少。据全国 17 个省市的抽样调查，2004 年农户人均存粮 148 公斤，比过去继续减少。其中作为主销区的广东省，其农户人均存粮仅 20.8 公斤，农民由种粮人变成了买粮人。浙江省由过去的主产区变成了现在的主销区，其农户人均存粮也只有 48.9 公斤，连农村也开始由粮食产区变成了销区。

课题组对山西等 7 省 8 县 39 户农民调查发现，农户存粮呈进一步下降趋势，其中东部较发达地区农户比中西部欠发达地区农户存粮降幅更大，农户之间存粮水平极不平衡，杂粮产区的农户基本上是卖掉杂粮购入细粮做口粮，使粮食流通量进一步加大。基层普遍反映现在农户存粮的目的不是备荒，而是待价销售，争取卖个好价钱增加收入。新一代农民存粮备荒的意识比较淡薄，加之农户存粮多靠柜、缸、编织袋或散堆在屋角，存粮技术原始落后，抛撒和受虫害、霉变、鼠害等损失高达 10% 左右（见表 7）。

表 7　　2003 年和 2004 年 17 省市农户人均存粮抽样调查　单位：公斤/人

地　　区	2003 年	2004 年
河　北	212.1	201.8
辽　宁	242.6	209.9
吉　林	183.4	153.7
黑龙江	505.2	297.0
江　苏	123.7	120.0
浙　江	48.7	48.9
安　徽	105.5	94.5
江　西	49.1	55.6
湖　南	145.6	142.3
山　东	216.9	242.5
河　南	143.9	145.8
广　东	25.3	20.8

地 区	2003 年	2004 年
海 南	52.7	64.1
四 川	141.4	137.5
重 庆	76.2	76.9
陕 西	130.4	128.2
甘 肃	174.8	169.9
全部样本户	147.2	148.0

资料来源：农业部农村经济研究中心。

（三）世界粮食库存降至20年来最低水平

据联合国粮农组织有关机构出版的《粮食展望》刊载的世界粮食库存资料显示，2006 年世界粮食总库存预计为 4.4 亿吨，比 2000 年下降 30%，其中小麦下降 33.2%，粗粮（玉米）下降 22.1%，稻谷下降 36.4%。2005 年美国农业部也宣布，世界小麦、粗粮、稻米三大主粮库存已降至 20 年来的最低水平，其中稻米库存和消费量之比是 1974 年以后 32 年来的最低水平（见表8）。

表8　　　　　2000～2006 年世界粮食库存量　　　　单位：百万吨

	2000 年	2001 年	2002 年	2003 年	2004 年	2005 年（估算）	2006 年（预测）
谷物合计	633.8	602.4	577.5	487.7	416.3	465.2	444.4
小 麦	248.2	245.7	237.6	204.2	161.7	173.2	165.9
主要出口国	50.2	52.8	49.0	39.1	38.6	53.6	52.7
其他国家	198.0	192.9	188.7	165.2	123.1	119.6	113.2
粗 粮	232.7	206.0	195.7	162.9	150.0	193.5	181.3
主要出口国	78.5	77.0	70.0	54.9	48.5	91.8	88.2
其他国家	154.2	129.1	125.7	108.0	101.5	101.7	93.1
稻 米	152.9	150.7	144.2	120.5	104.6	98.4	97.2

75

	2000 年	2001 年	2002 年	2003 年	2004 年	2005 年（估算）	2006 年（预测）
主要出口国	102.0	100.0	94.2	84.7	68.6	65.0	65.2
不包括中国的出口国	8.2	9.4	10.8	11.0	9.4	8.4	8.1
其他国家	50.9	50.7	50.0	35.8	36.0	33.4	32.0

资料来源：联合国粮农组织《粮食展望》。

面对国际石油价格波动和世界粮食库存连续大幅下降的新形势，尽管目前我国粮食库存尚处在安全水平之内，但切不可掉以轻心，必须提前预防国际市场一旦出现粮食短缺和粮价上涨对我国粮食市场可能造成的冲击，把国家粮食安全风险降低到可控的范围之内。

三、我国粮食安全库存水平的四个量化调控指标和五项政策建议

科学合理地确定国家粮食安全库存水平，是一个事关国计民生的重大问题。如存粮过多，势必增加国家财政和粮食企业的负担，会造成粮食资源的闲置和浪费；存粮过少，不足以应付自然灾害和突发事件，会危及国家粮食安全和影响居民生活。国家粮食安全库存水平合理的"度"即量化指标，是开启国家粮食宏观调控之门的重要钥匙。课题组和有关专家经过反复研究论证和参照国际经验，现有如下建议：

（一）国家粮食安全库存水平的四个量化调控指标

1. 建议把国家粮食安全库存的控制线即黄色预警线，确定在国家粮食总库存占下年度粮食消费总量的 34% 左右即 4 个月消费

量。改革开放 28 年来的经验表明，当国家粮食安全库存系数在34% 左右即 4 个月的消费量时，粮食市场相对稳定，粮价平稳，交易正常，投机行为敛迹，人心比较安定。当国家粮食安全库存系数高于34% 时，则会出现市场粮食供应相对过剩，农民"卖粮难"的情况，粮价长期低迷，有时市场粮价甚至低于粮食生产成本，严重损害种粮农民的利益。从 1997 年到 2001 年，国家粮食安全库存系数连续 5 年在高于 50% 以上的高位运行，1999 年最高达到 62%，在此期间，市场粮价也连续 5 年低迷不振，不仅农民的利益受到损失，国家财政负担加重，大批国有粮食企业也重新出现严重亏损挂账，成了一个难以消化的沉重包袱。当国家粮食安全系数低于34%以下时，又会出现局部地区和个别品种粮食供求紧张，粮价上扬和市场波动，使一部分人出现心理紧张。

因此，把国家粮食安全库存的控制线确定在占下一年粮食消费总量的34% 左右即 4 个月的消费总量，既是一个从我国粮食工作实践中得出的经验数据，又是一个在粮食宏观调控中可以掌控的现实指标。实际上，国家粮食安全库存 25% 警戒线与 34% 预警线之间这 9 个百分点的区段，正是目前国有、民营、合资等粮食贸易和加工企业应有但尚未达到的周转库存数量。根据历史经验，过去国有粮食企业周转库存曾年均维持在 10% 左右。这一部分库存，在国家遇到局部救灾济困时总是首先动用的。现在各类粮食企业已成了独立的粮食市场主体，政府有事动用企业粮食库存必须付出相应的代价，不如直接动用政府粮食储备灵便快捷。所以，把34% 的国家粮食安全库存系数作为国家粮食安全库存的预警控制线，实质上是在全面落实年粮食消费总量 25% 的各级政府粮食储备的同时，还要把占年粮食消费总量 9% 的各类粮食企业周转库存落到实处，才能使国家粮食安全无后顾之忧，为构建和谐社会做出应有贡献。

在"十一五"期间，按照年均粮食消费总量 5 亿吨原粮的预测，国家粮食安全库存的控制线应为 5 亿吨×34% =1.7 亿吨原粮。

其中，中央和地方政府储备约为 12 500 万吨原粮，粮食企业周转库存约为 4 500 万吨原粮。现在看来，把各类粮食企业周转库存落实，是难度非常大的事。

因此，当国家粮食安全库存总量低于 34%，标志着国家粮食安全库存已进入了黄灯预警区，则应亮黄灯预警，启动预警预案，及时采取相应措施，防止出现库存过低超越红色警戒线（见图 4）。

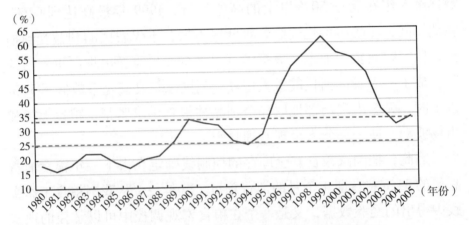

图 4　1980～2005 年国家粮食安全库存系数变化

说明：图中下端虚线为国家粮食安全库存警戒水平，上端虚线为国家粮食安全库存控制水平。

2. 建议把国家粮食总库存占下年度消费总量的 25% 即 3 个月消费量，作为国家粮食安全库存红色警戒线和政府粮食储备量必保指标。根据我国的国情和粮情，课题组建议把不少于全国 3 个月粮食消费量即全年粮食消费总量的 25% 作为政府粮食安全库存红色警戒线和国家粮食储备的必保指标。其中，中央储备为 12%，地方储备为 13%，地方比中央略高，主要是为了加重经济发达的大中城市和东部主销区保障自身粮食安全的责任，不能单纯依赖中央粮食储备救急。

我国改革开放 28 年来的经验证明，凡是国家粮食安全系数在低于25%以下的时候，全国粮食供应就会十分紧张，粮食市场波动，粮价上涨，并会发生程度和范围不等的抢购囤积现象，对经济稳定和社会安定带来不良影响。同时，用25%作为国家粮食安全库存红色警戒线和各级政府粮食储备必保指标，可以根据不同时期全国粮食消费总量的变化，具体确定当时政府粮食储备的具体数量。例如，我国"十一五"期间年均粮食消费总量约5亿吨原粮，国家粮食安全库存的红色警戒线和各级政府储备粮的必保指标应为：5亿吨×25%＝1.25亿吨原粮，中央政府储备应为6 000万吨，地方各级政府储备应为6 500万吨原粮。

当国家粮食库存低于25%的红色警戒线以下时，就必须亮红灯，启动应急预案，采取应急措施防止出现粮食市场波动引发粮荒，危及社会稳定（见图4）。

把25%的年消费总量作为各级政府粮食储备的必保指标的一个重要原因，是在粮食市场全面放开以后，国家遇到紧急情况能随时直接动用的粮食，主要是各级政府储备，这是国家粮食安全最重要的物资保障。因此，把25%作为国家粮食安全的红色警戒线，实质上是把它作为各级政府粮食储备的必保指标逐级加以落实，才能确保国家粮食安全万无一失。

3. 建议把稻米的安全库存水平控制在年消费总量的42%左右。鉴于改革开放28年中1981年、1988年、1993年和2003年曾先后4次出现的全国性粮食市场波动，均首先由稻米供应紧缺所致，课题组和有关专家一致认为，必须适当调高我国稻米安全库存标准，把全国5个月的稻米消费量即年消费总量的42%左右作为稻米安全库存水平的控制线。这5个月的消费量，其中3个月为青黄不接所必备，2个月为接新初期保证供应所必需。唯有如此，才能有效防止再次发生因稻米紧缺所引发的粮食市场波动（见图5）。

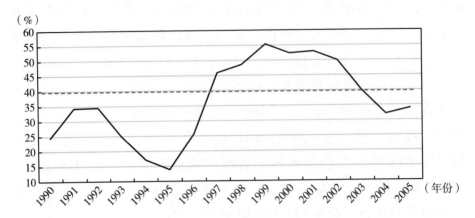

图5　1990～2005 年全国稻谷国家粮食安全库存系数变化

说明：图中虚线为全国稻谷安全库存控制水平。

据测算，"十一五"期间我国年均稻米总消费量约 1.39 亿吨。据此，"十一五"期间我国稻米的安全控制线应为 5 838 万吨。

4. 建议大体按照"双三五、二、一"的比例调整安排中央和地方政府储备粮的品种结构。为解决中央和地方储备粮某些品种结构与市场需求脱节及地方消费习惯不匹配的问题，课题组在广泛调研征求意见的基础上，根据经验数据测算，建议大体按"双三五、二、一"的比例调整中央和地方储备粮的品种结构，即小麦占 35%，稻谷占 35%，玉米占 20%，大豆占 10%。在这一储备粮品种结构中，主要用于居民口粮的小麦和稻谷占 70%，主要用于饲料和油脂加工的玉米和大豆占 30%，体现了各级政府粮食储备"保障居民口粮需要、兼顾其他粮食需求"的原则，有利于从根本上保障国家粮食安全（见图6）。

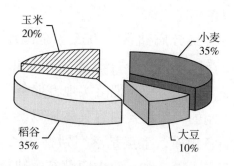

玉米
20%

小麦
35%

稻谷
35%

大豆
10%

图6 政府储备粮品种结构建议

按照上述储备粮品种结构的设想，目前需要适当增加一些稻谷和大豆储备，调减部分玉米储备。例如大豆，目前我国年总需求已超过4 000万吨，2005年大豆进口已达2 600多万吨。国家没有大豆储备将在国际大豆市场上受制于人，没有话语权，很难有效规避风险。又如稻米，如前所述是国内市场上最敏感的口粮主食品种，适当增加政府储备以应急需也是必要的。

综上所述，国家粮食安全库存水平的四个量化调控指标，简而言之，粮食安全库存水平应按"三、四、五"个月的销量分别掌控，库存品种结构可照"双三五、二、一"的比例安排。

（二）对保障国家粮食安全库存的五项政策建议

为保障国家粮食库存达到安全水平，课题组和有关专家有如下五项政策建议：

1. 坚持实行"稳定中央储备、增加地方储备、鼓励企业存粮、提倡农户存粮"的方针，务求达到国家粮食安全库存水平，从粮源上确保国家粮食安全。

一是稳定中央储备。鉴于我国粮食已连续6年产量不足消费、库存下降和需要挖库补消和世界粮食库存连年下降的实际情况，课题组和有关专家一致建议在"十一五"时期中央储备粮库存应稳定

81

在现有基础上，以备不时之需。

二是落实地方各级政府储备。2005 年全国地方政府储备粮远未达到国家规定的产区保持 3 个月消量、销区和产销平衡区保持 6 个月消费量的要求。因此，应当把落实地方储备粮作为在新形势下实行粮食省长负责制的一项重要内容具体加以落实，使地方储备粮逐步增加到安全储备规模，重点是落实到省（区、市），有条件的地方可分解落实到市、地、县。对中西部贫困缺粮地区地方储备粮的资金困难，建议中央财政通过转移支付给予扶持。

三是落实各类粮食企业周转库存。这是一项难度很大的任务，需要采取行政手段和经济鼓励双管齐下的办法加以落实，即把企业周转库存任务按区域逐级分解落实到大型国有粮食骨干企业以及民营及合资的产业化龙头企业，从行政上规定凡未留有粮食安全周转库存的企业不得经营粮食业务，并加大对违规企业的查处力度；同时，对企业保留粮食周转库存采取财政直补或贷款定向贴息等经济办法加以鼓励，使企业不致因存粮而遭受经济损失，从经济利益上鼓励企业落实安全周转库存。

四是提倡农户存粮。我国农民历来有储粮备荒的优良传统，尽管目前农户存粮下降，但许多农户仍有存粮的积极性。在丰年可考虑把鼓励农户存粮备荒作为国家对粮农直补的一个重要内容纳入财政预算，逐步建立适应市场需求的鼓励农户存粮的长效机制。为方便农户安全科学存粮，减少农户分散储粮的损耗，国家对农民存粮的仓储设施和器具可实行定向补贴，以提高其存粮水平，如向农户推广密封袋、小型钢板仓和简易快速检测仪器等。

2. 调整国家粮食库存和政府储备粮的地区布局，重点向东部沿海主销区和贫困缺粮地区倾斜。从中央储备粮的地区布局看，目前储存在主产区的占 75% 左右；从中央储备库点布局看，已由过去近 12 000 多库点集中到目前约 1 600 个点；从中央储备粮的品种结构看，小麦占 50%（主要储存于华北、华东），其次为稻谷、玉米

（主要储存于长江流域及以南地区和东北），此外还有部分大豆（主要储存于东北）。

关于中央储备粮地区布局，长期存在着应多存于主产区或主销区的争论，各有所依据。但从储备粮的主要作用考虑，一是当收储和轮换时，应当有利于就近收购入库；二是当市场紧张时，应当有利于及时抛售平抑。实际上，不论在何时何地收购、轮换和存储，都难以同时满足以上两个互相矛盾的条件。所以，应从我国粮情和粮食安全的实际状况出发，更为细致具体地考虑布局规划。我们建议，可以从"十一五"期间开始，对中央储备粮的收购、存储和轮换统筹规划，逐年有步骤地对中央储备粮布局做些调整，应主要分布于京、津、沪、渝等特大城市及东南沿海主销区省份。因为这些地区是我国的政治、经济和科技文化中心，人口多，粮食供求缺口最大，是粮食安全的"软肋"。一旦发生粮食市场波动，牵一发而动全身，很容易发生连锁反应和放大效应，波及全国。将中央储备粮摆布于重要海运港口及环渤海、长江、珠江三角洲的大中消费城市、交通枢纽地带，有利于及时运作，有效调控，发挥储备的最大功能。同时，要照顾到西部缺粮区的需求，特别是向全国332个贫困缺粮县倾斜，尤其是其中132个重点贫困缺粮县，应确保其有足够储备粮和应急设施，防止受灾出现断粮事故。

3. 调整各级政府储备粮轮换周期和办法。目前，中央储备粮的轮换期，稻谷和玉米均为两年，小麦为三年。地方储备粮大体上也参照执行。按目前的中央储备规模，每年轮换数量巨大，而且轮换期与每年新粮收获上市期相重叠，对国内粮食市场形成不小的冲击，存在一些尚未完善的问题。为扭转这种状况，我们建议：

（1）适当调整政府储备粮轮换期。为错开粮食集中收获上市期，小麦可改为3年半，稻谷和玉米也可考虑适当延长。

（2）构建政府储备粮轮换的依靠市场运作的机制。应在认真总结新中国成立以来国家储备粮管理运作正反两个方面经验的基础上，构建长期稳定的政府储备粮市场营销体系。

（3）采取政府储备粮轮换两头均用粮食订单衔接的办法。上游与粮食生产单位（农户、农场）连接，下游与粮食加工、销售单位（企业）连接，形成完整的产业化物流链条，既保证政府储备粮购销渠道畅通，又有利于市场稳定运行。

（4）不断总结完善通过全国性和区域性粮食批发市场吞吐轮换政府储备粮的成功经验，认真研究充分利用国际国内期货市场开展储备粮套期保值、规避风险，积极稳妥地开辟政府储备粮吞吐轮换的新渠道。争取把政府储备粮轮换与粮食进出口密切结合起来，统筹兼顾，灵活运作。充分运用国际国内两个市场和两种粮食资源，当国内储备过多时及时出口卸掉包袱；当国内储备较少时适时进口加以充实，使政府储备粮这"蓄水池"吞吐流畅，蓄放自如，优化结构，降低成本，进一步提升我国在国际粮食市场的话语权和定价权。

4. 建立健全全国粮食安全库存信息监测预报系统。由于我国粮食行政管理体制和企业管理体制几经变化，粮食市场全面放开后多种经济成分进入粮食产业，粮食统计的基础数据采集汇总相当困难，尤其是全国粮食库存的情况分散在政府储备、国有、民营、合资和外资企业、诸多粮食经纪人以及亿万农户家中，很难得到准确权威的统计数字，而且无法及时掌握粮食库存变化的最新情况，给国家粮食宏观调控和正确决策带来了很大困难，与现代信息社会的要求极不适应。因此，建立和健全与国家粮食安全库存体系相适应的国家粮食安全库存信息监测预报系统，是保障国家粮食安全的当务之急。为此，建议由国家粮食局牵头，协调各有关部门，对粮食生产、需求、库存、储备、价格、加工、运输和国内外粮食市场动态，进行全方位的跟踪、监测、收集、汇总、分析、处理、传输，适时上报，定期对外发布，以使各级政府粮食行政管理部门、众多粮食经营者和广大农民能及时准确地掌握粮食信息，根据国内外市场的需求实施宏观调节，调整经营策略和确定种植计划，用信息引导粮食生产、存储和消费。特别要加强对重大自然灾害和突发事件在第一时间的跟踪监督，及时科学制定调控预警指标，实施先兆预警，并用最短时间及时上报，以利各级政府及时应对，确保粮食安全。

5. 进一步加强各级政府对粮食仓储物流基础设施建设的投资，以确保粮食安全。从20世纪90年代以来，国家先后进行了18个机械化粮库、世行贷款粮食流通项目和3批中央国储库等大规模粮食基础设施建设，使粮食仓储和物流条件得到了很大改善，现代化水平进一步提高。但这一部分现代化粮食仓储设施主要集中在中央直属储备粮库和东北地区，从总体上看，全国现代化粮食仓储设施普及率还不太高，大部分粮食还是在老旧仓库中存储，用传统原始的袋装袋运，现代化的"四散"（散装、散存、散运、散卸）储运尚未实现，与发达国家的粮食业还有很大的差距。

世界上美、加、澳和欧盟等产粮大国和地区，粮食仓库、码头、专用火车皮和装卸等粮食仓储物流基础设施，均主要由政府投资兴建，建成后交由粮食企业运营，政府还在有关政策上再给予特殊优惠。例如澳大利亚东中部小麦产区的肯布拉粮食专用码头，由澳联邦政府投资8亿多澳元，建成后仅作价2亿澳元交由澳联邦小麦局经营。政府将原投资8亿澳元缩水6亿澳元划转给小麦局的主要原因，是使小麦局在接手经营后可少提些折旧以维持粮食码头运营不出现亏损。由美、加两国经营的太平洋铁路公司所有的近1万辆散粮专用火车皮，也有一半左右由两国政府购置划拨给铁路公司运营。

我国是世界上发展中的最大的粮食生产国和消费国，粮食产业在总体上是一个既古老而又弱势的保本微利行业，无暴利可图；而我国的现代粮食仓储物流业，更是一个亟待政府扶持而且是社会必需的公益性幼稚产业。尽管现在粮食市场已经全面放开，但众多粮食企业维持生计都很困难，更无力投巨资进行仓储等基础设施建设。

为实现我国粮食仓储物流现代化，确保国家粮食库存安全，我们建议：在"十一五"期间，国家应拿出足够投资建设大型粮食集散地、粮食物流平台基础设施、改造老旧苏式平房粮仓、改扩建现代化粮仓、开发推广现代化粮食运输、仓储机械设施、扶持贫困缺粮县建设备荒粮食储备库、对过去建设的非机械化大型粮库进行技术改造等，争取用 10 年左右时间，基本建成我国粮食现代化仓储物流体系，为全面建设小康和构建和谐社会做贡献。同时，通过中央政府投资引导鼓励地方各级政府进一步加大对粮食仓储物流基础设施建设投资的力度。

课题总顾问：白美清

课题负责人：宋廷明

主要执笔人：肖振乾 宋文仲 李思恒

课题组成员：宋廷明 赵凌云 肖振乾 宋文仲 李思恒 宋丹丕

　　　　　　邹振东 李为民 耿兆书 姚国勤

附件1：

农户存粮减少值得关注

——山西等 7 省 8 县 39 户农民存粮情况抽样调查报告

李为民　耿兆书

我国农户存粮，受粮食丰歉、地域、产粮区、缺粮区和市场行情等多种因素的影响而不断发生变化。为进一步了解我国农户存粮的实际情况，分析我国粮食安全库存的水平，中国粮食经济学会于 2006 年 5 月给山西等 8 个省发出了《关于请协助进行粮食库存和农户储粮情况抽样调查的通知》（中粮经〔2006〕4 号），现已收到山西、山东、江苏、江西、四川、甘肃、吉林等 7 省的 8 个县和 39 户农民的抽样调查资料。最近，学会又专门派人到山西省忻州市和五台县进行实地调查，走访农户并与县粮食局和有关村支书进行座谈，取得了大量第一手资料。现结合农业部农调队对农户近年存粮情况的调查，对近期农户存粮情况简要综述如下：

一、抽样农户粮食产销基本能满足自身口粮需要，但地区之间和农户之间极不平衡

从抽样和实地调查的结果看，39 户农民近两年粮食生产和消费基本平衡，且几乎家家都有存粮。农民口粮一般年景基本上能得到保证，但地区之间和农户之间存粮极不平衡。其中缺粮户（包括口粮、种子、饲料和存粮在内的消费）有 7 户，占抽样户数的 18%。这缺粮的 7 户中，有 6 户人均存粮 36 公斤至 1 250 公斤不等。若只按口粮计算，缺口粮的仅有 2 户，但家有余钱可随时从市场中购粮。其余 37 户家中都有人均 11～1 250 公斤不等的存粮。这里必须说明的是：绝大多数存粮户，特别是人均存粮超过半年以上消费的农户，存粮并非都是备荒，而是作为商品待价而售，并从市场上购回口粮消费所需的面粉和大米。

另据 2005 年农业部对 313 个固定观察点（村庄）和 20 084 个样本农户的调查统计，全国平均每户生产原粮 2 543 公斤，年末平均每户存粮 1 421 公斤。据此推算，全国农户存粮可达 3 亿多吨的高存粮水平。但必须看到，农户存粮的 67% 集中在 13 个主省（区）的部分农户中。在存粮农户中有 61% 的农户存粮超过 7 个月所需的口粮；有 29% 的农户不存粮或很少存粮；有 10% 的农户家中最多只能维持 3 个月口粮的消费需要。

二、农户存粮值得特别注意的几个问题

据 7 省 8 县 39 户农民抽样调查的材料和我们在同基层干部和农村粮食经纪人座谈时，几乎都反映了以下几个特别值得注意的问题。

（一）农户家中存粮普遍比计划经济时代减少，而存粮的目的也与过去有很大的不同

由于市场经济的发展，粮食市场的全面放开，农民商品意识的增强，农民家中存粮普遍比计划经济时代减少了。东部的江苏、江西和山东等地农户存粮大多呈减少趋势。而中西部的四川、山西、甘肃等地农户存粮虽有增多趋势，但又多是杂粮产区，杂粮一般销往省外，而口粮所需的面粉和大米几乎有都要购进。因为计划经济时代农民生产的粮食，包括口粮、饲料、种子即"三留"，都得留足存放在家中，以保证一年的消费需要。但粮食市场全面放开后，特别是党中央和国务院十分重视农业，出台了各种惠农政策，现在农民种粮绝非仅为自身所需的口粮，而是从市场需要出发，根据当地气候、土质和科技状况选择经济效益好的品种种植。主产区农户收获的大部分粮食（包括"三留"）都是商品粮，所需要的面粉、大米等则随时从市场上购买。如山西临猗县和忻府区农民生产的主要是玉米和杂粮，而农民吃的却大多是面粉。生产的玉米基本上都要作为商品出售，特别是种粮大户更是其经济收入的主要来源，农民另一经济收入来源是外出打工和种植经济作物。

（二）农户存粮因时而异，很难有个准确数字

一般收获时节家中存粮较多，青黄不接时家中存粮较少；产粮区农户家中存粮较多，销区农户家中存粮少；经济条件较好的产粮户家中存粮较多，待市场粮价好时，可将家中的绝大部分存粮出售，如山西忻府区北太平庄冯姓两户人家，到今年 6 月各家还存有 5 000 多公斤玉米。该村差不多户户都有

存粮待价出售，而自己消费的口粮再逐步从市场上购进。

（三）中西部三省和内蒙古是我国的玉米主产区，但现在农民口粮消费却不是玉米

如山西、甘肃、青海等西部地区主要生产小米、荞麦、蚕豆和玉米等杂粮，而如今吃的多是面粉和大米，这就是说杂粮产区消费的细粮比以往大大增加了。

（四）农户存粮条件差，损失大，且保管十分困难，存粮备荒意识淡薄

现在农户存粮主要依靠柜、缸、塑料编织袋装粮或散放在屋中墙角，储存技术落后，虫、霉、鼠害损失高达10%以上。为此，需要政府帮助农民改善储粮设施，努力提高储粮技术，管好存粮，树立储粮备荒的思想意识。在市场经济逐步发展与完善的情况下，如何保障我国9亿农民的粮食安全，是摆在每个粮食工作者面前的新课题。在当今我国粮食仍处于偏紧平衡的情况下，必须加强对农民进行粮食安全意识的宣传教育，克服麻痹思想，树立农民自身消费的粮食主要靠自己解决的储粮备荒思想，确保农村粮食安全。

（五）逐步建立县级粮食储备，完善粮食储备体系，以应对特殊年景农户缺粮的需要

在2005年贫困缺粮县的研究课题中，虽然我们也提出了建立县级粮食储备的建议。但从我们今年抽样的8个县和39户农民的存粮调查，以及农调队的调查统计情况看，其中就有4个县无县级储备，占抽样县的50%，实际现有库存中主要是中央、省级储备和企业周转库存。一旦遇上突发事件，农村缺粮户的供应将遇到困难。建议将县级储备纳入储备体系建设之中统筹考虑。

2006 年 11 月 16 日

附件2：

关于 2006/2007 年度世界粮食库存资料的分析

一、美国农业部宣布世界三大主粮库存均降为 20 多年来的最低水平

美国农业部 2006 年 10 月 12 日发布《全球农产品供需预测报告》。关于三大主粮（小麦、粗粮、稻米）库存的主要数据如下：

2006/2007 年度世界谷物总产量预测为 19.6735 亿吨；期末库存（2007 年 6 月底）预计为 3.1875 亿吨，同比减少 7 523 万吨。其中：

小麦产量预测为 5.8514 亿吨，同比减 3 371 万吨，减幅 5.5%；预计期末库存 1.1939 亿吨，同比减少 2 793 万吨，将降至 25 年来的最低水平。

粗粮产量预测为 9.6426 亿吨，同比略减；预计期末库存 1.3081 亿吨，同比减 3 700 万吨。其中，玉米产量预测为 6.8914 亿吨，同比减产 360 万吨；预计期末库存 8 954 万吨，同比减少 3 501 万吨，减幅 28%，降至 20 多年来的最低水平。

稻米产量预计为 4.1745 亿吨，创历史最高纪录；消费量预计为 4.1889 亿吨，也创历史最高纪录；期末库存预计为 7 884 万吨，同比减 145 万吨，是连续 6 年的下降，也是自 1982/1983 年度后 24 年来的最低水平。

另外，主要油料的大豆产量预计为 2.2459 亿吨，期末库存预计为 5 506 万吨，同比增 298 万吨。

二、联合国粮农组织（FAO）《粮食展望》有关库存资料

据"联合国粮农组织全球粮食和农业信息及预警系统" 2006 年 6 月出版的《粮食展望》所载世界粮食库存有关资料，如表 9 所示。

表 9

	2000 年	2001 年	2002 年	2003 年	2004 年	2005 年（估算）	2006 年（预测）
谷物合计	633.8	602.4	577.5	487.7	416.3	458.7	412.9
小 麦	248.2	245.7	237.6	204.2	161.7	170.4	160.0
主要出口国	50.2	52.8	49.0	39.1	38.6	53.6	52.7
其他国家	198.0	192.9	188.7	165.2	123.1	116.8	107.3
粗 粮	232.7	206.0	195.7	162.9	150.0	189.0	150.6
主要出口国	78.5	77.0	70.0	54.9	48.5	91.8	88.2
其他国家	154.2	129.1	125.7	108.0	101.5	92.2	62.4
稻 米	152.9	150.7	144.2	120.5	104.6	99.3	102.3
主要出口国	102.0	100.0	94.2	84.7	68.6	65.0	65.2
不包括中国的出口国	8.2	9.4	10.8	11.0	9.4	8.4	8.1
其他国家	50.9	50.7	50.0	35.8	36.0	34.3	37.1

2000～2006 年世界粮食库存量　　　　单位：百万吨

注：1. 年度为日历年度（1～12）。表列库存量为该年 12 月底数字。

2. 小麦和粗粮主要出口国为阿根廷、澳大利亚、加拿大、美国、欧盟（2003 年前为 15 国之和，2004 年后为 25 国之和）。

3. 稻米主要出口国为中国（包括中国台湾）、巴基斯坦、泰国、美国、越南。

由表 9 资料分析，可以看出 2000 年后，世界粮食库存连续下降。

总库存：2006 年（4.129 亿吨）只为 2000 年（6.338 亿吨）的 65%，降幅 35%。

小麦库存：2006 年（1.6 亿吨）只为 2000 年（2.482 亿吨）的 64.5%，降幅 35.5%。

粗粮库存：2006 年（1.506 亿吨）只为 2000 年（2.327 亿吨）的 64.7%，降幅 35.3%。

稻米库存：2006 年（1.023 亿吨）只为 2000 年（1.529 亿吨）的 66.9%，降幅 33.1%。

三大主粮中，稻米库存降幅为 33%，小麦、粗粮库存降幅均为 35% 多。

21 世纪以来，世界粮食总库存不断下降，降幅 35%，而且发展中国家库存下降比较普遍，证明世界粮食安全形势十分脆弱。《参考消息》2006 年 5 月 23 日援引西班牙《起义报》的报道，认为"世界粮食储备降至极限"是有根据的，并非危言耸听。

三、国家粮油信息中心《世界粮油市场月报》有关世界粮食产量、消费量、库存量和贸易量的数据（见表 10）

表 10 　　　　　　　　　　2001 ~ 2007 年世界粮食数据

项目	年度	2001/2002	2002/2003	2003/2004	2004/2005	2005/2006 (2006.9 估测)	2006/2007 (2006.9 预测)
全部谷物	产量	1 871.8	1 817.7	1 859.5	2 043.8	2 008.0	1 983.2
	消费量	1 902.4	1 913.4	1 949.4	1 998.7	2 022.0	2 045.2
	库存量	514.2	443.2	353.4	402.3	393.6	331.6
	贸易量	240.5	241.2	240.7	239.8	246.0	243.5
小麦	产量	580.9	567.0	554.2	628.8	618.4	596.1
	消费量	586.5	604.4	588.6	610.5	623.7	615.8
	库存量	201.1	167.6	131.7	150.2	146.1	126.4
	贸易量	110.4	108.5	109.4	110.8	118.0	110.7
大米	产量	398.5	378.0	391.5	402.7	415.3	417.7
	消费量	411.2	407.2	415.3	414.2	413.4	418.7
	库存量	136.7	110.3	86.4	74.6	80.4	79.4
	贸易量	27.9	28.6	27.4	27.8	28.1	28.0
粗粮	产量	892.4	872.7	913.8	1 012.3	973.9	969.4
	消费量	904.8	901.8	945.5	974.0	984.8	1 010.8
	库存量	176.3	165.3	135.4	177.5	167.0	125.8
	贸易量	102.2	104.1	103.9	101.2	102.9	104.8

注：据国家粮油信息中心 2006 年第 10 期《世界粮油市场月报》整理美国农业部从 2001/2002 年度以来世界谷物统计和预测（贸易量数据系 2001 年 7 月 ~ 2002 年 6 月，其他为各国市场年度数据的加总）。

据表10，可见以下特点：

（一）六年来，只有2004/2005年度世界粮食（包括小麦、粗粮、大米）大丰收（当年总产量20.438亿吨，同比增产1.843亿吨，增幅近10%），因而当年世界产量大于消费量4510万吨，其他5年均是粮食产量小于消费量。

从2001/2002年度开始，每年世界粮食产量与消费量的关系是：2001/2002年度，消大于产3060万吨；2002/2003年度，消大于产9570万吨；2003/2004年度，消大于产9000万吨；2004/2005年度，产大于消4510万吨；2005/2006年度，消大于产1400万吨；2006/2007年度，消大于产6200万吨。

分品种看，小麦、粗粮的产消状况只有2004/2005年度有余额，其他5个年度，均有缺口。大米只有2005/2006年度产大于消240万吨，其他5个年头均有缺口，靠不断挖库存弥补。

（二）六年来，世界粮食总库存只有2004/2005年度一年同比增加外，其他年度均不断减少

2001/2002年度，世界粮食库存5142亿吨；2002/2003年度，世界粮食库存同比减少7100万吨；2003/2004年度，世界粮食库存同比减少8980万吨；2004/2005年度，世界粮食库存同比增加4890万吨；2005/2006年度，世界粮食库存减少870万吨；2006/2007年度，世界粮食库存减少6200万吨。

即6年中，世界粮食库存净减少1.826亿吨，降幅35.5%。

分品种看，小麦、粗粮库存与粮食总库存同步，也只有2004/2005年度略增，其他年度均减少。大米在5年中只有2005/2006年度略增，2006/2007年度大米库存量将只有2001/2002年度的72%，净减少库存3090万吨。6年中，大米库存量占消费量的比重依次分别为33%、27%、21%、18%、19%、19%。

（三）六年来，世界粮食贸易均在2.4亿吨左右

其中：小麦贸易量平均在1.1亿吨左右，占粮食贸易量比重，分别为46%、45%、45.5%、46.2%、46.8%、45.5%。

粗粮贸易量平均为1亿多吨，占粮食贸易量比重，分别为42.5%、

43.2%、43.2%、42.2%、41.4%、43%。

大米贸易量平均为 2 700 万～2 800 万吨，占粮食贸易量比重，分别为 11.6%、11.9%、11.4%、11.6%、11.7%、11.5%。

四、联合国粮农组织《收获前景和粮食形势》

有关粮食期末库存的资料（见表11）。

表11　2003～2006 年联合国粮发组织公布的世界粮食数据

库存　　　　年度	2003/2004	2004/2005	2005/2006	2006/2007	2006/2007 与上年度比较（%）
小麦	159.4	176.7	173.6	160.0	−6.1
其中：主要出口国	38.6	56.1	54.7	54.7	−2.5
粗粮	149.1	193.3	188.6	150.6	−20.3
其中：主要出口国	48.3	93.1	97.1	97.1	4.4
大米	104.7	99.5	99.8	106.1	3.7
其中：主要出口国	68.6	66.6	67.2	67.2	0.8
粮食总计	413.2	469.4	462.0	416.7	−9.8

注：表列数据均为粮食贸易年度（当年7月1日至翌年6月30日）。

五、国际谷物理事会（IGC）2006 年 3 月关于世界小麦、玉米供需预测（见表12）

表12　国防谷物理事会关于 2001～2006 年世界小麦、玉米供需预测

单位：百万吨

年 份	品 种	产量	贸易量	消费量	库存量
2001～2002	小 麦	581	107	586	197
	玉 米				
2002～2003	小 麦	566	105	599	164
	玉 米	604	78	623	124

年 份	品 种	产 量	贸易量	消费量	库存量
2003～2004	小麦	555	102	594	124
	玉 米	624	80	643	105
2004～2005 （2006.3 估计）	小麦	628	109	615	139
	玉 米	710	76	682	133
2005～2006 （2006.3 预计）	小麦	617	109	620	136
	玉 米	684	76	685	132

注：表列数据均为粮食贸易年度（当年 7 月 1 日至翌年 6 月 30 日）。

六、几点分析

（一）数据分析

以上几种世界粮食库存数据，分别收集自联合国粮农组织的《粮食展望》（2006.6）《收获前景和粮食分析》（2006.7），美国农业部《农产品供需月报》（2006.10）和统计年报，国际谷物理事会预测报告（2006.3）和我国国家粮油信息中心《世界粮油市场月报》（2006.10）均是最新信息。

这些单位的库存具体数据有所不同，但所反映的基本趋势是一致的。数据不同的原因有二：

1. 年度不同。如 FAO《粮食展望》的数据用日历年度，期末库存是当时该年粮食均已全部收获入仓，大部尚未使用或售出，因而数据偏大。USDA IGA 的数据用贸易年度（7～6），期末库存是年度次年 6 月底，当时该年度粮食已基本售出或使用，因而数据偏低，但反映的是真正粮食实力，较少虚假成分。

2. 来源不同。FAO 用的数据一部分是各国政府官方数，也有一部分是非官方估算的，是两方面数据累计量。USDA 用的数据是理论数，即有多年累计的粮食平衡表而推算的。按粮食总供给量（期初库存 + 当年产量 + 进口量）和粮食总需求量（当年消费量 + 出口量 + 期末库存）不断滚动预测。由于有些数据是公开的（产量、进出口量），有些数据可以根据多年经验测算，如可据人口数、口粮水平、饲料需求、工业用途、损失损耗等因素，预计算出粮食消费量。从而，可以推算出库存概数，在实践中再逐年修正调整，逐

95

步接近实际。

（二）世界粮食生产和消费量分析

这6年，以2001/2002年度为基期，世界粮食产量：有2年增产，3年减产，6年累计只增产7 388万吨；世界粮食消费量：2001/2002年度以后的5年均是增加的，6年累计消费量增加14 280万吨；这6年，世界粮食消费量大于产量，累计为6 892万吨。只有在2004/2005年度一年，世界粮食大丰收，增产18 430万吨，增幅达10%，当年才产大于消4 510万吨。2003/2004年度虽然也是增产，增产4 180万吨，增幅2.2%，然而当年仍是产不抵消8 990万吨。

因此，预测今后几年，世界粮食在一般丰收年（增幅不到3%）或是平收年，当年预计都将可能是产不抵消，还要挖库存弥补。

（三）中国大米供需形势分析

中国大米供需形势的发展趋势尤为严峻。按美国农业部统计测算资料，从2001/2002年度起，连续5年中国大米均是产不抵消，分年缺口数分别为1 028万吨、1 262万吨、2 254万吨、974万吨、780万吨，5年累计产销缺口共6 298万吨。只有2006/2007年度预计，产略大于消为20万吨。

这6年，中国大米库存则由8 216.9万吨减到2005/2006年度的3 724.5万吨，净减4 492.4万吨。2005/2006年度期末库存只等于2001/2002年度的45%，降幅55%。只有2006/2007年度期末库存3 744.5万吨，同比增加20万吨。

再检视一下，中国大米在世界大米产量、需求量、库存量中的位置：

中国大米产量2006/2007年度预计为12 800万吨，占世界大米总产量41 768.6万吨的30.6%；

中国大米消费量2006/2007年度预计为12 780万吨，占世界大米总消费量41 870万吨的30.5%；

中国大米库存量2006/2007年度预计为3 744.5万吨，占世界大米总库存量7 939万吨的47.2%。

由此可见，中国大米产、消均占世界30.5%，库存则占世界47%，而世界大米贸易量也只有2 700万~2 800万吨，仅为中国大米消费量21%~22%，即世界市场的大米资源十分有限。因此，中国大米供需只能自力更

96

生，自求供需平衡，每年进口几十万吨，只是调剂一下品种（主要进口泰国香米）。绝不可指望进口很多大米作为大众的口粮补充，那是很不现实，绝无出路的。

李思恒整理
2006 年 11 月 16 日

稻米是国家粮食安全的重中之重 *

——国家粮食安全系列研究报告之四

中国粮食经济学会
中国粮食行业协会　　　　　　　课题组
中国粮食行业协会大米分会

一、稻米在我国粮食安全中的特殊地位

我国是稻米的原产国，现在云南省还留有世界仅存的原始野生稻保护地。据考古发现，稻谷已有 8 000 多年种植历史。华夏远古先民发明的水稻种植技术，最早由我国传到亚洲邻国并逐步传遍世界。从古至今，亚洲都是世界上最集中的水稻主产地，为人类发展做出了巨大贡献。

（一）稻米居我国三大主粮之首，是保障粮食安全的首要品种

据统计，从 1980 年到 2006 年的 27 年里，我国稻谷、小麦、玉米三大主粮中，稻谷的种植面积、总产量、总消费量和人均消费量，均居首位（见表1）。2006 年，全国稻谷种植面积为 4.39 亿亩，约占全国粮食播种面积的 28%；稻谷总产量为 1.83 亿吨，约占粮食总产量的 36.7%；稻谷总消费量为 1.8 亿吨，约占粮食总消费量的 35.4%；全国人均稻谷消费量为 136.9 公斤（见图1、图2 和表1）。

---

　　* 这份研究报告由白美清会长报送国务院和有关部委后，温家宝总理于 2007 年 11 月 22 日作出重要批示："请发改委、农业部、商务部、国家粮食局参考研究。"回良玉副总理于 11 月 29 日批示："请中农办参阅。"国家发改委和国粮局负责同志也分别作了批示。

表1

1980～2006年全国粮食及稻谷生产和消费情况

项目 年份	全国人口 （万人）	粮食播种 面积 （万亩）	其中稻谷 （万亩）	占总 面积 （%）	粮食 总产量 （万吨）	其中稻谷 产量 （万吨）	占粮食 总产量 （%）	粮食 消费量 （万吨）	其中稻谷 消费量 （万吨）	占粮食总 消费量 （%）	人均粮食 产量 （公斤/人）	人均稻谷 消费量 （公斤/人）
1980	98 705.0	175 851.0	50 818.0	29	32 056.0	13 991.0	43.6	32 615.0			327.0	
1985	105 851.0	163 268.0	48 105.0	29	37 911.0	16 857.0	44.5	40 545.0			361.0	
1986	107 507.0	166 399.0	48 399.0	29	39 151.0	17 222.0	44.0	41 055.0			364.0	
1987	109 300.0	166 902.0	48 289.0	29	40 473.0	17 442.0	43.1	41 260.0			370.0	
1988	111 026.0	165 185.0	47 981.0	29	39 930.0	16 911.0	42.4	40 800.0	17 573.0	43.1	359.6	141.9
1989	112 704.0	168 308.0	49 050.0	29	41 440.0	18 013.0	43.4	40 658.0	16 583.0	40.8	372.7	147.1
1990	114 333.0	170 199.0	49 596.0	29	44 625.0	18 933.0	42.4	41 398.0	17 098.0	41.3	390.0	149.5
1991	115 823.0	168 470.0	48 885.0	29	43 530.0	18 381.0	42.2	42 565.0	17 602.0	41.4	376.0	148.5
1992	117 171.0	165 840.0	48 135.0	29	44 265.0	18 622.0	42.1	43 060.0	17 702.0	41.1	378.0	151.1
1993	118 517.0	165 746.0	45 533.0	27	45 650.0	17 751.0	38.9	43 735.0	18 783.0	42.9	385.0	158.5
1994	119 850.0	164 316.0	45 257.0	28	44 510.0	17 593.0	39.5	44 045.0	17 449.0	39.6	371.0	145.6
1995	121 121.0	165 090.0	46 116.0	28	46 660.0	18 523.0	39.7	43 286.0	17 013.0	38.2	385.0	140.5

稻米是国家粮食安全的重中之重

项目 年份	全国人口 （万人）	粮食播种面积 （万亩）	其中稻谷 （万亩）	占总面积 （%）	粮食总产量 （万吨）	其中稻谷产量 （万吨）	占粮食总产量 （%）	粮食消费量 （万吨）	其中稻谷消费量 （万吨）	占粮食总消费量 （%）	人均粮食产量 （公斤/人）	人均稻谷消费量 （公斤/人）
1996	122 389.0	168 822.0	47 109.0	28	50 455.0	19 510.0	38.7	45 160.0	17 646.0	39.1	412.0	144.0
1997	123 626.0	169 368.0	47 648.0	28	49 415.0	20 074.0	40.6	45 435.0	18 408.0	40.5	399.7	148.9
1998	124 761.0	170 681.0	46 821.0	27	51 230.0	19 871.0	38.8	46 475.0	18 647.0	40.1	4 106.0	149.5
1999	125 786.0	169 742.0	46 926.0	28	50 840.0	19 849.0	39.0	47 235.0	18 451.0	39.1	404.0	146.7
2000	126 743.0	162 695.0	44 943.0	28	46 220.0	18 791.0	40.7	47 845.0	17 546.0	36.7	364.6	138.6
2001	127 627.0	159 120.0	43 218.0	27	45 265.0	17 758.0	39.2	48 830.0	18 532.0	38.0	354.6	145.2
2002	128 452.0	155 837.0	42 303.0	27	45 705.0	17 454.0	38.2	48 350.0	18 040.0	37.3	356.0	144.0
2003	129 287.0	149 115.0	39 762.0	27	43 070.0	16 066.0	37.3	48 625.0	19 205.0	39.5	333.0	148.6
2004	129 988.0	152 409.0	42 569.0	28	46 947.0	17 909.0	38.1	49 090.0	18 925.0	38.6	361.0	145.6
2005	130 756.0	156 418.0	43 271.0	28	48 402.0	18 059.0	37.3	49 775.0	18 467.0	37.1	370.0	141.2
2006	131 448.0	158 234.0	43 943.0	28	49 747.9	18 257.2	36.7	50 800.0	18 000.0	35.4	378.0	136.9

资料来源：《中国统计年鉴》，国家粮食局《粮食发展报告》。

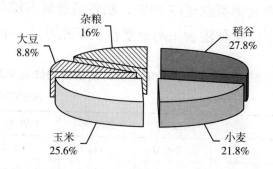

图1　2006年全国主要粮食品种播种面积结构

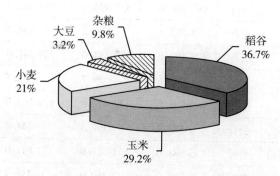

图2　2006年全国主要粮食品种产量结构

（二）稻谷种植范围最广，是涉及"三农"面最大的粮食品种

据统计，稻谷是我国种植范围最广的粮食品种。我国内地除青海省外，其余30个省、自治区、直辖市均有水稻种植，分布面最大。目前，全国稻农已达1.58亿户，约占农户总数的64%，共6亿多农村人口。稻谷是涉及"三农"面最广的粮食品种，也是产区农民增产增收的重要来源。从这个意义上讲，稻谷是我国"兴农业、稳农村、富农民、安天下"的主要粮食品种。据课题组对湘、川、黑、吉、苏、皖、赣、渝、桂、晋10省（区、市）123户粮农的抽样调查显示，2006年其稻谷产量占粮食总产量的47.6%，

稻米是国家粮食安全的重中之重

稻谷销售量占粮食销售总量的59%，稻谷消费量占粮食总消费量的71%，稻谷对于广大种粮农民的重要性，于此可见一斑（见表2）。

表2　10省（区、市）123户粮农粮食产消情况抽样调查汇总

调查时间：2007年5月

项　目	单位	2006年	2000年	1990年	1980年
1. 家庭人口	人	590.0	504.0	505.0	472.0
2. 粮食播种面积	亩	1 542.1	1 331.8	1 340.68	995.28
种植主要品种					
3. 粮食年产量	公斤	892 956.0	551 494.0	502 070.0	309 849.5
每人平均	公斤	1 513.5	1 094.2	994.2	656.5
其中：水稻产量	公斤	425 193.0	329 454.0	259 341.0	134 004.0
占年产量	%	47.6	59.7	51.7	43.2
4. 年粮食消费量	公斤	191 038.0	182 675.0	174 103.0	138 675.0
每人平均	公斤	323.8	362.5	344.8	293.8
其中：水稻消费量	公斤	135 581.0	131 517.0	127 897.0	101 429.0
每人平均	公斤	228.0	260.9	253.3	214.9
占总消费量	%	71.0	72.0	73.5	73.1
5. 出售粮食数量	公斤	479 888.0	382 735.0	321 412.0	197 912.0
每人平均	公斤	813.4	759.4	636.5	419.3
其中：水稻	公斤	283 432.0	196 120.0	116 146.0	54 202.0
其他	公斤	196 456.0	186 615.0	205 266.0	143 710.0
6. 年购进粮食数量	公斤	33 235.0	31 167.0	16 620.0	29 574.0
每人平均	公斤	56.3	61.8	32.9	62.7
其中：水稻	公斤	2 965.0	2 638.0	1 880.0	210.0
其他	公斤	16 233.0	15 679.0	12 317.0	11 102.0

资料来源：课题组根据有关省（区、市）粮经学会抽样调查资料汇总整理。

注：抽取样本为吉林13户、黑龙江10户、江苏10户、安徽10户、江西20户、湖南20户、广西10户、四川10户、重庆10户、山西10户。

（三）稻米消费面最宽，是敏感度最高的粮食品种

稻米是我国人民喜爱的主要口粮。据统计，目前我国稻谷消费量中的80%以上直接用作居民口粮，熬粥焖米饭仍然是大米的主要消费方式，只有很少一部分被用于制作工业食品和传统风味食品（见表3）。

表3　　　　2003～2006年全国稻谷生产与消费分项统计

项　目	单位	2003 年	2004 年	2005 年	2006 年
一、稻谷播种面积	万公顷	2 651.0	2 838.0	2 885.0	2 929.5
按季节划分：早稻	万公顷	559.0	595.0	603.0	599.0
中稻和一季晚稻	万公顷	1 488.0	1 607.0	1 627.0	1 696.5
双季晚稻	万公顷	604.0	636.0	655.0	634.0
按质量划分：优质稻	万公顷	1 447.0	1 740.0	1 867.0	
占稻谷面积	%	55.0	61.6	64.0	
超优质稻	万公顷		310.0		
占稻谷面积	%		11.0		
二、稻谷总产量	万吨	16 066.0	17 909.0	18 059.0	18 257.2
按季节划分：早稻	万吨	2 948.4	3 212.0	3 187.0	3 186.8
中稻和一季晚稻	万吨	9 927.0	11 391.0	11 410.0	11 603.6
双季晚稻	万吨	3 190.0	3 296.0	3 461.4	3 466.8
三、稻谷消费量	万吨	19 205.0	18 925.0	18 250.0	18 000.0
其中：城乡居民口粮消费	万吨	15 810.0	15 800.0	15 000.0	14 700.0
占消费总量	%	82.3	83.5	79.3	81.7
饲料消费	万吨	2 165.0	1 930.0	1 425.0	估 1 425.0
工业用粮	万吨	1 020.0	975.0		
种子用粮	万吨	210.0	220.0		

资料来源：农业部《农业统计资料》，国家粮食局《中国粮食发展报告》。

我国这一全民性的口粮消费特点，也使稻米成了粮食市场上敏感度最强的粮食品种。回顾改革开放近30年里发生的5次大的粮食市场波动，如1986年年初的粮食供应紧张、1993年秋的粮价上涨、1997年秋开始的粮食相对过剩和粮价持续低迷、2004年出台稻谷最低收购价和2006年10月出现的粮价上涨等，都直接或间接与稻米的供求形势相关（见图3）。

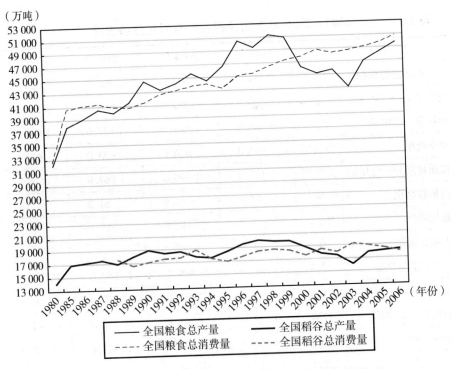

图3　1980~2006年全国粮食及稻谷生产和消费

　　新中国成立以来粮食工作正反两个方面的经验表明，我国粮食多时，往往多在稻米上；粮食紧时，也是紧在稻米上。20世纪五六十年代南粮北调和川粮东运，省间粮食余缺调剂调运的主要品种均为稻米。尤其是南方的早籼稻，在过去市场粮价波动时，更是起了领涨领跌的作用。由此形成了我国粮食市场一个独具特色的带规

104

律性的现象：稻米足而粮价稳，稻米缺就粮价涨，稻米多便粮价跌。稻米对于稳定我国粮食市场和确保粮食安全，有着其他粮食品种无法替代的特殊重要作用。

（四）我国作为世界上最大的稻米生产国和消费国，对国际稻米市场有举足轻重的影响

长期以来，我国是世界上最大的稻米生产国和消费国，水稻种植面积约占世界的17%，虽比印度少一些，但单产高，总产一直居世界首位，约占31%（见表4、表5、表6，附件1）。

表4　　2000年、2004年和2005年全球稻谷种植面积前六位国家排序

单位：万公顷

国　别	2000年		2004年		2005年	
	播种面积	排序	播种面积	排序	播种面积	排序
全　球	16 411		15 103		15 351	
中　国	2 996	2	2 838	2	2 285	2
印　度	4 471	1	4 230	1	4 300	1
印度尼西亚	1 179	3	1 192	3	1 180	3
孟加拉	1 080	4	1 100	4	1 100	4
泰　国	989	5	920	5	1 020	5
越　南	767	6	744	6	734	6

表5　　2000年、2004年和2005年全球稻谷总产量前六位国家排序

单位：万吨

国　别	2000年		2004年		2005年	
	总产量	排序	总产量	排序	总产量	排序
全　球	59 897		60 665		61 465	
中　国	18 791	1	17 909	1	18 059	1

国别	2000 年		2004 年		2005 年	
	总产量	排序	总产量	排序	总产量	排序
印度	12 740	2	12 800	2	12 900	2
印度尼西亚	5 190	3	5 409	3	5 398	3
孟加拉	3 767	4	3 975	4	4 005	4
泰国	2 584	6	2 386	6	2 700	6
越南	3 253	5	3 589	5	3 634	5

表6　　2000 年、2004 年和 2005 年全球稻谷总产前六位国家单产排序

单位：公斤/公顷

国别	2000 年		2004 年		2005 年	
	单产	排序	单产	排序	单产	排序
全球平均	3 887		4 017		4 000	
中国	6 272	1	6 310	1	6 260	1
印度	2 849	5	3 026	5	3 000	5
印度尼西亚	4 401	2	4 537	2	4 575	2
孟加拉	3 484	4	3 614	4	3 641	4
泰国	2 613	6	2 594	6	2 647	6
越南	4 243	3	4 521	3	4 951	3

过去，我国每年都有一定数量的稻米出口，现已逐年减少。目前我国稻米年出口和进口量均在 100 万吨左右，出略大于进，但都属于国际间的品种调剂，对国际稻米贸易影响不大。

目前，世界稻米年总产量约 4.15 亿吨，年总消费量约 4.17 亿吨，缺口 200 万吨左右。2000 年以来，世界稻米贸易量在 2 400 ~ 2 900 万吨之间波动，预计 2006/2007 年度为 2 940 万吨左右，仅为我国稻米年消费总量的 23%，即目前世界稻米年贸易总量尚不足我国稻米年消费总量的 1/4。更值得注意的是，世界稻米库存量已连

续多年下降，2006/2007 年度世界除我国以外的稻米库存总量只有 4 238 万吨，也仅为我国稻米年消费总量的 33%。因此，如果我国一旦出现稻米短缺需要从国际稻米市场大量进口，不仅会对国际稻米市场造成巨大冲击，而且回旋余地非常小（见附件 1）。

二、稻米是我国进入粮食紧平衡新时期的薄弱环节

改革开放近 30 年来，我国粮食生产连续上了几个新台阶，总产量由 3 亿吨左右增加到了 5 亿吨左右，取得了举世瞩目的伟大成就。但进入 21 世纪以来，由于农业生产结构和粮食种植结构调整，我国粮食生产进入了一个新的徘徊期，曾连续 6 年产不足消，需要挖库存和大量进口大豆才能维持总量平衡。随着我国人口增长和粮食总消费量的增加，我国粮食供求也进入了紧平衡的新时期。

从我国稻谷、小麦、玉米三大主粮产量结构分析，2006 年与 1980 年相比，首先，增产幅度最高的是玉米，年产量净增 8 288 万吨，增幅高达 1.32 倍；其次是小麦，同期年产量净增 4 926 万吨，增幅为 89%；最低的是稻谷，同期年产量净增 4 266 万吨，增幅仅为 30%，还不到同期玉米增幅的 1/4。从国内外粮情综合分析，我国稻米产业的基础相当脆弱，是整个粮食产业中的薄弱环节。目前存在的主要问题是：

（一）稻谷种植面积大幅下降，恢复难度大

据统计，我国水稻种植面积由 1980 年的 5.08 亿亩下降到 2006 年的 4.39 亿亩，净减少 6 875 万亩，比过去一个大的稻谷主产大省的水稻种植面积还多。需要特别指出的是，这净减少的 6 800 多万亩水稻种植面积，大多数是过去水稻主产区水土条件好的平地高产良田，现已被城市增容、高新区扩建和房地产开发等所占用，再也

无法恢复（见图4）。

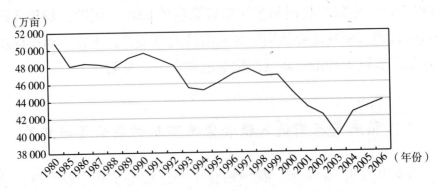

图4　1980～2006年全国水稻种植面积变化

（二）稻谷总产量尚未恢复到历史最好水平

1997年我国稻谷总产量首次突破2亿吨达到20 073万吨，创历史最高水平。此后逐年下降，间或稍有回升。2006年全国稻谷总产量回升到18 257万吨，但比总产最高的1997年仍少1 816万吨。今后，全国稻谷要恢复和超过历史上的最高年总产量，还有很大的难度，主要寄希望于科技进步和提高单产（见图5、图6）。

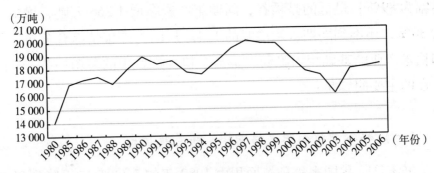

图5　1980～2006年全国稻谷总产量变化

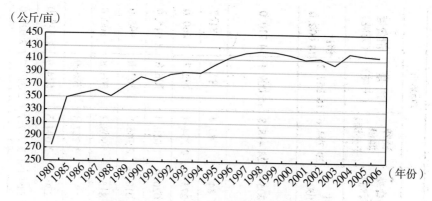

（公斤/亩）

图6　1980～2006年全国水稻单产变化

（三）南方稻谷产区售出量锐减，而东北集中产区又出现了新的"运出难"

在历史上，长江和珠江流域及其三角洲地区是我国传统的稻谷主产区，如广东等省，过去是稻谷主产省，曾调出过稻米支援销区，而现在成了大量购进稻米的主销区。又如江苏省苏南地区，原是我国优质粳稻的主产区，主供上海和华东各主要城市，号称"鱼米之乡"。现在这里的稻田大多被工厂、大楼、高速公路和新修铁路大批占用，当地粳米成了稀缺之物，苏南许多地区已变成了吃米靠外购的"无米之乡"。

近年来，由于粮食生产结构的调整和粮食市场的变化，我国稻谷主产区由南向北呈梯次北移的态势，东北黑龙江三江平原、吉林松花江流域和辽宁辽河出海口，发展成了新的稻谷主产区。但这些新产稻区由于受水土资源的制约和湿地保护的限制，可开垦的稻田已经不多，增产的潜力也有限。

目前，我国稻谷种植仍然集中在南方13个稻谷主产省（区、市）和东北黑、吉、辽3省，其稻谷种植面积占全国的84.7%，总产量占全国的83.4%（见表7）。若按生产和消费平衡的原则划分，

稻米是国家粮食安全的重中之重

表7

2003～2006 年全国稻谷主产省（区）市生产和消费情况

地区	2003 年			2004 年			2005 年			2006 年		
	播种面积（千公顷）	产量（万吨）	消费量（万吨）	播种面积（千公顷）	产量（万吨）	消费量（万吨）	播种面积（千公顷）	产量（万吨）	消费量（万吨）	播种面积（千公顷）	产量（万吨）	消费量（万吨）
全国	26 508.0	16 065.6	19 205.0	28 379.0	17 908.8	18 925.0	28 847.0	18 059.0	预计 18 100.0	29 294.6	18 257.2	预计 18 000.0
南方 13 个水稻主产省（区、市）合计	22 697.0	13 749.0		24 102.7	14 956.5		24 444.5	15 059.9	15 205.0	24 418.8	15 009.1	14 710.0
占全国（%）	85.6	85.6		84.9	83.5		84.7	83.4	84.0	83.4	82.2	81.7
江 苏	1 840.9	1 404.6		2 112.9	1 673.2		2 209.3	1 706.7	1 275.0	2 234.4	1 792.7	1 260.0
浙 江	979.4	646.9		1 028.1	686.9		1 028.5	644.8	1 020.0	1 030.4	706.6	1 015.0
安 徽	1 972.4	963.7		2 129.7	1 292.1		2 149.1	1 250.8	1 010.0	2 165.5	1 307.0	995.0
福 建	962.6	523.4		985.1	545.6		951.6	526.6	815.0	908.1	508.8	800.0
江 西	2 685.3	1 360.5		3 029.7	1 579.4		3 129.0	1 667.2		3 227.1	1 766.9	
湖 北	1 805.1	1 341.3		1 989.6	1 501.7		2 077.4	1 535.3	1 230.0	2 094.5	1 524.9	1 135.0
湖 南	3 410.0	2 070.2		3 716.8	2 285.5		3 795.2	2 296.2	2 310.0	3 777.2	2 319.7	2 020.0

地 区	2003 年			2004 年			2005 年			2006 年		
	播种面积（千公顷）	产量（万吨）	消费量（万吨）	播种面积（千公顷）	产量（万吨）	消费量（万吨）	播种面积（千公顷）	产量（万吨）	消费量（万吨）	播种面积（千公顷）	产量（万吨）	消费量（万吨）
广 东	2 130.6	1 170.5		2 139.0	1 123.1		2 137.6	1 117.0	1 945.0	2 110.9	1 104.3	1 895.0
广 西	2 356.3	1 203.7		2 356.0	1 123.4		2 360.4	1 169.1	1 185.0	2 285.0	1 162.6	1 195.0
重 庆	750.5	497.1		749.3	509.5		747.9	521.5	550.0	743.2	381.3	515.0
四 川	2 040.3	1 471.9		2 063.8	1 519.7		2 087.5	1 505.7	1 535.0	2 080.6	1 335.9	1 560.0
贵 州	720.5	459.3		716.5	477.0		721.7	472.8	525.0	716.5	447.2	535.0
云 南	1 043.1	635.9		1 086.2	639.4		1 049.3	646.3	700.0	1 045.4	651.2	660.0
东北三省合计	2 332.5	1 512.4		2 732.1	1 969.1		2 872.7	2 011.3	1 200	3 215.7	2 126.1	1 185.0
占全国（%）	8.8	9.4		9.6	11.0		10.0	11.3	6.6	10.98	11.6	6.6
辽 宁	500.6	351.4		544.2	401.5		568.4	416.5	385.0	626.4	427.6	415.0
吉 林	541.0	318.2		600.1	437.6		654.0	473.3	340.0	664.0	493.0	330.0
黑龙江	1 290.9	842.8		1 587.8	1 130.0		1 650.3	1 121.5	475.0	1 925.3	1 205.5	440.0

资料来源：国家粮食局。

稻米是国家粮食安全的重中之重

目前大陆除西藏外，稻米主产区尚有黑、吉、辽、湘、苏、鄂、川、皖、琼9省，稻米主销区则为京、津、沪、渝、粤、桂、浙、闽、滇、黔10省（区、市），其余冀、晋、蒙、赣、鲁、豫、陕、甘、青、宁、新11省（区、市）则为稻米产消平衡区。广东省的稻谷产量从1984年最高的1 793万吨下降到2005年的1 117万吨，净下降676万吨，降幅达38%。浙江省也由1984年稻谷产量最高的1 510.5万吨下降到2005年的644.8万吨，净下降865.7万吨，降幅达57%。过去盛产稻米的浙、粤两省现在却变成了缺米大省，当年能大量调出大米支援别人的苏、赣等省，现在也只能维持自给或略有剩余，无力大量供应销区。

面对全国稻米产销区的新变化，京、津、沪、浙等过去依靠南方籼米供应，现在已主要依靠东北黑、吉、辽等稻米新产区的粳米供应。远至西北的许多城市，也开始批量销售东北粳米。据统计，2004～2006年东北3省销往省外稻谷达4 532万吨，占全国同期跨省外销量的41%。其中黑龙江已连续三年稻谷外销量位居全国第一，共3 083万吨，占同期东北稻谷跨省外销量的68%（见表8）。

表8　　　　　2003～2006年13省（区）稻谷跨省购销量　　　单位：万吨

地　区	2003年			2004年			2005年			2006年		
	省外调进	销往省外	出口	省外调进	销往省外	出口	省外调进	销往省外	出口	省外调进	销往省外	出口
全　国	3 320	2 950	263	3 717	3 940	90	3 650	3 689	67	3 404	3 449	126
辽　宁	104	121	16	208	202	2	175	226	12	166	110	7
吉　林	15	50	6	7	485	9	34	210	6	5	164	8
黑龙江	0	356	30	20	1 113	13		1 047	34	0	923	67
东北三省小　计	119	527	52	235	1 800	24	209	1 483	52	171	1 197	82
江　苏	167	193	48	239	366	2	159	448	1	78	482	4

地 区	2003 年			2004 年			2005 年			2006 年		
	省外调进	销往省外	出口	省外调进	销往省外	出口	省外调进	销往省外	出口	省外调进	销往省外	出口
浙 江	616	39	0	421	24	0	397	49		370	44	0
安 徽	25	680	37	33	314	1	115	276	4	15	273	3
福 建	322	29	0	379	36		357	34		315	31	
江 西	34	660	37	48	481	15	47	414	6	53	470	24
湖 北	61	195	20	21	180	2	152	289		98	315	0
湖 南	112	284	6	106	381	0	48	321		33	276	0
广 东	574	3		765	1	0	761	10		658	11	0
广 西	132	66		124	97	1	63	75		64	56	0
四 川	2	80		55	54	0	36	70	1	135	80	1

资料来源：国家粮食局调控司。

由于近年来铁路运力偏紧，运距较长，东北稻米南下西进，又陷入了新一轮"运出难"的困境。在调研中，东北稻米主产区的粮食管理部门、国有和民营粮食企业以及农村粮食经纪人普遍反映，在运力紧张的情况下，公路、铁路运输部门乱收费、服务差等行业不正之风又开始回潮并有不断加剧之势。例如，从东北产区腹地往港口或关内发运稻米或其他粮食，装卡车走公路收费太高亏本，装火车运费虽省，但有些地方的货主对每节车皮要支付2 000～4 000元不等的"请车费"，若发往上海、浙江方向，一节车皮的"请车费"更高。这也是造成销区大米和其他粮价上涨的一个重要原因。对于这些垄断性行业的"潜规则"，粮食经营者早已啧有烦言。

（四）稻谷生产结构性矛盾突出，优质米和粳米供应偏紧

目前，国内稻米供求虽然基本平衡，但品种和质量矛盾比较突出，区域差异较大。随着人民生活水平的提高，城乡广大居民对稻米的消费需求也由过去数量温饱型向质量营养型转变，对优质籼米和东北粳米的需求增加很快，供不应求；而南方的早籼稻产量虽高但食用口感和市场适销性较差，常有滞销积压，需要及时调整。

据课题组对黑龙江、湖南等9省（区、市）10县（市）稻谷产销情况的抽样调查显示（见表9），2006年与1980年相比，10县（市）稻谷总产由235.6万吨增加到343.8万吨，增长了46%，其中早籼稻只增长13%，中晚籼稻也只增长29%，而粳稻则由3.1万吨增加到94万吨，猛增了29.2倍。这项调查还显示，10县（市）同期稻谷消费总量由193.8万吨增加到218.2万吨，增长了13%，但城乡人口的人均稻谷消费量则由246公斤下降到238公斤，下降3%。另据课题组对10省（区、市）123户粮农粮食产消情况的抽样调查，1980年与2006年相比，这123户粮农人均消费稻谷则由214.9公斤上升为228公斤，增长6%（见表2）。课题组对10省（区、市）154户城镇居民口粮消费情况的抽样调查则显示了与农村人口不同的稻米消费趋势：2006年与1980年相比，这154户城镇居民的稻米消费总量不升反降，由1980年的54 717.5公斤下降为51 227.4公斤，下降了3 440.1公斤，降幅为6%；同期这154户城镇居民人均消费稻米也由100公斤降为93.2公斤，下降了6.8公斤，降幅为6.8%；但这154户城镇居民同期消费粳米则明显上升，粳米消费总量由1980年的8 077.5公斤上升到2006年的13 087.4公斤，净增5 009.9公斤，增幅高达62%，粳米消费由占稻米消费总量的14.9%上升到25.5%，增加了10.6个百分点（见表10）。

表9　　9省（区、市）10县（市）稻谷产销情况抽样调查汇总

项　目	单位	2006 年	2000 年	1990 年	1980 年
1. 全县总人口	万人	915.1	898.1	855.8	787.8
2. 粮食播种面积	万亩	1 445.0	1 357.0	1 332.7	1 405.4
其中：稻谷	万亩	616.4	582.1	606.9	689.2
早籼粳稻	万亩				
3. 粮食总产量	万吨	556.8	501.2	472.7	395.1
每人平均	公斤	608.0	558.0	552.0	502.0
其中：稻谷	万吨	343.8	336.7	322.5	235.6
每人平均	公斤	376.0	375.0	377.0	299.0
粳稻	万吨	94.0	59.6	9.7	3.1
早籼稻	万吨	84.6	80.4	86.6	75.0
中晚籼稻	万吨	139.0	125.7	147.9	108.1
4. 粮食总消费	万吨	326.8	326.6	326.1	266.8
每人平均	公斤	357.0	364.0	381.0	339.0
其中：稻谷	万吨	218.2	226.4	223.0	193.8
每人平均	公斤	238.0	252.0	261.0	246.0
5. 年出售粮食	万吨	199.1	129.1	87.3	96.6
其中：稻谷	万吨	52.5	44.7	26.9	27.8
早籼稻	万吨				
中晚籼稻	万吨				
6. 年购进粮食	万吨	119.8	87.5	74.0	55.1
其中：稻谷	万吨	13.4	9.8	6.2	9.4

注：1. 调查时间：2007 年 5 月。

2. 资料来源：课题组根据有关省（区）市粮经学会抽样调查资料汇总整理。

3. 抽取样本：黑龙江富锦、江苏兴化、安徽无为、江西余干、湖南宁乡和桃江、广西武鸣、四川邛崃、重庆涪陵、陕西眉县。

稻米是国家粮食安全的重中之重

表 10　　　10 省（区、市）154 户城镇居民口粮消费抽样调查汇总

项目	单位	合计（154 户）			
		2006 年	2000 年	1990 年	1980 年
1. 家庭人口	人	550.0	562.0	559.0	547.0
2. 年粮食消费量	公斤	67 036.4	73 778.2	86 461.1	92 109.5
每人平均	公斤	121.9	131.3	154.7	168.4
3. 稻米消费量	公斤	51 277.4	54 419.2	57 441.4	54 717.5
每人平均	公斤	93.2	96.8	102.6	100.0
占总消费量	%	76.5	73.8	66.4	59.4
其中：粳米	公斤	13 087.4	15 053.2	12 537.4	8 077.5
占稻米消费量	%	25.5	27.7	22.0	14.9
中晚籼米	公斤	30 730.0	32 038.0	31 419.0	20 264.0
占稻米消费量	%	59.9	58.9	54.7	37.0
早籼米	公斤	3 255.0	2 849.0	8 895.0	22 488.0
占稻米消费量	%	6.3	5.2	15.5	41.1

注：1. 调查时间：2007 年 5 月。

2. 资料来源：课题组根据有关省（区、市）粮经学会抽样调查资料汇总整理。

3. 抽取样本：吉林 3 户、黑龙江 20 户、江苏 10 户、安徽 20 户、江西 11 户、湖南 20 户、广西 20 户、重庆 10 户、陕西 20 户、山西 10 户。

　　由此可见，城镇居民对于粳米等优质大米的需求是很旺盛的。农村人口人均消费稻米增加 6%，而同期城镇居民人均消费稻米下降 6.8% 的现实，从一个侧面反映出了城乡人口对稻米消费需求的区别和生活水平的差异。这也同时提醒稻米产业部门和稻米经营者，必须对稻米产业发展进行有针对性的宏观调控和更深入的市场细分，才能满足城乡不同消费群体对稻米品种质量的多样化消费需求。

（五）国内大米加工企业小而散，缺乏国际竞争力

116　　受过去粮食加工企业按行政区划设厂、分片包干供应的影响，

国内大米加工企业至今仍处于小而分散和科技含量低的状况，缺乏国际竞争力。据统计，2006年全国进入统计的大米加工企业7 548个，其中日加工能力100吨以下的小企业6 143个，占81.4%，这些小厂不仅产量低，而且设备简陋老化，竞争力很差；日加工能力1 000吨以上比较大的企业18个，仅占0.2%。在国内大米加工企业中，国有及国有控股企业848个，占11.2%，外商及港澳台商投资企业24个，占0.3%，民营企业6 676个，占88.5%。外商及港澳台商投资大米加工企业的销售收入占国内大米加工企业销售收入的1.4%（见表11和表12）。就目前国内大米加工企业的现状而言，很难与国际大粮商的现代化大型大米加工企业展开竞争，如不及时从宏观上加强调控，我国大米加工行业将有被外商掌控的危险。

表11　　2006年度国内大米加工业企业生产能力统计

省 市	企业单位数（个）	按日生产能力分				
		100吨以下	100~200吨（含100吨）	200~400吨（含200吨）	400~1 000吨（含400吨）	1 000吨以上（含1 000吨）
总 计	7 548	6 143	1 059	251	77	18
北 京	7	2	2	1	1	1
天 津	11	5	4	2		
河 北	58	53	4	1		
山 西	2	1	1			
内蒙古	3	1	2			
辽 宁	401	273	108	15	5	
吉 林	331	249	58	18	4	2
黑龙江	427	224	148	39	14	2
上 海	63	51	7	4	1	
江 苏	423	276	120	21	3	3

稻米是国家粮食安全的重中之重

省 市	企业单位数（个）	按日生产能力分				
		100 吨以下	100~200 吨（含 100 吨）	200~400 吨（含 200 吨）	400~1 000 吨（含 400 吨）	1 000 吨以上（含 1 000 吨）
浙 江	182	135	38	9		
安 徽	393	267	79	33	13	1
福 建	287	203	74	7	2	1
江 西	1 661	1 517	113	22	7	2
山 东	22	19	1	1	1	
河 南	90	77	7	5	1	
湖 北	894	772	92	20	8	2
湖 南	377	290	48	26	9	4
广 东	238	205	23	7	3	
广 西	460	427	29	2	2	
海 南	63	61	2			
重 庆	296	282	14			
四 川	388	334	44	8	2	
贵 州	112	103	8	1		
云 南	146	134	9	2	1	
西 藏						
陕 西	55	48	5	2		
甘 肃	2		2			
青 海						
宁 夏	93	81	11	1		
新 疆	63	53	6	4		
其中：兵团	10	8		2		

资料来源：国家粮食局调控司和中国粮食行业协会《2006 年度粮油工业统计资料》。

表12　　2006 年度国内大米加工业主要经济指标统计

省市	企业单位数（个）			现价工业总产值（万元）			产品销售收入（万元）			出口交货值（万元）		
	合计	国有及国有控股企业	外商及港澳台投资企业	合计	国有及国有控股企业	外商及港澳台投资企业	合计	国有及国有控股企业	外商及港澳台投资企业	合计	国有及国有控股企业	外商及港澳台投资企业
总　计	7 548	848	24	10 789 010	1 412 729	147 439	10 652 560	1 575 248	150 741	106 564	75 797	419
北　京	7	7	1	8 611		3 755	16 421		4 096			419
天　津	11	2		23 926	8 111		21 152	5 383				
河　北	58			37 078			37 208					
山　西	2			498			410					
内蒙古	3	1		9 447	9 219		6 504	6 470				
辽　宁	401	69	3	503 908	121 474	37 528	520 048	121 642	36 988	5 070		
吉　林	331	38	2	469 131	135 886	2 424	485 262	168 350	2 318	16 926	16 926	
黑龙江	427	23	6	833 978	164 179	15 425	908 247	230 776	16 878	67 678	58 608	
上　海	63	11		127 671	17 864		130 760	18 363				
江　苏	423	39	3	1 130 325	68 826	17 280	1 118 889	94 599	17 154			
浙　江	182	14	1	237 029	12 665	1 105	259 478	21 989	1 208			
安　徽	393	50	1	1 102 475	113 861	121	1 100 347	122 146	109	3 626		
福　建	287	13	1	486 194	9 150	1 188	456 200	8 808	1 188	263	263	
江　西	1 661	138	2	1 684 090	202 900	50 913	1 407 961	188 436	53 201	9 747		
山　东	22			20 526			20 513			240		

稻米是国家粮食安全的重中之重

省市	企业单位数（个）			现价工业总产值（万元）			产品销售收入（万元）			出口交货值（万元）		
	合计	国有及国有控股企业	外商及港澳台商投资企业	合计	国有及国有控股企业	外商及港澳台商投资企业	合计	国有及国有控股企业	外商及港澳台商投资企业	合计	国有及国有控股企业	外商及港澳台商投资企业
河南	90	7		165 660	3 643		148 115	2 653		1 050		
湖北	894	67	3	1 369 853	125 605	16 313	1 372 888	122 947	16 214	5		
湖南	377	42	1	709 898	100 649	1 387	764 588	127 203	1 387	1 048		
广东	238	34		640 699	35 616		661 917	49 317		903		
广西	460	59		345 084	53 633		337 299	53 862		9		
海南	63	18		17 983	4 395		18 373	4 471				
重庆	296	61		132 430	60 455		133 850	63 395				
四川	388	68		433 211	82 679		425 844	79 014				
贵州	112	38		70 406	19 955		70 835	19 683				
云南	146	39		74 507	42 258		71 436	40 852				
西藏												
陕西	55	4		51 954	10 242		48 424	10 258				
甘肃	2			3 116			3 162					
青海												
宁夏	93	1		70 797	320		73 074	434				
新疆	63	12		28 530	9 145		33 355	14 196				
其中：兵团	10	9		10 660	6 795		9 826	6 300				

资料来源：国家粮食局调控司和中国粮食行业协会《2006 年度粮油工业统计资料》。

（六） 稻米市场体系不健全，影响稻米顺畅流通

目前，我国包括稻米在内的粮食市场建设虽然有了很大发展，但尚未真正形成完整的体系，"小而分散、杂而不专"的现象比较突出，影响了稻米市场作为交易载体和信息平台等作用的发挥。当前存在的主要问题：一是稻米市场主体发育不足，千家万户小农难以进入大市场，多数国有稻米企业由于规模小和机制不活，难以起到主渠道作用，众多民营稻米企业和农村粮食经纪人还处于无序竞争的自发状态；二是稻米批发市场建设发展很不平衡，有的稻米集散地缺乏现代化的市场设施；三是稻米期货交易被停止后至今未能恢复，其发现价格、规避风险和引导产消的功能得不到发挥，与我国稻米生产和消费大国的地位极不相称；四是稻米流通不畅，稻米产销区之间、生产经营和消费者之间缺乏有效的沟通与衔接，市场秩序和诚信体系尚不健全等。总之，目前我国稻米集贸市场有待提高，批发市场有待规范，期货市场有待恢复，统一有序的市场体系有待完善。

此外，稻米安全储备体系尚不完善，库存数量和结构需要调整。稻米作为我国民食军需的主要口粮，在国家粮食储备体系中还比较薄弱。目前，中央粮食储备体系比较健全，也储备了一定数量的稻谷，但地方粮食储备却未达到应储的数量，落实难度很大。一是稻谷储备的数量尚未全部达到确保粮食安全和应急动用的要求；二是稻谷储备库存的品种结构不适销对路，市场滞销的早籼和杂交稻库存偏大，而优质稻和粳稻库存偏少；三是稻谷储备布局不尽合理，产区集中过多而销区分布不均，边远山区和部分粮食困难地区储备较少，受运输"瓶颈"制约，在急需时很难及时调运到位。

三、保障我国稻米安全的四个宏观确保指标和发展稻米产业的相关政策建议

历史经验和现实状况表明，我国稻米产消已进入紧平衡时期，总体来看，稻米安全的基础比较脆弱，因而要特别注意"三防"：一是防止出现全国性稻谷减产的冲击；二是防止国际米价暴涨的冲击；三是防止突发事件对稻米市场的冲击。

今后10年，我国稻米产业的发展应从基本国情和基本粮情出发，坚持做到立足于国内解决稻米供应问题，稳定和提高稻米综合生产能力，优化稻米种植结构和品种结构，提高稻米流通效率，搞好稻米市场宏观调控，灵活运用国际国内两种资源和两个市场调剂国内稻米余缺，保持稻米总量和品种质量供求的基本平衡，适应人民生活水平提高对稻米的多样化需求，确保我国粮食安全。课题组认为，保障我国稻米安全必须把握好四个宏观确保指标，并提出发展稻米产业的相关政策建议。

（一）保障我国稻米安全的四个宏观确保指标

1. 确保4.5亿亩稻谷种植面积。水稻种植对水土气候条件和水利灌溉等农田基础设施的要求较高，在全国现有18亿亩耕地面积中，确保4.5亿亩的水稻种植面积不被挤占，既是当前工作的重点，又是一条必须死守的底线。因此，必须进一步加强对保护基本农田尤其是稻田的执法力度，严厉惩处侵占、荒废稻田的违法行为。目前，全国水稻种植面积已降到4.4亿亩，今后几年内需在此基础上增加1 000多万亩才能满足需要。从东北三江平原和松花江流域稻田开发和土地整理的实践看，经过努力是完全可以做到的。同时，继续加强对南方中低产水田的改造，提高稻田地力，更新改造稻田水利基础设施，大力发展节水型农业，充分发挥现有稻田的增产潜力。

2. 确保年产2亿吨稻谷的综合生产能力。据测算，在未来10年，我国年均稻谷消费量约2亿吨。为实现大米自给，我国必须保持年产2亿吨稻谷的综合生产能力，才能确保国家粮食安全尤其是居民口粮安全。

如今，扩大水稻种植面积和提高单产，仍然是增加稻谷产量的主要途径。目前水稻种植面积扩大有限，主要还靠提高单产，特别是依靠科技攻关，培育市场畅销的优质籼稻和粳稻良种，开发和推广超级稻，争取逐步将全国水稻平均亩产提高到470公斤以上。这对于增加水稻总产和适应居民消费需求，具有十分重要的意义。

3. 确保稻谷库存占全国粮食总库存量的35%左右。课题组通过对1980~2006年全国粮食库存和储备结构的分析和测算，认为我国粮食库存结构按"双三五、二、一"的比例安排比较合适，即在粮食总库存中，稻谷占35%，小麦占35%，玉米占20%，大豆占10%。为了使稻谷库存达到占总库存35%的较为合理的比例，今后需要适当增加稻谷的库存和储备，并合理调整稻谷储备和库存的布局以应急需。例如，目前为了满足3个月粮食消费量，期末国家粮食安全库存总量最低应为年消费量的25%，其中35%稻谷的安全库存量应为期末粮食年消费量的9%。

4. 确保粳稻占稻谷总产量的30%以上。目前，我国粳稻产量约占稻谷总产量的27%。随着全民生活水平的提高，对优质粳米的需求不断增加，必须适时调整水稻种植结构，大力发展优质粳稻生产。东北是发展我国北方粳稻的重要产区，江淮籼稻粳稻混作稻区和黄河、西北稻区也有一定拓展粳稻种植的潜力。据测算，如果措施得当，今后10年我国粳稻种植面积可达1.4亿~1.5亿亩，产量能达7 000万~7 500万吨，占稻谷总产量的比重将升至36%左右，届时可以基本满足市场对粳米的需求。

（二）强化我国稻米加工产业的外商准入制度，严格控制外资进入的速度和规模

在 2004 年我国粮食购销市场放开以后，一些国际知名大粮商瞄准了我国稻米市场的巨大商机，纷纷大举投资设点建厂，试图占领和左右我国稻米市场。有的地方政府主管部门对此缺乏应有的警惕和防备，对外商大举进入稻米行业采取了放任自流的态度，并已陆续批准了一些大型稻米加工项目。此前，我国食用植物油行业的精炼油部分，因对外资进入缺少必要的控制而失去了大部分市场，现在稻米行业应认真汲取这个教训。

鉴于稻米居我国三大主粮之首，是国家粮食安全的重中之重，如果稻米产业的主导权被外商掌握，将对我国粮食安全产生极为不利的影响。因此，应当借鉴日本、韩国和我国台湾地区几十年来管理大米的成功经验，在世贸组织规则的框架内建立和强化我国严格的外商准入制度，严格控制外资进入我国稻米加工产业的速度和规模，以免"米袋子"受制于人。为此，建议国家发改委、商务部、国家粮食局和各省（区、市）粮食行政主管部门，从确保国家粮食安全的高度和防止重复建设的角度，具体制定和完善我国稻米加工业外商准入制度，并将市场准入审批权掌握在国务院有关部门的手中，从体制和经济上把好我国稻米的"安全门"，从严审批和控制外商投资稻米收储加工，确保我国稻米安全。

（三）加快开发东北三江平原和松花江流域两大水稻生产基地

目前，我国除东部沿海滩涂和新疆伊犁河谷尚有少量土地可以作为稻田开垦外，只剩下黑龙江三江平原和吉林松花江流域尚有成片土地可以作为稻田重点开发。根据各地水稻开发种植的成功经验，特建议：

参考黑龙江农垦总局建三江农场模式，开发黑龙江三江平原和吉林松花江流域两大水稻生产基地。鉴于当地自然条件优越并有多年成片开发的经验，可在国家投资的扶持下，以国有农垦企业和农场为依托，高起点、大投入，实行全机械化作业和大社会化服务协作，构建高产出、高商品率和高效益的现代化稻米产业。

据规划测算，用 10～15 年完成上述两大水稻生产基地的开发，可以分别增加水稻种植面积 2 000 万亩左右，这对保障我国稻米安全具有重要的战略意义，建议国家给予大力支持并督促有关部门和地方抓紧实施。

（四）试建东北稻米南运的"东北稻米绿色通道"

东北地区作为全国新兴的水稻主产区，稻谷南运成了当地仅次于玉米的主要粮食品种。据统计，2004～2006 年 3 年里，东北黑、吉、辽 3 省销往外省的稻米达 4 532 万吨，平均每年外销 1 510 万吨，预计今后仍将保持继续增加的态势。如此大的运量，给东北铁路、公路和海运都带来了一系列新的问题。当前国内米价上涨的一个重要原因，就是由于稻米运输成本特别是东北稻米南运的物流成本太高。

鉴于稻米流通的公益性和消费的普遍性，为降低稻米物流成本，稳定市场米价，课题组特建议在东北稻米主产区和沪、浙、闽、粤稻米主销区之间，试建全国第一条"东北稻米绿色通道"。大体设想是：凡从东北三省稻米产区发往沪、浙、闽、粤销区的稻米，由粮食、铁路和交通部门联合向有资质的稻米产业化龙头贸易加工企业核发"东北稻米运输绿色通行证"，并给予优先安排：通过铁路运输的稻米，只收国定铁路运费，免除"请车费"等一切杂费；通过公路运输的稻米，只收国定汽车运费，并按蔬菜绿色通道的优惠政策实行。这是降低稻米物流成本、稳定米价的一项治本之策，待试点取得经验后，可逐步在其他稻米主产区和主销区推广，

125

进而拓展到小麦、玉米等主粮品种。

为了方便快捷地运输东北稻米，需要对一部分按照运玉米、大豆、小麦等货种设计的散粮车皮和中转设施及港口粮食码头，按照运输稻米的专业要求进行技术改造，以缓解铁路运输的压力。建议在国家发改委制定的现代粮食物流规划中列为重点之一，予以支持。

（五）大力促进产销结合，建立全国统一开放、竞争有序的稻米市场体系

1. 鼓励稻米销区直接到产区投资建设稻米生产供应基地和相应的物流仓储设施，以保证销区稻米供应安全。近年来，沪、浙、闽、粤等稻米主销区到东北黑龙江等水稻主产区建立了不少稻米生产基地，黑龙江等稻米主产区也直接到销区开店设厂，进一步沟通了产销联系，打开了东北粳稻在南方籼稻产区的销路，逐步改变了南方居民的稻米消费习惯，取得了良好的效果。为进一步沟通产销联系，建议国家今后在投资、信贷、税收等方面进一步给予优惠和扶植。

2. 尽快恢复稻米期货交易。稻米期货交易已关闭了十多年时间。现在稻米现货市场已全面放开，国内稻米市场比以前更加成熟，恢复稻米期货交易的条件已具备，建议国务院尽快批准恢复稻米期货交易，以充分发挥其发现价格、规避风险和引导产消的功能。

3. 构建多层次稻米市场体系。针对目前国内稻米市场布局不尽合理、设施不够齐全、功能不太完善、流通效益不高和结构比较单一等问题，需要进一步加大稻米市场建设的投入，充分发挥政府和企业两个积极性，多渠道筹集市场建设资金，逐步建成以稻米期货市场为龙头，以国家粮食交易中心为骨干，以稻米批发市场为依托，以城乡稻米集贸零售市场为基础的统一开放、竞争有序的多层次稻米市场体系，以更好地促进稻米产业可持续发展。

（六）发展稻米深加工，打造稻米产业链

目前，我国稻米加工业还处于小而散的自发状态，多数只生产单一的大米产品，尚未真正形成产业链。尤其是大量稻草、稻壳被烧掉，许多稻米加工副产品被白白扔掉，造成了很大的污染和浪费。为此建议：

1. 大力扶植培育稻米产业化龙头企业。根据四川邛崃、吉林永吉和新疆米泉的成功经验，鼓励农民建立稻米专业合作社、协会，企业与农民共同建立股份制的米业公司等方式，促使稻米加工企业与稻农结成互利共赢的利益共同体，从而打造从田间到餐桌的完整稻米产业链。国家对于稻米产业化龙头企业，宜从投融资、信贷、税收和粮源等方面给予优惠和扶持。

2. 鼓励企业技术创新，开展稻米精深加工。为适应现代化社会生活方便快捷的饮食需求，需要把传统稻米食品与现代加工技术结合起来，开发方便米饭、方便粥、方便米粉、元宵、点心等传统稻米风味食品生产线，充分利用大米加工的附产物稻壳、米糠、碎米等宝贵资源，加工化工、生化、营养保健食品和化妆品等精深加工产品，逐步构建稻米精深加工产业链。

3. 推进实施稻米优质名牌战略。当前许多稻米产区的大米加工厂产量小，牌子杂，甚至是无品牌的袋装统货，既不便于消费者识别选购，又难以保证稻米质量。因此，必须大力推进实施优质名牌战略，鼓励稻米企业做优、做大、做强，争创稻米名牌。通过产业结构调整和资源整合，不断提高品牌稻米的覆盖率和名牌稻米的市场占有率，逐步推广可追溯原产地种植生产者的电子数字米技术，以彻底杜绝劣质稻米混入市场，从源头上确保稻米食品安全。

（七）完善稻米价格形成机制，灵活运用差价调节普通米和优质米的供求

目前，国内普通米与优质米的差价仅一倍左右，对正确引导消费和稳定米价十分不利。日韩两国和我国台湾地区的稻米品质差价很大。2007 年 9 月，北京市场上曾小批量进口销售每市斤高达 99元的日产越光米。据调查，台湾地区台北市普通米目前售价为每市斤 18 元新台币，合人民币 4.39 元，台产越光米每市斤售价则为 60元新台币，合人民币 14.63 元，普通米和优质米价格相差 2.3 倍。为此建议：

1. 稳住普通米价格，以满足广大居民的基本口粮需求。在普通大路米价波动时，国家可以动用储备稻米灵活吞吐以平抑米价，也可采取专项价格补贴给低收入者等应急措施稳定民心，以维护社会稳定。

2. 逐步提高名、特、优质米价格，以适应不同消费群体的特殊需要。例如，对于少数投入高、产量少的名、特优质稻米，如有机米、绿色米、加工传统食品的糯米和特殊产地的黑米、紫米、贡米等，则可以适当拉开品种差价和质量差价，以满足少数高收入人群和特殊行业的不同需要，并使种优质稻的稻农增加收入，提高积极性。

（八）加大对水稻主产区和稻农的扶植力度

由于历史的原因和现实的差距，至今水稻"高产穷县"和稻农"种稻不如打工"的问题一直未能得到妥善解决，不少水稻主产区留在农村种田的仅剩"386199 部队"，即妇女、儿童和老人。近年来，国家对农民实行"两免三补"，使稻农得到了很多实惠，但水稻主产区的县（市）财政得到的优惠不多，产区许多地方政府仍把

主要精力用在了招商引资、发展工业上，抓农业和种水稻的后劲不足。为了扭转这一被动局面，课题组建议：

1. 增加对水稻主产县（市）的财政支持。例如，对于年提供商品稻谷 50 万吨以上的县（市），可将中央和省级财政对其转移支付的比例提高 3～5 个百分点，并相应增加对其农田水利及配套基础设施的投资规模和社会福利事业的投入，以鼓励其继续发展水稻生产。对提供商品稻谷超过 100 万吨以上的县（市），则可将对其财政转移支付比例相应再增加 8～10 个百分点，以示奖励。

2. 适当提高对稻农的直补金额。目前，国家对稻农的各项补贴，平均每亩仅十几元钱，与农民外出打工的收入相比，对农民的激励作用不大。参照日韩等国对稻农实行高额补贴的做法，充分用好用足世贸组织认可的"黄箱政策"，建议国家进一步提高对稻农的补贴金额。考虑到国家财政的承受能力和物价水平，目前可将对稻农的综合补贴金额提高到平均每亩 30 元左右，今后还可视情况适当微调。

总　顾　问：白美清
课题负责人：宋廷明　刘与忠
报告执笔人：宋廷明　宋文仲　李思恒　杨卫路　刘笑然　石少龙
课题组成员：宋廷明　刘与忠　肖振乾　宋文仲　李思恒　李为民
　　　　　　耿兆书　宋丹丕　秦红民　姚国勤　杨卫路　刘笑然
　　　　　　石少龙　唐　炜

附件1:

当前世界稻米生产和贸易情况

一、世界稻谷种植面积

据联合国粮农组织统计,2003 年世界稻谷种植面积约 23 亿亩,其中亚洲种植面积最大,约占世界的 88.4%。

世界上种植稻谷面积最多的国家是印度,约占世界的 28.7%。其次是中国,约占世界的 17%。

其他种植稻谷面积较多的亚洲国家,依次是印度尼西亚(17 215 万亩)、孟加拉国(16 650 万亩)、泰国(16 500 万亩)、越南(11 173 万亩)、缅甸(9 975 万亩)、菲律宾(6 141 万亩)等(参见附表2)。

亚洲之外种植水稻较多的是巴西(4 725 万亩)和美国(1 820 万亩)。

二、世界稻谷单位面积产量

据联合国粮农组织统计,2003 年世界稻谷平均单产为 3 837 公斤/公顷,合 255.8 公斤/亩。

世界上稻谷平均单产最高的是希腊(7 955 公斤/公顷,合亩产 530.3 公斤)和西班牙(7 277 公斤/公顷,合亩产 481.7 公斤)。美国的平均单产也比较高(7 448 公斤/公顷,合亩产 496.5 公斤)。

在世界稻谷主产国中,平均每亩单产排序为中国(404.5 公斤)、越南(308.5 公斤)、印度尼西亚(302.5 公斤)、缅甸(247 公斤)、孟加拉(228.5 公斤)菲律宾(228 公斤)、泰国(163.5 公斤)。

在亚洲产稻国中,单产较高的有韩国(每亩 400~455 公斤)、日本(400~445 公斤)。韩国和日本比世界稻谷平均单产,每亩要高 150~200 市斤(参见附表3)。

130

三、世界稻谷总产量

据联合国粮农组织统计，2003 年世界稻谷总产约 5.89 亿吨，其中，亚洲总产约 5.35 亿吨，占 90.89%。稻谷总产最高的是中国，1.66 亿吨，占世界总产量的 31%（按中国国家统计局数字为 1.6 亿吨，则占 30%）。其次是印度（1.32 亿吨），印度尼西亚（5 207.5 万吨），孟加拉（3 806 万吨），越南（3 452 万吨），泰国（2 700 万吨），缅甸（2 314 万吨），菲律宾（1 403 万吨）等。中国稻谷总产量约为世界排名 4～11 位的 8 国（孟加拉、越南、泰国、缅甸、菲律宾、日本、美国、韩国）稻谷产量的总和 1.62 亿吨。

四、世界大米总消费量

据美国农业部 2007 年 5 月预测，2006/2007 年度世界大米总消费量 4.17 亿吨。而当年大米生产量为 4.15 亿吨，当年产不足需，尚有 260 万吨缺口。

世界消费大米最多的国家也是中国。从 2000～2006 年 7 年中，只有 2006/2007 年度是产大于消，其余 6 年均是当年产不足消，有缺口。（见表 13）。

表 13
单位：万吨

年度 项目	2000/ 2001	2001/ 2002	2002/ 2003	2003/ 2004	2004/ 2005	2005/ 2006	2006/2007 预计
大米产量	13 154	12 431	12 218	11 246	12 536	12 641	12 800
大米消费量	13 436	13 458	13 570	13 210	13 030	12 800	12 780
当年产消余额	缺 282	缺 1 028	缺 1 352	缺 1 964	缺 494	缺 159	余 20

6 年累计缺口 5 279 万吨，只有 2006/2007 年度预测约余 20 万吨，7 年净缺 5 259 万吨，靠挖库存平衡。

值得重视的是，从 2000～2006 年 7 年中，世界大米消费量有 5 年大于生产量，缺口 7 200 万吨；只有 2000/2001 年度和 2005/2006 年度两年，大米消费量小于生产量，余额为 736 万吨。这 7 年中，世界大米累计消费大于产量 6 465 万吨，净缺口 6 465 万吨，这就导致世界大米库存的不断减少。

五、世界大米库存量

据美国农业部2007年5月统计预测，2000/2001年度世界期末库存15 039万吨，以后6年中，只有2005/2006年度一年期末库存同比增加332万吨，其余5年期末库存同比均是减少的，共减4 536万吨。7年中期末库存净减4 204万吨。

到2006/2007年度，大米世界期末库存预测量将为7 896万吨，比2000/2001年度15 039万吨减少7 143万吨。7年中库存减少47.5%。2006/2007预测库存量将为当年消费量的18.9%。

值得关注的是，2006/2007年度预测的期末库存7 896万吨中，中国库存为3 658万吨，占46.4%。其他所有主产国期末库存的总和只有4 238万吨，占53.6%。这说明世界大米库存极为单薄，应对较大自然灾害或战火动乱的能力弱（见附表5）。

六、世界粮食贸易量

世界大米贸易量占产量的比重很低。2000年度以来的7年中，世界粮食贸易量在2.3亿吨到2.5亿吨上下，其中大米贸易量只有2 400万吨到2 900万吨上下，占10%~12%。大米是三大主粮中，贸易量最小的品种，而且增加的幅度很有限（见表14）。

表14

项 目　　　　年 度	2000/ 2001	2001/ 2002	2002/ 2003	2003/ 2004	2004/ 2005	2005/ 2006	2006/2007 预计
世界粮食贸易量(万吨)	232.5	240.5	241.2	240.7	239.8	253.4	248.3
其中:大米贸易量 （万吨）	24.4	27.9	28.6	27.4	27.8	28.3	29.4
大米贸易量所占比重 （%）	10.5	11.6	11.9	11.4	11.6	11.2	11.8

世界大米的主要出口国是泰国（880万吨），越南（500万吨），印度（430万吨），美国（330万吨），巴基斯坦（310万吨）等。

大米进口国比较分散，依次是菲律宾（185万吨），印度尼西亚（180万吨），尼日利亚（170 万吨），伊拉克（130 万吨），欧盟（110 万吨），沙特阿拉伯（100 万吨），其他国家进口大米均在 100 万吨以下（参见附表 6 和附表 7）。

七、世界大米价格

据联合国粮农组织 2006 年最后一期《粮食展望》的统计，从 21 世纪以来，各类大米的价格均不断上涨（单位为美元/每吨）。

泰国 B 级大米，2001 年为 177，2006 年为 310，上涨幅度为 75%。

泰国碎米，2001 年为 135，2006 年为 216，上涨幅度为 60%。

美国长粒米，2001 年为 264，2006 年为 389，上涨幅度为 47%。

巴基斯坦巴斯玛蒂米（香米），2001 年为 332，2006 年为 515，上涨幅度为 55%。

联合国粮农组织（FAO）大米价格指数 2001 年为 74，2006 年为 108，上涨幅度 46%。

从最近几年世界大米产不抵消、库存不断下降、气象不太正常（东南亚地区灾害频发）的趋势看，今后大米价格还可能有所攀升。

八、2003 年中国稻谷在世界稻谷业中的地位

1. 中国稻谷种植面积约 4.1 亿亩，占世界稻谷种植面积 17%，低于印度种植面积 6.6 亿亩（占 28.7%），居世界第二位。中国稻谷平均单产约每亩 809 市斤，比世界平均单产 512 市斤，约高近 300 市斤，在世界稻谷主产国中居第一位。中国稻谷总产约 16 642 万吨，约占世界稻谷总产量 58913 万吨的 31%，也居世界第一位。

2. 中国大米消费量 1.28 亿吨，占世界大米总消费量 4.18 亿吨的 30.6%，居世界第一位。

3. 中国大米期末库存量 3 658 万吨，占世界大米总库存 7896 万吨的 46%，居世界第一位。

4. 2006/2007 年度的世界大米贸易量 2 940 万吨，只相当于当年中国大米消费量 12 780 万吨的 23%；2006/2007 年度除中国以外的世界大米库存量 4 238 万吨，只相当于当年中国大米消费量的 33%。

5. 中国稻谷生产量、大米消费量均占世界 30% 以上，大米期末库存占世界 46%。世界全部大米贸易量不到中国大米消费量的 1/4。

据此可见，中国大米产需只有自求平衡，立足自力更生。世界大米市场资源只能少量解决品种调剂。试图仰赖进口解决中国消费者的大米口粮需求，绝无出路。

(李思恒整理)
2007 年 11 月

附表 1   2000～2007 年世界谷物总产量和三大主粮品种产量

单位：百万吨

年度 \ 项目	谷物总产量 稻谷口径	谷物总产量 大米口径	小麦 产量	小麦 占总产（%）	稻米 稻谷	稻米 占总产（%）	稻米 大米	粗粮 产量	粗粮 占总产（%）
2000/2001	2 043.0	1 839.4	581.5	28.0	602.0	29.0	397.9	859.9	43.0
2001/2002	2 076.0	1 871.8	580.9	27.0	603.0	29.0	398.5	892.4	44.0
2002/2003	2 011.0	1 817.7	567.0	28.0	572.0	28.0	378.0	872.7	44.0
2003/2004	2 061.0	1 859.5	554.2	26.0	593.0	28.0	391.5	913.8	46.0
2004/2005	2 251.1	2 043.8	628.8	27.0	610.0	27.0	402.7	1 012.3	46.0
2005/2006	2 232.2	2 017.1	621.2	27.0	633.0	28.0	418.0	978.0	45.0
2006/2007 预计	2 197.3	1 984.4	594.5	27.0	628.0	28.0	415.1	974.8	45.0

注：1. 稻谷占总产量（稻谷计算口径）的比重平均是 28%～29%。7 年分别为 29%、29%、28%、28%、27%、28%、28%。

2. 大米占总产量（大米计算口径）的比重平均是 20%～21%。7 年分别为 21.6%、21.3%、20.8%、21.1%、19.7%、20.7%、20.9%。

3. 小麦占总产量（大米计算口径）的比重平均是 30%～31%。7 年分别为 31.6%、31%、31.2%、29.8%、30.8%、30.8%、30%。

4. 粗粮占总产量（大米计算口径）的比重平均是 47%～49%。7 年分别为 46.7%、47.7%、48%、49.2%、49.5%、48.5%、49%。

资料来源：美国农业部 2007 年 5 月统计月报。

附表2　　　1999～2003 年世界稻谷种植收获总面积和主产国面积

单位：千公顷

地区 ＼ 年份	1999～2000	2001	2002	2003		
				千公顷	合万亩	排序
世界	153 055	151 679	147 552	153 522	230 283	
其中：亚洲	137 053	136 189	131 429	135 666	203 499	占88%
印度	43 632	44 622	41 102	44 000	66 000	1
中国	20 361	29 144	28 509	27 398	41 097	2
印度尼西亚	11 752	11 500	11 521	11 477	17 215	3
孟加拉	10 725	10 661	11 059	11 100	16 650	4
泰国	9 995	10 125	9 988	11 000	16 500	5
越南	7 604	7 493	7 504	7 449	11 173	6
缅甸	6 309	6 413	6 200	6 650	9 975	7
菲律宾	4 043	4 065	4 046	4 094	6 141	8
日本	1 755	1 706	1 688	1 655	2 482	9
美国	1 331	1 342	1 298	1 213	1 819	10
韩国	1 074	1 083	1 053	1 013	1 519	11

资料来源：联合国粮农组织《生产年鉴2003》。

附表3　　　1999～2003 年世界稻谷单位面积产量和主产国单产比较

单位：公斤/公顷

地区 ＼ 年份	1999～2000	2001	2002	2003		
				公斤/公顷	合公斤/市亩	排序
世界	3 939	3 944	3 860	3 837	256	
其中：亚洲	4 005	4 002	3 931	3 945	263	
美国	6 963	7 278	7 333	7 448	993	1
中国	6 250	6 152	6 186	6 074	497	2
韩国	6 715	6 839	6 350	5 990	399	3
日本	6 584	6 635	6 582	5 850	390	4

年份 地区	1999～2000	2001	2002	2003		
				公斤/公顷	合公斤/市亩	排序
越 南	4 210	4 285	4 590	4 634	309	5
印度尼西亚	4 347	4 388	4 469	4 538	303	6
缅 甸	3 347	3 407	3 674	3 705	247	7
孟加拉	3 367	3 402	3 423	3 429	229	8
菲律宾	3 067	3 187	3 280	3 427	228	9
印 度	3 075	3 138	2 683	3 000	200	10
泰 国	2 552	2 619	2 609	2 455	164	11

资料来源：联合国粮农组织《生产年鉴 2003》。

附表 4   1999～2003 年世界稻谷总产量和主产国产量比较   单位：万吨

年份 地区	1999～2000	2001	2002	2003		
				千吨	合亿斤	排序
世 界	602 855.0	598 174.0	569 527.0	589 126.0	11 782.5.0	
其中：亚洲	548 404.0	544 675.0	516 399.0	534 821.0	10 696.4	占90%
中 国	189 841.0	179 305.0	176 342.0	166 417.0	3 328.3	1
印 度	133 990.0	140 008.0	107 600.0	132 013.0	2 640.2	2
印度尼西亚	51 075.0	50 461.0	51 490.0	52 079.0	1 041.5	3
孟加拉	36 109.0	36 269.0	37 851.0	38 060.0	761.2	4
越 南	32 011.0	32 108.0	34 447.0	34 519.0	690.3	5
泰 国	25 513.0	26 523.0	26 057.0	27 000.0	540.0	6
缅 甸	21 121.0	21 914.0	22 780.0	24 640.0	462.8	7
菲律宾	12 377.0	12 955.0	13 271.0	14 031.0	280.6	8
日 本	11 551.0	11 320.0	11 111.0	9 740.0	194.8	9
美 国	9 255.0	9 764.0	9 569.0	9 034.0	180.6	10
韩 国	7 212.0	7 407.0	6 687.0	6 068.0	121.3	11

资料来源：联合国粮农组织《生产年鉴 2003》。

附表5　　　2000～2007年世界大米生产、消费和库存情况　　　单位：千吨

年度 项目	2000 /2001	2001 /2002	2002 /2003	2003 /2004	2004 /2005	2005 /2006	2006 /2007
产　量	398 107	398 665	377 509	391 626	400 672	418 002	415 048
消费量	394 065	409 876	407 374	412 754	407 920	414 683	417 604
当年产消余额	余4 042	缺11 211	缺29 865	缺21 128	缺7 248	余3 319	缺2 556
期末库存	150 394	139 183	106 522	85 394	78 146	81 465	78 959
同比增减		减11 211	减32 661	减21 128	减7 248	加3 319	减2 506

注：1. 21世纪7年中，当年产消2年有余（余736.1万吨），5年有缺（共缺7 200.8吨）。7年净缺6 464.7万吨。

2. 21世纪7年中，大米期末库存只有1年同比增加（加331.9万吨），5年同比减少（减4 535.9万吨）。7年净减4 204万吨。

资料来源：美国农业部2007年5月统计月报。

附表6　　　2000～2007年世界大米贸易（出口状况）　　　单位：万吨

年份 国别	2000/ 2001	2001/ 2002	2002/ 2003	2003/ 2004	2004/ 2005	2005/ 2006	2006/2007 预测数	2006/2007 序列
泰　国	7 521	7 245	7 552	10 137	7 274	7 376	880	1
越　南	3 528	3 745	3 795	4 295	5 174	4 705	500	2
印　度	1 936	6 650	4 421	3 172	4 687	4 500	430	3
美　国	2 541	3 295	3 834	3 090	3 862	3 360	330	4
巴基斯坦	2 417	1 603	1 958	1 968	3 032	3 000	310	5
中　国	1 847	1 963	2 583	880	656	1 216	120	6
世界总计	24 414	27 813	27 575	27 184	29 009	28 353	2 936	

注：21世纪7年来，大米贸易略有增加。从2 400万吨增到2 900多万吨，约增加500万吨。

资料来源：美国农业部2007年5月统计月报。

2000～2007年世界大米贸易（进口状况） 单位 千吨

年份\国别	2000/2001	2001/2002	2002/2003	2003/2004	2004/2005	2005/2006	2006/2007 预测数	序列
菲律宾	1 175	1 250	1 300	1 100	1 890	1 900	1 850	1
印度尼西亚	1 500	3 500	2 750	650	500	550	1 800	2
尼日利亚	1 906	1 897	1 448	1 369	1 777	1 600	1 700	3
伊拉克	959	1 178	672	889	786	1 300	1 300	4
欧盟(25国)	1 189	1 173	950	1 079	968	1 100	1 100	5
沙特阿拉伯	1 053	938	1 150	1 500	1 357	1 000	1 000	6
伊朗	765	964	900	950	983	1 200	900	7
马来西亚	633	480	500	700	751	850	850	8
巴西	670	554	1 003	762	547	691	800	9
南非	572	800	725	818	850	800	800	9
中国	270	304	258	1 122	609	653	800	9
日本	680	616	654	706	787	650	650	10
韩国	84	136	179	210	210	210	210	
世界总计	24 414	27 813	27 575	27 184	29 009	28 353	29 360	

资料来源：美国农业部2007年5月统计月报。

2001～2006年世界大米价格变化 单位：美元/吨

项目\年份	（离岸）出口价格				FAO指数 1998－2000＝100
	泰国B级 100%	泰国碎米	美国长粒米	巴基斯坦巴斯玛蒂米（香米）	合计
2001	177.0	135.0	264.0	332.0	74.0
2002	197.0	151.0	207.0	366.0	72.0
2003	201.0	151.0	284.0	357.0	82.0
2004	244.0	207.0	372.0	468.0	104.0
2005	291.0	219.0	319.0	473.0	103.0
2006	310.0	216.0	389.0	515.0	108.0
2007.3	324.5				

资料来源：联合国粮农组织《粮食展望》2005～2006。

附件 2:

日本和韩国的大米管理经验

一、日本和韩国的大米产消状况

日本总人口约 1.2 亿，其中农业人口占 3.5%，约 450 万。韩国总人口约 4 800 万，其中农业人口占 8%，约 380 万。

日本国土面积为 37.8 万平方公里，其中耕地 390 万公顷（合 5 850 万亩）。韩国国土面积 9.93 万平方公里，其中耕地 172.4 万公顷（合 2 586 万亩）。

日本人均耕地 0.735 亩，农民人均耕地 12 亩；韩国人均耕地 0.54 亩，农民人均耕地 6.7 亩。日本务农人口中，29% 是 65 岁以上的老农民，青壮年纷纷离开农村，农业人口老龄化严重。

韩国农业生产，主要由家庭小农场进行，平均规模只有 19.5 亩；面积大于 45 亩的只占 2%。140 万个家庭农场中有 106 万个种植水稻，占 80%。农家收入 52% 来自稻米业。

（一）日韩两国稻谷生产情况

1. 日本稻谷生产（见表 15）

表 15 　　　　　　　　　　日本稻谷生产情况　　　　　　　单位：百万吨

年份	稻谷	小麦	粗粮	全部谷物	稻谷占全部谷物（%）
2001	11.3	0.7	0.2	12.3	92.0
2002	11.1	0.8	0.2	12.2	91.0
2003	9.7	0.9	0.2	10.8	90.0
2004	10.9	0.9	0.2	12.0	91.0
2005	11.4	0.9	0.2	12.5	91.0

2. 韩国稻谷生产情况（见表16）

表16 　　　　　　　　　韩国稻谷生产情况　　　　　单位：百万吨

年份	稻谷	粗粮	全部谷物	稻谷占全部谷物（%）
2001	7.5	0.5	8.0	94.0
2002	6.7	0.4	7.1	94.0
2003	6.2	0.3	6.5	99.0
2004	6.7	0.3	7.0	99.7
2005	6.5	0.4	6.9	94.0

日、韩两国的粮食生产，稻谷所占的比重最大。日本占91%以上，韩国占94%以上。

（二）日韩两国粮食进出口情况

日本、韩国除口粮（大米）自给外，饲料和工业用粮均靠进口。日本谷物进口占世界第一，韩国谷物进口占世界第三位（列日本、墨西哥之后）。

1. 日本粮食进口情况（见表17）。

表17 　　　　　　　　　日本粮食进口情况　　　　　单位：百万吨

年度	小麦	粗粮	大米	全部谷物	大豆	全部粮食
2001/2002	5.7	19.9	0.7	26.3	4.8	31.1
2002/2003	5.4	20.4	0.7	26.5	5.1	31.6
2003/2004	5.6	20.3	0.7	26.6	4.7	31.3
2004/2005	5.5	19.8	0.7	26.1	4.3	30.4
2005/2006	5.6	19.8	0.7	26.1	4.0	30.1

（1）日本谷物进口量为世界第一位。年均进口谷物2 600万吨左右，约占世界谷物出口量11%。

（2）日本粗粮（主要是玉米）进口量为世界第一位。年均进口2 000万吨左右，约占世界粗粮出口量19%。

140　　　（3）日本小麦进口量，列埃及、巴西之后，占世界第三位，年均进口

550 万吨左右，约占世界小麦出口量 5.2%。

（4）日本每年只有少量小麦、大米出口。年均出口小麦 40 万吨左右，出口大米 20 万吨左右。

（5）日本大豆进口量占世界第三位，列中国、欧盟之后，年均进口 400 万～500 万吨。

（6）日本谷物、大豆年均总进口 3 000 万～3 150 万吨上下。日本谷物自给率 32%，粮食（含大豆）自给率不到 30%。

2. 韩国粮食进口情况（见表 18）。

表 18　　　　　　　　韩国粮食进口情况　　　　　　　　单位：百万吨

年度	小麦	粗粮	大米	全部谷物	大豆	全部粮食
2001/2002	4.0	8.6	0.2	12.8	1.4	14.2
2002/2003	3.7	8.9	0.2	12.8	1.5	14.3
2003/2004	3.3	9.6	0.2	13.1	1.4	14.5
2004/2005	3.5	8.7	0.2	12.4	1.2	13.6
2005/2006	3.8	8.8	0.2	12.8	1.2	14.0

（1）韩国谷物进口量，列日本、墨西哥之后，居世界第三位，年均进口 1 250 万～1 300 万吨。

（2）韩国粗粮进口量，也列日本、墨西哥之后，居世界第三位，年均进口 850 万～950 万吨。

（3）韩国谷物进口量已超过国内谷物生产量，每年超过 500 万～600 万吨。加上大豆的进口量，则每年粮食超过 700 万吨。

（4）世贸组织规定，韩国的最低大米市场准入量，2005～2014 年，将增加到 40 万吨，为现在进口量 20 万吨的一倍，将对韩国大米市场造成冲击，引起一些韩国农民失业。

（5）韩国的谷物自给率为 55% 左右，加上大豆的全部粮食自给率只在 50% 左右，即一半靠进口。

（三）日韩两国粮食库存情况（见表 19）

表 19 　　　　　　　　　　**日韩粮食库存情况** 　　　　　　　　单位：万吨

年　份	日本粮食库存	韩国粮食库存
2000	620	330
2001	600	300
2002	570	320
2003	540	310
2004	490	300
2005	480	310
2006 预计	510	290

（1）日本、韩国的粮食库存均为大米。

（2）几年来，日本大米库存每年均递减几十万吨，2000 年库存 620 万吨，2005 年降到 480 万吨，5 年中减少了 140 万吨，降幅为 22.6%。韩国大米库存比较稳定，年均在 300 万吨上下。

二、日本和韩国大米管理可借鉴的经验

（一）坚持大米自给，限制大米进口

在日韩两国本土的粮食生产中，稻谷是最主要的粮食作物，其产量均长期保持在占本国粮总产量的 90% 以上。

日韩两国是当今世界上位居第一和第三的谷物进口国，日本年进口谷物、大豆约 3 000 万吨，韩国年进口谷物、大豆也在 1 400 万吨左右，但都坚持大米自给，严格控制进口，以保护本国农民的稻谷生产。近年来迫于世贸组织的压力，日本同意少量大米市场准入，每年大米最低进口量为 77 万吨，约占其本国稻谷产量的 9.6%；韩国也同意按世贸组织规定，到 2014 年逐步将每年的大米最低市场准入量增加到 40 万吨左右，约占其本国稻谷产量的 8.8%。同时，日、韩每年均有少量大米出口。实际上，日韩两国这些小批量的大米进出口，带有国际间品种调剂的性质，对本国稻米产业并未产生多大影响。日、韩两国政府始终关注其国民口粮安全，在放开饲料和工业用粮全部进口的同时，对国民主食大米全力坚持本国自给，严格控制大米进出口以保护本国农民和消费者利益，这些做法，很值得我们借鉴。

（二）实行财政补贴，保护稻农利益

日韩两国为了确保大米自给，都对稻农实行了高额财政补贴，以保护农民种稻的积极性。日本政府采取对农户直接支付、稳定稻作经营对策（农机设备等）支付和灾害补贴三种方式补贴；韩国政府则采取水田补贴、绿色农业补贴、种稻土地转让经营补贴和大米差价补贴四种方式补贴。

（三）建立大米储备，保障口粮安全

日本政府根据居民每年2月、6月的大米消费量确定政府大米储备的最低规模，近年大米储备140万吨左右。储备大米存入国有仓库或由农协和民营仓库代储，归农林水产省直接管理，储备费用由财政支付。韩国则由政府直接收购大米或由进口粮转为政府储备，目前储备规模120万吨左右。近年，日、韩两国的大米储备均占居民口粮大米消费的20%左右，使居民口粮安全得到了可靠保障。

（四）在政府引导下，以市场供求为基础形成大米价格

日韩两国的大米价格都是以市场供求为基础形成的，政府只在大米价格形成中发挥引导作用，既不直接干预又不放任自流，通过合理的价格形成机制自主发挥作用。如日本政府设有"自主流通米价格形成中心"，大米价格由买方（批发商）、卖方（农协）通过投标竞争方式形成，再由价格形成中心对不同地区和质量的大米价格加权平均得出统一价格，经过农协、生产者认定后向全国公布，作为农协、生产者的结算参考价。韩国政府直接收购大米的价格，则由农林部根据当年供求和价格水平提出下一年米价建议，经国会审定后提前向粮农宣布，既以市场供求为基础，又体现了政府的引导作用。

（五）发挥农协组织作用，实现大米有序流通

日韩两国都有农民自治性的半官方农协组织，以为农民服务为宗旨，负责指导生产、组织销售、推广技术、信贷保险等。日本有中央、县和基层三级农协，共263个组织，是大米流通的主渠道，其流程是：稻农—基层农协—县农协—中央农协—批发商—零售商—消费者。无论大米市场行情如何变化，其基本流程始终保持不变。这一制度化的安排，从机制上保障了日本大米市场在任何情况下，都能做到有序流通。稻农委托农协销售大米，农协先预付80%货款，售出后农协只扣除规定的费用，再与稻农"二次结算"返

143

回全部余款，实现了农协与稻农"双赢"。韩国农协的组织和活动方式与日本基本相同。

同时，日韩两国为了确保本国口粮大米的供应，其大米加工业全部由农协和本国的大米加工商控制，外商很难进入。日本为了兑现给世贸组织的大米市场准入承诺，经常将从国际市场进口的大米转手又卖给第三国，宁肯贴点钱也轻易不让外国大米大量涌进国内市场。

此外，日韩两国都非常重视大米精深加工增值。日本仅大米深加工制成的化妆品就达 30 多种。日本佐竹米机已占日本市场的 90%，世界市场的 70%，并早在我国设厂生产，现已成为国内大米加工企业的首选设备。

（根据李思恒整理摘编）

着力消减粮食周期性波动对粮食安全的影响*

——国家粮食安全系列研究报告之五

中国粮食经济学会
中国粮食行业协会　　课题组

　　粮食周期性波动是影响粮食安全的重要因素。自 2007～2008 年爆发世界粮食危机以来，全世界饥饿人口已增至 10 亿。这次危机的阴影，至今尚完全消散。粮食安全，成了全球关注的重要问题。在这场危机中，我国"政府有粮，百姓不慌"，安然无恙，赢得了世界各国的赞誉。2009 年，我国粮食总产又取得了连续 6 年丰收的佳绩。在大好形势下，对粮食安全盲目乐观的情绪也有所滋长，有的甚至认为我国已摆脱了粮食周期性波动的影响。这是一种很危险的倾向。最近西南大旱，云、贵等省出现缺粮，再次给我们敲起了警钟。对此，我们丝毫也不能放松对粮食周期性波动危及国家粮食安全的警惕，绝不能高枕无忧，掉以轻心。

　　本课题研究采用历史资料分析比较方法，通过建立数学模型，全面系统地分析了新中国成立 60 年（1949～2009 年）来，我国粮食周期性波动的特点、原因和对粮食安全的影响，提出了消减粮食

---

　　* 这份研究报告也是国家 2008 年软科学研究计划项目的主报告，由白美清会长报送国务院和有关部委后，温家宝总理于 2010 年 4 月 17 日作出重要批示："这份报告值得重视，请发改委、农业部、'十二五规划建议'起草组参阅、研究。"回良玉副总理也于 4 月 19 日批示："请锡文、仁健同志阅。"国家发改委和国家粮食局负责同志也分别作了批示。

周期性波动的对策和保障粮食安全的政策建议，以期对国家今后实施中长期粮食安全战略规划提供参考。

本课题由中国粮食经济学会和中国粮食行业协会课题组牵头完成，既是科技部直管的 2008/2009 年度国家软科学研究计划项目课题，也是在国家粮食局领导下，由中国粮食经济学会和中国粮食行业协会课题组自 2003 年开始的国家粮食安全系列研究的第五个课题。在本课题项下的 3 个子课题：我国粮食周期性波动影响因素分析、国家政策对粮食周期性波动的影响和世界粮食周期性波动对我国粮食安全的影响，分别由课题研究协作单位南京财经大学、河南工业大学和国家粮油信息中心的课题组负责完成。

一、新中国成立六十年来粮食周期性波动的轨迹

本报告定义的粮食周期性波动，包括粮食产量波动、粮食供求波动和粮食价格波动三个方面。粮食市场周期性波动，则是这三个方面周期性波动的综合反映，但以粮食产量波动为主导。我国粮食周期性波动，在这三个方面均有反映。有时波动轨迹比较明显，社会反映强烈；有时波动轨迹比较模糊，人们感受平常。但粮食周期性波动，是不以人的主观意志为转移的客观经济现象，不管人们的主观感受如何，我们必须认识它的客观存在，从而采取正确的对策，以有效防范和规避粮食周期性波动可能造成的损失。因此，本报告将以粮食产量波动为主线，对我国粮食周期性波动的轨迹，深入进行分析研究。

（一）粮食总产量周期性波动

新中国成立60年（1949～2009年）以来，我国粮食总产量[①]出现过12次波动。其中减产幅度超2 500万吨的大周期性波动有4次，减产幅度接近和小于2 500万吨的小波动有8次［见图1和附表1（1）］。

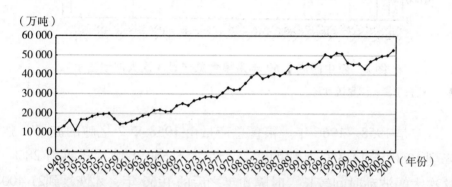

（万吨）

图1　新中国成立60年以来粮食总产量波动情况

资料来源：国家统计局。

1. 四次大幅周期性波动。

一是1951～1953年。粮食总产量由1951年16 390万吨的波峰，下降到1952年的11 293万吨的波谷，净减5 097万吨，降幅达31%，1953年恢复到16 683万吨的峰值。这是新中国成立初期首次出现粮食产量大的波动，除自然灾害的影响外，也与当时新解放区进行大规模土地改革运动，农村生产关系大幅变动，以及抗美援朝战争中农村大批青壮年劳动力参军有一定关系。但这次波动时间短，仅隔一年就全面恢复了持续稳定增长，主要因为土改后农民

---

① 粮食总产量：指全社会的粮食产量。我国粮食统计口径除包括谷物（即稻谷、小麦、玉米、高粱、谷子、其他杂粮）外，还包括豆类和薯类（指甘薯和马铃薯，不包括芋头和木薯）。粮食产量计算方法为谷物按脱粒后的干原粮计算，豆类按去荚后的干豆计算，薯类1963年前按每4千克鲜薯折1千克粮食计算，1964年后按每5千克鲜薯折1千克粮食计算，比国际上通行的粮食统计口径大。

分得了土地，粮食生产积极性空前高涨（见图2）。

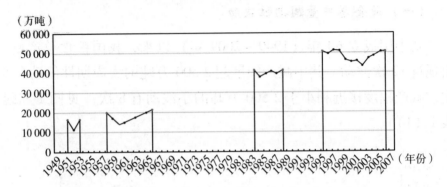

图 2　新中国成立 60 年来粮食总产量 4 次大波动图示
资料来源：国家统计局。

　　二是 1958～1966 年。粮食总产量由 1958 年 2 亿吨的波峰，猛降到 1960 年 14 350 万吨的波谷，净减 5 650 万吨，降幅为 28%。这次大幅波动时间较长，时隔 8 年之后的 1966 年，才恢复到 21 400 万吨的峰值。在这次周期性波动中，1959～1961 年曾被称为"三年困难时期"，困难的主要原因是"遭受自然灾害"和"苏修逼债"。但农业气象等历史资料表明，当时自然灾害局部虽有但并不十分严重，主要是搞"大跃进"、"公社化"和"公共食堂"等极"左"政策，严重破坏了农村生产力所致①。

　　三是 1984～1989 年。粮食总产量由 1984 年首次突破 4 亿吨的 40 730.5 万吨的波峰，一年之中跌落到 1985 年 37 910.8 万吨的波谷，锐减 2 819.7 万吨，降幅近 7%，在五年后的 1989 年，才重新恢复到 40 754.9 万吨的峰值水平。此前，由于 1982～1984 年广泛实行了农村家庭联产承包责任制和取消了公社制度等改革，农民生产积极性空前高涨，全国粮食连续 4 年大丰收，总产由 32 502 万吨增加到 40 730.5 万吨，净增 8 228.5 万吨，年均增产 2 057.1 万吨。

---

　　① 见《炎黄春秋》2009 年第 12 期："大跃进中的安徽官场和一个人的觉醒"（茆家升）；"大跃进时期的赵南湖"（郭艳茹）。

其间，中央决定从 1985 年起取消粮食统购，实行合同定购，并决定调整农业生产结构，缩减粮食播种面积，增加经济作物种植。当时经济界甚至出现了"粮食三年吃不完"的盲目乐观论调，直接造成了 1985 年粮食大幅度减产。

四是 1996～2007 年。粮食总产量由 1996 年首次突破 5 亿吨，1998 年达到 51 230 万吨波峰后，在 5 年时间内连续下降到 2003 年 43 070 万吨的波谷，净减少 8 160 万吨，降幅达 16%，年均减产 1 632 万吨，其中 2003 年减产幅度最大，比 2002 年减产 2 635.8 万吨。这次波动时间长达 10 年之久，直到 2007 年，全国粮食总产量才重新恢复到 50 110 万吨的峰值水平。其间，由于 1996 年、1998 年和 1999 年粮食总产三次超过了 5 亿吨，国内粮食出现暂时阶段性供过于求，国家实行退耕还林、还草、还湿、还湖等政策大幅度调整农业生产结构，加之国内粮食市场价格从 1996～2002 年连续 6 年低迷不振，导致农民收入降低，种粮积极性受到挫伤。2004 年我国宣布全面放开粮食购销市场，国家通过在世贸组织规则框架内对种粮农民实行多项直接补贴、取消农业税和按最低收购价托市收购等优惠扶持政策，使农民种粮积极性得到恢复和提高，粮食总产量重上 5 亿吨的大台阶。

以上四次大幅周期性波动，平均每次减产达 5 431.7 万吨，相当于两个粮食主产省的产量，造成粮食供求骤然紧张，对当期我国粮食安全影响巨大。同时，也呈现出三个趋势：一是波动时间逐步加长。分别为 2 年、8 年、5 年和 10 年；二是产量恢复难度加大。四次波幅为 31%、28%、7% 和 16%，但净减产量则为 5 097 万吨、5 650 万吨、2 819.7 万吨和 8 160 万吨，复苏和增产的难度越来越大；三是增产速度减缓。

2. 八次小波动。

一是 1967~1969 年。粮食总产量由 1967 年 21 782 万吨的波峰，下降到 1968 年 20 906 万吨的波谷，净减产 876 万吨，1969 年恢复增长到 21 097 万吨（见图 3）。

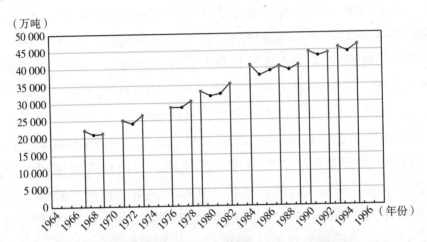

图 3 新中国成立 60 年来粮食总产量 8 次小波动图示
资料来源：国家统计局。

二是 1971~1973 年。1971 年粮食总产首次突破 2.5 亿吨，达到 25 014 万吨的峰值，但 1972 年又降到 24 048 万吨的波谷，减产达 966 万吨，1973 年恢复增长到 26 494 万吨的新高。

三是 1976~1978 年。粮食总产由 1976 年 28 632 万吨的波峰，下降到 1977 年 28 273 万吨的波谷，减产 359 万吨，虽然降幅不大，但也是一次小波动。到 1978 年，粮食总产猛增 2 203.5 万吨，首次突破 3 亿吨，创造了 30 476.5 万吨的新纪录。

四是 1979~1982 年。粮食总产在 1979 年连续增产创出 33 211.5 万吨新高之后，1980 年下降到 32 055.5 万吨的波谷，减产 1 156 万吨，1981 年重新恢复增长，1982 年突破 3.5 亿吨达到了 35 450 万吨的新水平。

五是 1984~1987 年。粮食总产量由 1984 年首次突破 4 亿吨达到 40 730.5 万吨的波峰，1985 年跌到 37 910.8 万吨的波谷，减产 2 819.7 万吨，到 1987 年才恢复到 40 473.1 万吨的峰值水平。

六是 1987～1989 年。1987 年刚恢复 4 亿吨粮食总产量之后，1988 年又减产 106.5 万吨，降到 4 亿吨以下，1989 年才恢复到 40 754.9万吨的峰值水平。

七是 1990～1992 年。1990 年粮食总产量猛增 3 869.4 万吨，达到了 44 624.3 万吨的波峰，是新中国成立 41 年来粮食增产幅度最大的一年。1991 年则减产 1 095 万吨，降到 43 529.3 万吨的谷底，1992 年恢复增长到 44 265.8 万吨。

八是 1993～1995 年。1993 年粮食总产首次突破 4.5 亿吨，创造了 45 648.9 万吨的新纪录，1994 年则减产 1 138.7 万吨，降到 44 510.2 万吨的谷底，1995 年恢复增产 2 151.6 万吨，达到了 46 661.8万吨的新高。

综上所述，新中国成立 60 年来，我国粮食总产量出现了 4 次大幅周期性波动和 8 次小波动，共有 12 次波动，平均每 5 年 1 次。在有的长周期的大波动中，又伴随着一些短周期的小波动。其中，在这 60 年里，有 44 年粮食比上年增产，占 73%，有 16 年粮食比上年减产，占 27%。这些数据表明，我国老几代粮食工作者们根据切身经验总结出来的我国粮食大约 5 年一周期，"三丰一平一歉"，即"五年中有三年丰收，一年平产，一年歉收"的经验性总结，是有一定道理和依据的，也符合我国基本国情和粮情。

（二）粮食供求关系周期性波动

过去我国长期处于粮食供不应求的紧张状态，解决中国人的吃饭问题是历朝历代的头等大事。国家粮食供求政策变化，会给粮食周期性波动产生巨大影响。

1. 粮食自由购销时期（1949～1953 年）。在新中国成立之初的粮食自由购销时期（1949～1953 年），由于战争的破坏和恢复经济、满足抗美援朝战争的需要，加之敌对国家对新中国实行经济封锁，国内粮食供应极度紧张。如何稳定市场粮价、安定人民生活，掌握粮源成了国家与私人粮商在经济领域激烈争夺的一个焦点。国家当时主要依靠新组建的国营粮食贸易公司掌握粮源，通过灵活吞吐等经济办法及时平抑粮食波动，调节市场供求，稳定粮食价格，保障人民生活［见附表1（2）和图4］，以安定人心，巩固政权。

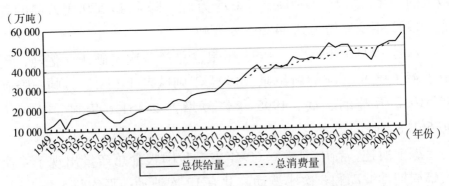

图4　新中国成立60年来粮食供给与消费情况

资料来源：国家统计局，国家粮食局。

2. 粮食统购统销时期（1954～1984年）。随着我国第一个五年计划实施，国家工业化步伐加快，城市人口猛增，粮食需求膨胀，供求关系紧张。为满足人民基本生活需要，国家决定从1953年年底起在全国实行粮食统购统销政策，对农民给国家缴纳的农业税粮（即公粮）和出售的余粮，都由国家统一征购，对市镇居民口粮按人分年龄和工种实行定量定点和凭票凭证供应制度，这对缓解供求矛盾、保障人人有饭吃起了一定作用（见表1）。

表1　　　　　　　市镇粮食定量供应等级和标准表

（国务院 1955 年 8 月 25 日发布）　　　单位：每人市斤/月

等　　级	以大米为主食的地区		以杂粮、面粉为主食的地区	
	供应标准幅度	平均控制数	供应标准幅度	平均控制数
1. 特殊重体力劳动者	45～55	50	50～60	55
2. 重体力劳动者	35～44	40	40～49	44
3. 轻体力劳动者	25～34	32	29～39	35
4. 机关、团体工作人员，公私营企业职员、店员和其他脑力劳动者	24～29	28	27～32	31
5. 大中学生	26～33	32	29～36	35
6. 一般居民和 10 周岁儿童	22～26	25	24～28.5	27.5
7. 6 周岁以上不满 10 周岁儿童	16～21	20	18～23	22
8. 3 周岁以上不满 6 周岁儿童	11～16	13	12～17	14
9. 不满 3 周岁儿童	5～10	7	6～11	8

　　1959～1961 年，由于搞"大跃进"、"公社化"和"公共食堂"等严重失误，粮食生产遭到严重破坏，城乡居民口粮极度短缺，甚至不能满足生存需要，被迫实行"低标准、瓜菜代"，许多农村因缺粮出现大量人口浮肿和非正常死亡现象，国家不得不从国外紧急进口粮食救灾救荒，在粮食史上留下了惨痛的一页①。

　　1978 年中共十一届三中全会以后，由于实行家庭联产承包责任制和取消了公社制度等改革，调动了农民种粮的积极性，粮食连年丰收，供求关系得到缓解，1983 年首次出现了粮食暂时供过于求和农民卖粮难的新情况。

---

　　① 见《炎黄春秋》2009 年第 10、12 期："安徽特殊案件的原始记录"（尹曙生，安徽省公安厅原常务副厅长）；"不应该忽略的大事"（丁东）；《粮油市场报》（2008 年 8 月 16 日）"信阳事件：一个沉痛的历史教训"（张树藩，原河南省信阳专区专员，原载《百年潮》）。

3. 粮食计划与市场"双轨制"时期（1985～2004年）。中央决定从1985年起取消粮食统购实行合同定购，对城镇居民口粮继续实行由国有粮食企业定量供应，对饲料和工业用粮逐步放开，实行多渠道流通。同时，国家开始允许农民在完成国家粮食收购任务后的余粮进入农贸市场销售，城镇居民也开始从集市上选购自己所需的粮食。粮食流通进入了计划与市场"双轨制"运行时期。

这一时期国内粮食供求关系的特点是时松时紧：1985年因前几年粮食连续丰收供应宽松，但因当年粮食大幅度减产而导致1986年供应紧张，国务院为此成立了调粮领导小组指挥全国调粮救灾；20世纪90年代初粮食丰收供应相对宽松，但因再次出现"卖粮难"使农民种粮积极性下降，导致1994年南方部分省区粮价猛涨，国家通过及时动用中央储备粮和挂牌销售等措施及时平抑市场，迅速使供求关系恢复了正常。国家通过连续大幅提高粮食定购价格，使农民种粮积极性空前高涨，在1996年、1998年、1999年三年粮食总产超过5亿吨以后，出现粮食库存爆满和阶段性供过于求的现象，导致粮食市场价格连续6年低迷，使农民种粮积极性再度受挫，到2003年年底又出现了局部地区和个别品种供应紧张的状况，如南方的早籼稻等。

4. 粮食购销市场全面放开新时期（2004年到现在）。2004年年初，国家如期兑现加入世贸组织时的承诺，宣布全面放开粮食购销市场，标志着我国进入粮食市场主要由供求关系调节的新时期，我国粮食供求与世界粮食形势的关联度进一步增强。其间，2007年年底到2008年上半年爆发了世界粮食危机，波及了31个主要缺粮国家和地区。这次粮食危机虽未对我国造成大的损害，但也给我们敲响了警钟。

自2004年以来，国家先后采取了对种粮农民实行四项直补、取消农业税、推进农村医疗和社会保险制度改革，取消农村学龄儿童义务教育阶段学费和书籍费等支农惠农政策，极大地调动了农民

154

种粮积极性，粮食连年丰收，2007 年粮食产量回升到 5 亿吨以上，2008 年达 52 871 万吨，2009 年达 53 082 万吨，再创历史新高，实现了连续 6 年丰收，粮食再次出现暂时性供过于求的局面。为保护农民利益，从 2005 年起，国家先后在粮食主产区从南到北启动了籼稻、中晚稻、小麦、玉米和大豆最低收购价托市收储政策，有效地保证了农民增产增收和稳定了市场供求。目前，国家通过承担国家储备和临时收储任务的粮食企业，及时在国家粮食批发市场公开竞价销售临时收储粮和进行储备粮轮换，灵活调节粮食供求关系，使国内粮食市场保持了平稳有序的正常状态。

总之，前 30 年粮食供求紧张，群众温饱不足；后 30 年粮食供求平衡有余，成功解决了 13 亿人口的吃饭问题，达到了总体小康水平，取得了举世瞩目的成就。

（三）粮食价格周期性波动

粮食价格是粮食市场的晴雨表。在市场经济条件下，粮食市场供求关系的任何变化，无不通过粮食价格波动反映出来。即使在粮食统购统销的计划经济控制下，粮食价格的波动仍通过无处不在的地下黑市交易或明或暗地表现出来。

1. 自由购销时期的粮价波动。1949～1953 年，粮食供求紧张的状况在粮价波动上表现得最为突出，有时甚至是一日几价，引起社会人心不稳。为了稳定经济，安定民心，国家通过从产区大量调运粮食到京、津、沪等大城市集中抛售平抑粮价，有力地打击了不法粮商囤积居奇的投机行为，起到了稳定经济、安定民心的作用〔见附表 1（2）和图 5〕。

2. 统购统销时期的粮价波动。1954～1984 年，在这 30 年里，粮食收购价格和销售价格由国家制定，粮价变动由中央调整，地方和企业均无粮食定价权，市场机制在粮食价格形成中基本上不起什么作用。在此期间，国家先后多次调整和提高粮食收购价格，鼓励

155

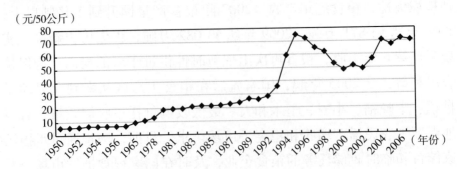

图 5　新中国成立 60 年来粮食平均价格波动情况

资料来源：国家统计局，国家粮食局。

农民种粮。其中比较大的调价：

一是中共十一届三中全会决定从 1979 年夏粮上市时起，粮食统购价格提高 20%，超购部分在此基础上再加价 50%，有力地激发了农民增产粮食和交售余粮的积极性。

二是从 1980 年到 1984 年，根据各地实际情况，国家粮食统购价格每年均有小幅提升，4 种贸易粮的每 50 公斤统购价从 18.84 元提高到 21.09 元，净提 2.25 元；同类粮食市场购价则由 30.07 元下降到 25.65 元，净降 4.42 元；同类粮食国家统购价与市场购价的差价也由 11.23 元下降到 4.56 元，净缩小 6.67 元，粮食供求紧张的状况有了很大改善。

3. 计划和市场"双轨制"时期的粮价波动。1984～2004 年，是我国粮食购销计划和市场"双轨制"时期。这一时期的粮食价格，在收购环节，先从减少定购、增加议购起步，逐渐扩大了市场份额，减少了国家定购数量；在销售环节，也从放活零售、管住批发起步，逐步放活饲料和工业用粮，保证城镇居民口粮供应，到 1993 年试行放开粮食价格和经营，北京市从当年 5 月开始取消了粮油票证，放开了粮油零售，实行多渠道流通和居民自由选购，有关省（区、市）也相继效仿，社会各界对粮价波动的经济和心理承受能力大大增强。

1985 年，中央决定取消粮食统购、实行合同定购的重大改革，规定稻谷、小麦、玉米三大主粮的合同定购价统一实行"倒三七"比例价，即 30% 按原统购价和 70% 按原超购加价计价，同时提高了食用油料、油脂收购价，粮油销售价格不变。1989 年，国家又决定提高定购粮油的收购价，销售价仍维持不变。

1991 年，为解决只提高粮食定购价而销售价不动形成的粮油购销价格倒挂，国务院决定当年从 5 月 1 日起提高粮食销售价格，同时给城镇职工及赡养人口实行补贴，由暗补变明补。1992 年 4 月，国务院决定再次提高国家粮食定购价，在全国范围内实现粮食购销同价。

1993 年年底，南方部分省市出现粮价上涨、市民抢购的风波，中央和地方各级政府迅速采取调用中央储备粮稳定市场，国有粮食企业实行挂牌限价限量销售等措施，很快平抑了市场粮价。

1994 年和 1996 年，国家又两次大幅提高粮食定购价格，每 50 公斤平均由 36 元提高到 74 元，提幅达 105.6%，极大地刺激了农民种粮积极性。1997 年出现粮食暂时供过于求、市场粮价低迷，国家又出台了按保护价敞开收购农民粮食的政策，以保护粮农利益。

在 1990 ~ 2004 年的 14 年里，随着粮食总产量逐年增加发生阶段性供过于求和由于粮食总产量逐年下降导致供求紧张的交替出现，粮食价格波动较大。每 50 公斤粮食平均销售价格从 20 世纪 90 年代初 26.10 元的波谷，逐年上升到 1995 年 75.10 元的波峰，增长 1.88 倍；随后又逐年下降到 2000 年 48.40 元的波谷，降幅达 35.6%；以后又逐年回升到 2004 年的 70.70 元，但尚未达到历史最高水平。

4. 购销市场放开后的粮价波动。从 2004 年到现在，国家全面放开粮食购销市场后，由于中央和各级政府高度重视，中央和地方的粮食储备非常充裕，加之一系列支农惠农政策扶持农民增加粮食生产，国家通过托市收购掌握了绝大部分粮源，近年我国市场粮价一直处于稳中略升的平稳状况。每50公斤粮食平均销售价由2005年的67.40元上升到2007年的76.30元，超过了历史最高水平。对提高农民收入，保障经济健康发展和国家粮食安全，起了关键作用。

综上所述，由粮食产量、供求和价格周期性波动综合形成的粮食周期性波动，粮食价格波动是其外在表现，反映最灵敏，影响最广泛；粮食供求关系波动是其直接动因，但在市场经济条件下，因供求信息资源获取渠道和交流方式的不对称性，常常被一些企业间的商业秘密所掩盖，其变化比较隐蔽，不易被公众所察觉；粮食产量波动则是其内部根源，无论是粮食供求波动还是价格波动，追根溯源都是由粮食产量波动引起的。粮食总产量的任何增减变化，都会增加或减少粮食社会库存，直接或间接地增加或减少粮食供给，打破原有的供求平衡状态，导致粮食供过于求或供不应求，引起市场粮价涨跌波动。

在粮食市场放开的情况下，粮食产量波动与价格波动呈反向联动关系：粮食产量的最高点往往是粮食价格的最低点，谷贱伤农，需要保护农民利益，不能挫伤农民种粮的积极性；粮食产量的最低点常常是粮价的最高点，谷贵伤民，需要保护消费者的利益，维护社会和谐稳定。因此，国家在粮多时不应调控过急，在粮少时不宜刺激过度，以做到供求平衡有余。

粮食周期性波动的传导机制，在时间上是继起的：由粮食总产量波动引起粮食供求关系波动，由粮食供求关系波动导致粮食价格波动，影响市场稳定。但从空间上看，粮食周期性波动的传导机制又常常发生空间位移，使传导载体位置变化甚至颠倒。尤其是在粮食市场化、信息化高度发达的今天，越来越多的粮食生产者、经营者和加工厂商都广泛应用粮食期货市场发现价格、规避风险和引导产销，往往是粮食产区的一个气象预报，一则经济政策信息，一个重大事件，一场自然灾害等，甚至刮风下雨等，都会使国内外粮食期货价格产生波动。而这些猜想中的情况，在现实的经济生活中往往并未发生，未来粮食总产量是增是减尚不清楚，粮食供求是紧是松还待观察，但粮食期货价格的波动又会传导给现货市场，从而对粮食产量和供求产生巨大的反作用。粮食周期性波动传导这种在时间上继起、在空间上经常发生位移和市场对实体经济发生反作用的现象，反映了粮食周期性波动的复杂性。因此，我们需要对不同条件下发生的粮食周期性波动作具体分析，不能简单一概而论。

二、我国粮食周期性波动的特点

人口多，耕地少，人均耕地和水资源匮乏，是我国农业的基本国情；粮食单产高，总产量大，但人均产粮和消费量不高，社会总需求量很大，供求紧平衡将成为常态，是我国的基本粮情。受国情和粮情的影响，我国粮食周期性波动既受大的经济周期制约，又有十分明显的自身特点。

（一）总产阶梯式持续增长

新中国成立 60 年来，我国粮食总产从 1949 年的 1.1 亿多吨，增加到 2008 年的 5.2 亿吨。以每增产 1 亿吨为一个台阶，共连续跃上 4 个台阶（见图 6），呈阶梯式持续增长的态势。

从 1949 年粮食总产量 1.1 亿吨起步，到 1958 年登上了 2 亿吨的台阶；从 1958 年到 1978 年，攀上了 3 亿吨的台阶；从 1978 年到 1984 年，跃上了 4 亿吨的台阶；从 1984 年到 1996 年，登上了 5 亿吨的台阶；2008 年达到 5.28 亿吨，2009 年又创 5.30 亿吨历史新高。我国粮食总产持续增加不断登上新台阶，为实现我国粮食基本自给提供了充足的粮源保障。

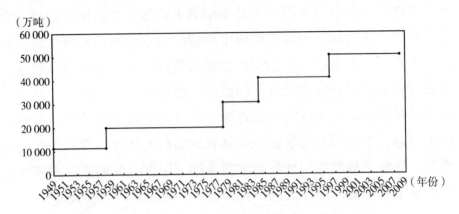

图 6　新中国成立 60 年来我国粮食阶梯式增长图示

资料来源：国家统计局。

（二）产量平台式波动徘徊

通过比较分析我国粮食产量增长曲线发现，我国粮食产量每登上一个增产 1 亿吨的新台阶以后，总会在这个产量平台上波动徘徊一段时间，然后再向新的产量高度攀升。从 1.1 亿吨增加到 2 亿吨，用了 9 年；从 2 亿吨增加到 3 亿吨，用了 20 年；从 3 亿吨增加到 4 亿吨，只用了 6 年，主要得益于当时农村改革调动了亿万农民的种粮积极性；从 4 亿吨增加到 5 亿吨，用了 12 年时间；达到 5 亿吨以后至今已 13 年，产量一直在 5 亿吨上下徘徊波动，若要攀上 6 亿吨的台阶，不仅需要更长的时间，各方面的难度也更大。新中国成立 60 年粮食产量是连上 4 个增产超 1 亿吨的台阶，平均每增产 1 亿吨粮食需要花近 15 年的时间，即每上一个增产 1 亿吨的台阶，粮食产量在新的平台上平均要徘徊波动 15 年左右。这一特点，也与我国的基本国情和粮情密切相关（见图 6）。

（三）供求关系紧张多于宽松

新中国成立 60 年中，我国粮食供求关系在前 30 年一直处紧张状态，城乡居民温饱不足。1959～1961年"三年困难"时期，由于粮食供应严重不足，全国实行低标准，普遍靠"瓜、菜、代"艰难度日。改革开放后的30年，粮食供求紧张的状况逐步缓解，1983年首次出现农民卖粮难和暂时性供过于求。从1978～2008年这30年里，粮食供求关系呈现出"四松四紧，十年稳定"的态势。"四松"是指1984年、1990年、1998年和2008年，这四个年度粮食产量均分别创造了当时的历史新高，供给比较宽松，结余粮食库存较多，特别是1998年国有粮食库存一度达到了3亿多吨，出现了胀库爆满现象，市场粮价低迷下滑；"四紧"是指1986年、1994年、2003年和2006年，因粮食减产导致供给比较紧张，部分地区和个别品种如南方籼米、北方小麦和玉米价格上涨；"十年稳定"是指1998～2008年，由于有中央和地方充足的粮食储备作为后盾，加上庞大的国有粮食库存作支撑，个别年份减产均用库存弥补，从而保证了在这10年里粮食供求关系基本稳定，成功地抵御了世界粮食危机的冲击。

总体来看，在60年里，有45年粮食供求处于紧张状态，占3/4；有15年粮食供求处于平衡和宽松状态，占1/4，其中有5年时间供大于求，仅占8%。粮食供求紧张的时间成倍多于供求平衡和宽松的时间。从长远来看，随着我国工业化、城镇化进程加快和人口增长，粮食供求紧平衡将成为常态，需要认真应对。

（四）粮食产销余缺出现新变化

60年来，每次大的粮食周期性波动总是首先从主销区中心城市开始，逐步波及中小城镇和乡村，并向产区传递。粮食产销区余缺变化，对粮食周期性波动影响极大。在60年里，前30年由于粮食匮乏，在20世纪60年代曾提出过"以粮为纲"的口号，号召全国大办粮食。当时南方是粮食主产区，北方缺粮，实行"南粮北调"。改革开放以后的30年中，原来是粮食主产区大量调出粮食的珠江三角洲和长江三角洲，随着工业化、城镇化的快速发展，人口高度集中，如今变成了需要大量购入粮食的主销区，粮食主产区逐步北移，现在集中在东北地区、黄淮海平原和长江中下游地区，其中长江中下游苏、皖、赣、湘、鄂、川正由过去有大量余粮的地区逐渐变为产销平衡的地区。自20世纪90年代以来，全国已由过去"南粮北调"变成了"北粮南运"，南方一些省市还需要进口部分粮食弥补供需缺口。因此，后30年的两次大的和四次小的粮食周期性波动，都是从南方主销区首先开始，而且品种集中在早籼稻和中晚稻上，并逐步向其他地区和品种传导。这一波动特点，也折射出了我国粮食产销余缺和品种结构的变化。

（五）不同粮食品种波动差异大

从1949年到2008年，我国粮食总产量和稻谷、小麦、玉米、大豆四种主要粮食作物产量，分别由11 318万吨和4 865万吨、1 381万吨、1 242万吨、509万吨，增加到52 870万吨和19 190万吨、11 246万吨、16 591万吨、1 554万吨，增长367%和294%、714%、1236%、205%。其中，增幅最大的是玉米，高达12.36倍，只出现过5次小的波动，基本上处于稳定增长的状态。

增幅第二的是小麦，达7.14倍，从1949年到1996年出现过6次小的波动。但在1997年达到12 329万吨的历史最高波峰后，产量逐年下降到2003年的8 649万吨，净减产3 680万吨，此后逐年回升，2008年回升到接近峰值的11 246万吨，尚未达到历史最好水平。这是单一粮食品种中最大的一次波动，持续时间已达12年之久（见图7）。

情况特殊的是稻谷，60年里增长2.94倍，位居第三，大小出现过6次波动。在1997年达到20 073万吨的最高产量后，2003年曾降到16 066万吨的谷底，以后逐年恢复，2008年回升到19 190万吨，还未达到历史最高水平。值得注意的是，近30年来，随着粮

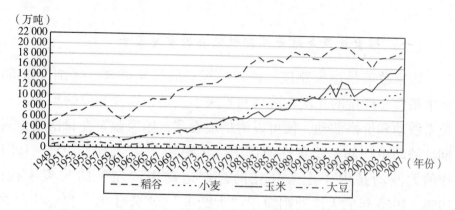

图7 新中国成立60年来稻谷、小麦、玉米和大豆产量变化

资料来源：国家统计局。

食市场化改革的推进，稻谷产量的增减、供求的松紧、价格的涨跌，成了每次粮食周期性波动中敏感度最高的标志性品种。

大豆增幅第四，为2.05倍，共有10次大小波动，波动次数最多。大豆由过去作为主粮到现在作为主要油料，功能变化很大。2002年达到历史最高产量1651万吨后，面临进口大豆的强势竞争，产量逐年波动下滑，2008年为1554万吨，是需要特别关注的品种。

三、影响我国粮食周期性波动的因素

影响粮食周期性波动的因素，可分为三大类：一是自然因素，如淡水、土壤、气候、重大自然灾害等；二是社会经济因素，如国家宏观经济状况、粮食生产和流通体制、国家农业和粮食政策、粮食供求形势和市场环境等；三是国际因素，如世界粮食形势、贸易状况、外交关系等。在课题组比较分析研究的基础上，本报告重点对粮食周期性波动有重大影响的因素进行解析。

（一）国家政策是粮食周期性波动的重要因素

国家政策是国家制度、法律、规章的具体体现。仔细分析 60 年来粮食总产量的 4 次大波动和 8 次小波动，以及相应的粮食供求关系波动和价格波动，便可以清楚地看到，国家政策在每次粮食周期性波动中均起着决定性的作用（见附件 2）。例如，1951～1953 年的大波动是由于土改和互助合作运动中"左"的政策干扰；1958～1966 年的大波动则源于"大跃进"、"公社化"和公共食堂吃"大锅饭"等极"左"政策造成的农村生产力破坏；1984～1989 年发生大波动的主要原因，先是国家大幅度提高粮食收购价，调动了农民种粮积极性，粮食产量猛增；接着，国家取消统购改为合同定购，并明确只收购四大品种，国家实际收购数字减少；从而一度出现供大于求，造成粮价下跌，导致农民少种粮，市场供求紧张。1997～2007 年的大波动也是因为退出粮食保护价后，没有从政策上保证粮农增加收入和过分强调退耕还林、还草、还湖、还湿引起粮食连续减产。在这些粮食周期性波动中，政策这只"有形的手"所发挥的力量，大大超过了市场那只"无形的手"的作用。根据本课题建立的数学模型计量检验表明：粮食价格每提高 1%，粮食生产将增加 0.2% 左右；国家财政支农支出比例每增加 1%，粮食产量将增加 2% 以上；而农业生产资料价格则对粮食生产有负向作用。可见，国家粮食和财政政策对粮食生产的正向作用十分显著（见附件 1）。

在世界上，粮食产业一直是一个竞争力薄弱的幼稚产业，需要各国政府的多方扶持。在我国，粮食是关系国计民生的重要战略性商品，它不同于在市场上完全自由流通的普通商品；粮食产业是一个有限竞争的公益性产业，与发达国家的粮食产业相比，处于更加弱势的地位，它也不同于其他完全竞争的营利性产业；同时，生产粮食的我国亿万农民是整个社会中更需要扶持的弱势群体，更与发

164

达国家实行现代化规模经营的农场主不可同日而语。因此，改革开放以来，我国政府一直把粮食产业作为一个特殊产业来对待，实行国家宏观调控下的粮食市场经济，各级政府一直综合运用经济、行政和法律手段来促进粮食产业的发展。如果实行了错误的政策或激励政策发生变化都会引起粮食产量和市场波动。例如，2000~2003年，由于对农民种粮收入连续下降、市场粮价长期低迷未能及时采取优惠扶持政策，导致粮食总产持续下滑。2004年中央和地方各级政府对粮农实行多项直补、取消农业税和国家启动最低收购价托市收储，保证农民增产增收等扶农惠农政策，使粮食总产又恢复了稳步增长，政策的激励作用非常明显。

（二）粮食种植面积和单产是粮食总产波动的关键因素

在粮食单产相对稳定的时期，粮食总产量的波动取决于粮食种植面积的大小；在粮食种植面积相对稳定的时期，粮食总产量的波动则取决于粮食单产的高低；在种植面积和单产同时增加时，粮食总产会大幅度增加；当种植面积和单产同时下降时，则会出现大幅度减产。因此，粮食种植面积和单产，总是与粮食周期性波动正相关，是影响粮食周期性波动频率和幅度的关键因素。

据统计，1952年我国粮食种植面积为185 960.5万亩，平均亩产90公斤，粮食总产16 392万吨；2008年我国粮食种植面积下降到160 189.5万亩，比1952年减少25 771万亩，平均亩产增加到330公斤，比1952年净增240公斤，增长2.67倍，粮食总产达到52 871万吨，比1952年增加36 479万吨，增长了2.23倍。由此可见，目前虽然粮食种植面积比新中国成立初期减少了2.5亿多亩，但由于单产成倍增加，粮食总产也实现了成倍增长。2004~2008年，粮食种植面积持续恢复性增加，单产逐年提高，这种"双增"的势头带来了粮食总产稳步增加的"三增"局面，在2009年达到了粮食总产53 082万吨的历史新高。

在粮食市场化生产的条件下，农民作为一个自主的商品生产者，种粮与种经济作物和外出打工的比较收益高低，直接影响到粮食的种植面积和产量。例如，1985 年和 2003 年两次粮食总产大幅波动，与当时大批青壮年农民离土离乡涌入城市打工，留在农村种粮的农业劳动力老化，对种粮的活劳动和物化劳动投入降低，耕地撂荒导致粮食种植面积大幅下降，有很大关系。如果农民种粮的收益与种经济作物和外出打工相当或略高，农民就会扩大种粮面积，增加投入；反之，则会减少种粮面积，甚至出现撂荒现象。例如，1985 年全国粮食播种面积比上年下降 1 662 万亩，是当时降幅最大的一年，粮食总产也比上年减产 2 820 万吨，减幅也最大。2003 年粮食种植面积比上年减少 6 721.5 万亩，降至 149 115 万亩的历史最低水平，粮食总产也比上年减产 2 636 万吨，降到了当时 43 070 万吨的谷底。由此可见，粮食种植面积的增减对粮食波动的影响甚大。

（三）推广良种和科技进步是粮食周期性波动的消减因素

60 年来，我国粮食从总体上实现了连上新台阶和持续增产，主要得益于粮食优良品种的培育推广和巨大的科技投入。据统计，1949～2008 年，我国稻谷产量由 4 865 万吨增加到 19 190 万吨，增长了 2.94 倍；小麦由 1 381 万吨增加到 11 246 万吨，增长了 7.14 倍；玉米由 1 242 万吨增加到 16 591 万吨，增长了 12.36 倍；大豆由 509 万吨增加到 1 554 万吨，增长了 2.05 倍；薯类由 985 万吨增加到 2 980 万吨，增长了 2.03 倍。由此可见，总产量增长幅度最大的是在我国被列为主粮的稻谷、小麦、玉米三大谷物，平均增长了 7.48 倍。大豆与薯类的增幅相近，都比较低 [见附表 3 （2）]。

这三大主粮能获得几倍甚至十几倍的增产，一个重要原因是都培育了适合我国水土气候条件的优质良种并得以大面积推广。20

世纪 70 年代到 80 年代，国际著名水稻育种专家袁隆平经过多年潜心研究，培育出了优质杂交水稻，在南方水稻产区普遍推广后获得了高产，为解决温饱问题做出了特殊贡献，并且走出国门造福于世界稻农，使亿万人口受益。一粒稻种引发了一场世界性的"水稻革命"，成了防止粮食周期性波动的一大法宝；我国北方优质高产杂交玉米的大面积推广，有力地推动了我国粮食种植结构调整，形成了东北和黄淮海高产玉米带；豫鲁冀等省通过推广适合当地水土气候条件的优质高产小麦新品种，特别是豫系、鲁系和冀系优质高产良种小麦，促进了小麦增产，提高了品质质量，取代了进口小麦，形成了我国黄淮海优质小麦带。可见，优良品种的培育和推广对增产起了关键作用。再加上粮食科技投入增加，农业机械化推广，耕作技术改进和田间管理加强，成了粮食增产的可靠保障，有效地抑制了粮食周期性波动造成的影响。如有效灌溉率每增加 1%，粮食产量将增产 1.5% 左右（见附件 1）。

（四）重大自然灾害是粮食周期性波动的客观因素

我国幅员辽阔，东西南北地理条件和气候差异很大，每年差不多都会发生大小不同的水旱、地震等局部性自然灾害，一般不会造成粮食周期性波动。能对粮食周期性波动造成巨大影响的，还是大的水灾和旱灾。例如，全球气候变暖的温室效应，影响大气环流的厄尔尼诺和那尼娜现象等，就会引发大的水旱灾害，对粮食生产造成重大影响，导致粮食周期性波动。60 年来的粮食统计数据表明，凡是粮食减产较大、波动剧烈的年份，几乎都是水旱灾害一起来袭，呈"南涝北旱"的规律性态势。例如，粮食减产波动大的 1985 年，受灾面积 6.65 亿亩，其中旱灾面积 3.45 亿亩，洪涝灾面积 2.13 亿亩，全国"南涝北旱"，是当时水旱灾害严重的一年。又如，粮食减产波动大的 2003 年，受灾面积达 8.18 亿亩，其中旱灾面积 3.69 亿亩，洪涝灾面积 2.88 亿亩，也是典型的"南涝北旱"，为当时水旱灾害最严重的一年。用数学模型计量检验结果证明，我国自然灾害率每增加1%，粮食产量将下降1%左右（见附件1）。因此，进一步提高防治水旱等自然灾害的能力，是预防粮食周期性波动的重要环节（见附表4）。

（五）粮食流通体制和物流状况是粮食周期性波动的体制因素

在实行粮食统购统销计划经济体制的前30年，粮食主产区与主销区之间的流通主要依靠省间计划调拨供应来实现；在粮食购销放开的市场经济时期，粮食产销之间的联系主要依靠粮食企业之间的购销活动来完成。无论在粮食计划经济还是市场经济条件下，粮食流通都需要收购储存仓库、中转储存仓库、运输工具等粮食物流基础设施作支撑。由于我国粮食物流设施和物流网络不健全，常常在销区缺粮时，因交通运输不畅使粮食由产区向销区流通发生"中梗阻"，由此在产区引发短期过剩性周期波动，而在销区却出现暂时短缺性周期性波动。在计划经济时期，出现这种波动主要靠计划调拨来平息；在市场经济条件下，主要靠市场机制调节和在政府支持加强物流基础设施来解决。例如，当1983～1984年、1992～1993年、1996～1998年出现粮食主产区农民"卖粮难"时，国家除从产区调粮外，主要是通过加大粮食仓储物流基础设施建设，如从1983年开始的大规模"三库"建设，1992年进行的18个粮食机械化骨干库和世行贷款中国粮食流通项目建设，1997年开始的5 500万吨仓容三期国债资金国家现代化储备粮库建设等，进一步提高了我国粮食物流现代化水平，提高了粮食物流效率，提高了预防主产区和主销区因供求不平衡和粮食流通不畅引发粮食周期性波动的能力。

（六）世界粮食形势和市场环境是粮食周期性波动的外生因素

1949～2008 年，世界粮食总产量①由 7.57 亿吨增加到 22.23 亿吨，增长 1.94 倍。其间，发生过 3 次减产过 1 亿吨的大波动，减产在 1 亿吨以内的小波动有 8 次，其波动发生的频率、时间和幅度，也与我国粮食周期性波动大体相仿。例如，1961 年世界粮食总产量由 1952 年的 8.27 亿吨降到 7.97 亿吨，我国粮食当时也是大减产；1983 年世界粮食总产量由上年的 15.33 亿吨减产到 14.69 亿吨，两年后的 1985 年，我国粮食总产量也出现大减产；1988 年世界粮食总产量由 1986 年的 16.65 亿吨的波峰降到 15.49 亿吨的波谷，净降 1.16 亿吨，当时我国粮食总产量也正处在大滑坡后的恢复过程之中。可见，我国粮食周期性波动与世界粮食周期性波动有彼此关联、互相影响的关系，事实上是密不可分的（见图 8 和附表 5）。

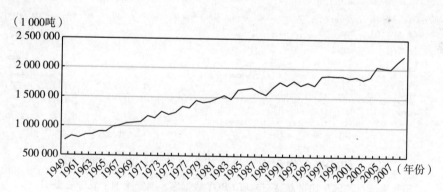

图 8　世界谷物产量变化图

资料来源：美国农业部，国家粮油信息中心提供。

改革开放前 30 年，我国在困难的时候从国际上进口一些粮食，

---

①　世界粮食总产量指世界谷物总产量，包括小麦、粗粮（玉米和杂谷类）和稻谷去壳加工后的大米产量，不包括大豆（豆类）和薯类的产量。本报告采用美国农业部发布的数据。

只是国内进行粮食供求余缺和品种结构调剂的一种手段；由于当时外汇奇缺，组织粮食出口被作为一个重要的创汇途径。改革开放以来，我国开始利用国际国内两个市场和两种粮食资源满足城乡居民的需要，尤其是 2004 年兑现加入世贸组织时的承诺，全面放开了粮食购销市场，使市场在粮食资源配置中发挥基础性作用，我国粮食市场与世界粮食市场的联系更加密切，世界粮食市场有什么风吹草动，也会在中国粮食市场激起阵阵涟漪。

例如，2007 年年末到 2008 年爆发世界粮食危机，短短三个月内国际市场粮价平均上涨 40% 以上（见图 9）。

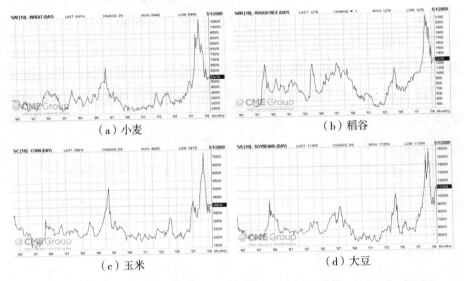

（a）小麦　　　　　　　　　　（b）稻谷

（c）玉米　　　　　　　　　　（d）大豆

图 9　CBOT 谷物和大豆价格变化趋势（1985～2009 年）

资料来源：美国芝加哥商品交易所 CBOT 数据库，国家粮油信息中心提供。

其主要原因固然是美国大力发展以玉米为原料的燃料乙醇和欧盟及拉美国家发展以食用植物油料为原料生物柴油所致，但直接诱因却是国际金融市场大量热钱涌入粮食市场，因过度投机引发了粮食恐慌，使这场危机波及世界 30 多个缺粮国家和地区，世界各主要粮食出口国都采取了一些限制粮食出口的措施。实际上，在这场世界粮食危机发生前后，世界粮食的生产、供给和贸易量并未发生大的异常变化，世界谷物产量仍稳定在 21.5 亿~22.2 亿吨，全球谷物贸易量 2.5 亿~2.8 亿吨，谷物期末库存也在 4.4 亿~4.6 亿吨，大豆年产量 2.2 亿~2.4 亿吨，全球大豆贸易量 7 000 万~7 500 万吨。因此，在粮食危机爆发半年之后，又出现了世界粮价连续下跌，市场回稳，恐慌消除，危机暂时缓解（见附件 3）。这场危机给我们留下了很多警示和反思，特别是世界处于饥饿状态的人口由原来的 8 亿增加到 10.2 亿，发展中国家有 2 亿多儿童营养不良，世界平均每 6 个人中就有一个人在挨饿。这些触目惊心的事实，时刻提醒我们千万不可忘记，今后世界性缺粮对我国可能产生的波及和影响。

四、消减粮食周期性波动的措施和保障粮食安全的政策建议

粮食周期性波动是客观存在的经济现象，人类不可能将它消除，只能采取措施加以预防和消减它可能造成的不良影响。目前我国虽然已顺利实现了"六连丰"，但粮食总产不可能长期只增不减。课题组预计下一次粮食波动很可能在近期内发生，因此必须未雨绸缪，提前防范。消减粮食周期性波动，需要从其形成的自然规律、社会经济因素和国际条件诸多方面综合采取措施，才能收到实效，保障国家粮食安全。

（一）构建激励和引导农民稳定粮食生产的长效机制

1. 实行农户粮田永包制，建立耕地产权硬约束。建议让农民享有承包耕地的永包权，实行还地于农，还权于民，使农民成为事实上的耕地所有者，让耕地被虚化了的集体所有权变为农户真实的所有权，以产权的硬约束取代口号的软约束，强化农户的法律责

任，依法保护耕地。允许农民通过耕地入股、股份合作、联合开发、有偿转让等多种形式，从本地实际出发，实行耕地规模化经营，竞争择优选聘土地经营者，逐步培育中国式的现代规模化经营的种粮大户即新型农场主，实现粮食稳产高产。

2. 把对粮农的"单向刺激"变为"双向保护"。在继续实行免征农业税、对种粮农民实行多项直补和对农民实行社会养老和医疗保险等项优惠和社会保障政策的基础上，需要进一步加大对粮农直补的力度，改进补贴方式，建立惠农强农的政策储备体系。例如，在粮食紧缺时，为激励农民种粮，需要对粮农实行直补；在粮食相对过剩时，则需引导农民节制生产，涵养地力，保护粮田，同样需要给农民以休耕补贴；在农民粮田受灾减产时，除救灾扶持外，还应根据农户成灾面积给予特殊补贴，以保护农民种粮积极性，增强粮食综合生产潜力。总之，要把目前对粮农的"单向刺激"改为"双向保护"，使农民在需要增产粮食和因暂时供过于求减少粮食生产或受灾减产时都能享受到国家政策补助和优惠扶持。

3. 完善粮食价格形成机制。应坚持粮食价格通过市场形成，以合理配置粮食资源。因此，政府对粮食价格的行政干预须持慎重态度。政府直接干预粮食价格会扭曲供求关系，造成市场信号失真，影响科学决策。对粮农的价值补偿，则可通过价外扶持和产业政策等多种形式实现。

4. 建立粮食市场风险分担机制。要防止出现政策依赖症，不宜一味单靠国家尤其是中央政府承担全部粮食风险，而应倡导粮农、消费者、企业、各级政府和全社会共担粮食市场风险，共保粮食安全。

（二）稳定粮食种植面积和提高粮食单产

1. 坚守 18 亿亩耕地面积红线，其中必须保证 16 亿亩粮食播种面积，这是保障粮食综合生产能力的关键。2008 年，全国耕地面积为 18. 26 亿亩，比上年略减。其中粮食种植面积为 16. 02 亿亩，比上年略增。随着经济发展和人口增长，工业和生活用地需求压力越来越大，土地资源紧缺的矛盾将更加突出。因此，必须下最大的决心，上下齐动员，严把死守 18 亿亩耕地和 16 亿亩粮田这两条维系全体国民生存的生命线。最近，有个别学者散布放弃 18 亿亩耕地红线、有钱就可以买到粮食等不负责任的错误言论，必须据理驳斥，消除影响，以免干扰粮食生产，危及粮食安全。

2. 建立我国粮田储备复垦制度。鉴于我国可用于开垦种植粮食的土地资源极度缺乏的情况，必须尽快建立我国粮田储备复垦制度。在维护生态平衡的同时，通过土地整理、改造中低产田和储备部分土地在急需时适度复垦，以及实行农作物秸秆还田、提高复种指数措施，稳定和增加粮食作物种植面积，保护基本粮田，把对耕地种粮直补和耕地撂荒惩罚结合起来运用，以鼓励粮农合理利用耕地。在建立和完善土地储备、批租、占补制度的过程中，建立更加严格的粮田储备复垦制度，坚持做到占一补一、占水补水、占优补优，严禁异地占补，达不到规定的，一律不准占用。对非法占用粮田的，严肃追究其行政和法律责任。

3. 依靠科技提高粮食单产。在粮食种植面积相对固定的情况下，增加粮食总产主要依靠提高粮食单产。2008 年，全国粮食平均亩产 330 公斤，比上年增加 13. 4 公斤。今后通过加大科技投入，推进良种研发，重点推广杂交水稻、优质小麦、杂交玉米、高油高蛋白优质大豆等优良品种的同时，鼓励运用生物工程、基因技术等高新技术成果，培育新的国产粮食优质高产品种，争取在 10 ~ 20 年内，使我国粮食总产登上 5. 5 亿吨和 6 亿吨的新台阶，为国家粮食安全提供粮源保障。

4. 强化粮食核心产区的功能，努力实现 1 000 亿斤粮食增产规划。实践证明，提高粮食总产，重点在核心产区。通过加强全国 13

个粮食主产省和 800 个产粮大县的建设，重点搞好粮食核心产区粮食生产基础设施建设，为实现粮食稳产高产提供保障。

（三）加强水利设施和高产粮田建设，提高抵御水旱灾害的能力

我国地跨 40 多个纬度和 60 多个经度，南北气候差异很大，东西地形迥然不同。受全球气候变暖的影响，大旱大涝、大冷大热等极端灾害性天气对粮食生产危害极大。为此，需要充分利用不断增强的国力，大力加强骨干水利工程和基本粮田等工程建设，不断增加灌溉面积，发展节水农业，实现粮食旱涝保收，高产丰收，增强防灾抗灾能力，力争把自然灾害对粮食周期性波动的影响降到最低限度。

（四）深化粮食流通体制改革，构建有中国特色的粮食市场经济新体制和运行机制

1. 进一步改革理顺各级政府粮食行政管理体制。针对目前尚未很好解决的"多头管粮、职能交叉"，尤其是各级政府粮食行政管理部门在决策中被"边缘化"和"空心化"等问题，进一步理顺从中央到地方各级政府粮食行政管理部门的权责关系，明确界定中央和地方各级政府保障粮食安全的职责，理顺同级政府发展改革委、粮食、财政、农业、金融等部门的关系，建立起"统一高效、权威灵活"的各级政府粮食行政管理体系，真正把粮食省长负责制落到实处，以有效应对粮食周期性波动，保障粮食安全。

2. 正确处理粮食管理中的有关政策关系。例如，粮食宏观调控与市场化经营的关系，国有粮食企业与民营、外资粮食企业的关系，粮食产业化龙头企业与中小粮食加工企业的关系，粮食企业与粮食经纪人之间的关系，全国性粮食批发市场与区域性粮食交易市场的关系，粮食期货市场与粮食现货交易的关系，粮食储备与粮食进出口的关系等，构建与粮食市场经济发展需要相适应的运行机制，以最大限度满足居民的粮食消费需求。

3. 进一步转变政府职能。强化对粮食产业的服务和监督，促进粮食产业为种粮农民、粮食经营者和全社会消费者服务，以更好地发挥粮食产业作为社会公益性基础产业的功能。

（五）健全中央和地方政府粮食储备和应急体系，确保国家粮食安全万无一失

1. 确保储备数量充足。根据国情和粮情，必须突破国外流行的保持17%～18%库存量的说法，制定我国粮食最低安全保障线标准。中央和地方各级政府粮食储备，必须保持在粮食年消费量25%（即3个月）的粮食最低安全保障线以上。这是一条必须坚守的红线。近年来，国家为保护种粮农民利益，多次启动国家粮食最低收购价临时收储预案，使各级政府粮食储备加上国家临时托市收储的粮食库存常年保持较高水平，囤实仓满，切实做到了"手中有粮，心中不慌"，"政府有粮，百姓不慌"。

2. 储备品种结构合理。针对过去粮食储备中粗粮偏多的情况，需要坚持以口粮为主，适时调整储备粮的品种结构。从国情和粮情出发，建议储备粮的品种结构按"双三五二一"的比例安排比较合适。即：在储备粮总量中，水稻占35%，小麦占35%，这两种主食口粮共占70%，其余玉米占20%，大豆占10%。这样，既可重点保证口粮，又可兼顾工业饲料用粮和保障食用植物油安全。

3. 县县都应建立储备。政府储备粮食救灾应急必须做到合理布局，就近调用，就地加工，及时供应，在关键时刻充分发挥作用。目前，东部沿海地区粮食储备体系已形成框架，但中西部地区，尤其是300多个贫困缺粮县由于地方财力有限，尚未真正形

成体系，需要中央财政给予扶持。根据在抗击四川汶川特大地震中保证粮食供应的成功经验，今后应把县县都要建立粮食储备并要有定点加工企业作为一项战略任务来完成，以保障全社会粮食安全。

4. 灵活吞吐应急轮换。各级政府储备粮的收储轮换不宜过分集中于某一季节或时段，以免对粮食市场形成不必要的干扰，诱发市场波动。为此，需要统筹规划，采取更加灵活的轮出轮入办法，以维护市场稳定。同时，根据抗震救灾的新经验，落实完善各级政府的粮食应急预案，进一步增强应对突发事件的能力。

（六）强化粮食现代物流网络建设，实现国内产销区和国内外粮食市场高效畅通连接

今后，宜重点加强现代粮食物流通道建设。集中搞好东北、黄淮海、长江、东部沿海、西南、京津和西北七大粮食物流通道的建设，并逐步形成覆盖全国的现代物流网络。同时，加强沿海港口粮食码头和内陆水陆交通枢纽等重要粮食物流节点的建设，不断改进物流方式和降低物流成本，形成高效低耗，运转灵便的新型粮食物流网络。

（七）大力发展现代粮食加工业，打造粮食安全供应链

一是提高稻谷、小麦等口粮加工业现代化水平，打造"从田间到餐桌"的粮食安全供应链，逐步淘汰落后产能，形成集约化、规模化、品牌化龙头骨干企业，提高米糠、麸皮、胚芽等粮食加工副产品的综合利用率，实现粮食产业低碳可持续发展。

二是在满足饲料工业对玉米原料需求的同时，适度发展玉米深加工，以满足食品、医药工业的需要。

三是促进食用植物油加工业调整和重组，推进油脂饼粕和下脚

176

料的深度开发利用，提高综合效益。

四是扶持薯类和杂粮豆类加工业迅速发展，为中西部贫困地区开辟脱贫致富的新领域。

五是促进以米面为原料的传统主食工业化，如大力发展各类工厂化生产的蒸煮食品、方便食品、休闲食品和地方特色食品等，以满足社会各方面的需要。

（八）建立海外粮食合作发展基金，积极参与解决世界粮食问题

据联合国粮农组织公布的报告，到 2050 年世界人口将在目前 68 亿的基础上再增加 23 亿达到 91 亿，届时世界粮食产量须增产 70% 才能满足需要，这对人类将是一个严峻的挑战。我国作为世界上最大的粮食消费国，更需要早做筹划以策安全。

当前特别需要及时建立政府海外粮食合作发展基金，扶持有实力的本土粮食企业"走出去"创业。建议国家在目前我国对非洲、东盟等国家和地区的援助资金中，设立专项政府海外粮食合作发展基金，以吸引国内企业和海外华资在海外投资开发粮食产业，从粮田开垦、粮食种植、收储、加工、贸易和物流等产业环节给予全方位扶持，更好地掌握粮源，确保粮食安全。此事宜与我国对外援助紧密结合起来，通过政府间经济援助合作协议推动，由有资质的本土企业实施运作，且应多做少说或只做不说。前几年国内有些媒体大肆炒作中国"海外屯田"，引起国际舆论和有关国家的警觉和反感，实为不智，今后应引以为鉴。

同时，鼓励中国粮食企业更广泛地参与世界粮食贸易，更加大胆地利用国际粮食期现货市场套期保值和规避风险，在激烈竞争中提高国际粮食市场占有率和话语权。

消减粮食周期性波动是一个世界性的难题，需要我们采取正确的战略和制定科学的对策，并为此做出艰苦不懈的努力。尽管今后还面临更加严峻的挑战和困难，但我们始终对中国人能更好地自主

解决自己的吃饭问题，抱非常乐观的态度。

　　　　　课 题 总 顾 问：白美清
　　　　　课 题 负 责 人：宋廷明
　　　　　课 题 组 成 员：赵凌云　李全根　曹宝明　张全红　孙宏岭
　　　　　　　　　　　　　尚强民　杨卫路　李为民　耿兆书
　　　　　主报告执笔人：宋廷明

　　　　　　　　　　　　　　　　　　　　　　　2010 年 4 月 6 日

附表 1（1）　　　全国粮食基本情况（1949～2008 年）

单位：万吨，千公顷，公斤

年份	粮食总产量	比上年增减	种植面积	比上年增减	人均产量	比上年增减
1949	11 318. 0		109 959. 0		209. 0	
1950	13 212. 5	1 894. 5	114 406. 0	4 447. 0	239. 4	30. 4
1951	14 368. 5	1 156. 0	117 769. 0	3 363. 0	255. 2	15. 8
1952	16 391. 5	2 023. 0	123 979. 0	6 210. 0	285. 2	30. 0
1953	16 683. 0	291. 5	126 637. 0	2 658. 0	283. 7	减1. 5
1954	16 951. 5	268. 5	128 995. 0	2 358. 0	281. 3	减2. 4
1955	18 393. 5	1 442. 0	129 839. 0	844. 0	299. 3	18. 0
1956	19 274. 5	881. 0	136 339. 0	6 500. 0	306. 8	7. 5
1957	19 504. 5	230. 0	133 633. 0	减2 706. 0	301. 7	减5. 1
1958	19 765. 0	260. 5	127 613. 0	减6 020. 0	303. 1	1. 4
1959	16 968. 0	减2 797. 0	116 023. 0	减11 590. 0	252. 9	减50. 2
1960	14 384. 5	减2 583. 5	122 429. 0	6 406. 0	216. 7	减36. 2
1961	13 650. 0	减734. 5	121 443. 0	减986. 0	224. 0	7. 3
1962	15 441. 0	1 791. 0	121 621. 0	178. 0	237. 8	13. 8
1963	17 000. 0	1 559. 0	120 741. 0	减880. 0	245. 8	8. 0
1964	18 750. 0	1 750. 0	122 103. 0	1 362. 0	266. 0	20. 2
1965	19 452. 5	702. 5	119 627. 0	减2 476. 0	268. 2	2. 2
1966	21 400. 0	1 947. 5	120 988. 0	1 361. 0	287. 1	18. 9
1967	21 782. 0	382. 0	119 230. 0	减1 758. 0	285. 2	减1. 9

年份	粮食总产量	比上年增减	种植面积	比上年增减	人均产量	比上年增减
1968	20 905.5	减 876.5	116 157.0	减 3 073.0	266.2	减 19.0
1969	21 097.0	191.5	117 604.0	1 447.0	261.5	减 4.7
1970	23 995.5	2 898.5	119 267.0	1 663.0	289.1	27.6
1 971	25 014.0	1 018.5	120 846.0	1 579.0	293.5	4.4
1972	24 048.0	减 966.0	121 209.0	363.0	275.9	减 17.6
1973	26 493.5	2 445.5	121 156.0	减 53.0	297.0	21.1
1974	27 527.0	1 033.5	120 976.0	减 180.0	303.0	6.0
1975	28 451.5	924.5	121 062.0	86.0	307.9	4.9
1976	28 630.5	179.0	120 743.0	减 319.0	305.5	减 2.4
1977	28 272.5	减 358.0	120 400.0	减 343.0	297.7	减 7.8
1978	30 476.5	2 204.0	120 587.0	187.0	319.0	21.3
1979	33 211.5	2 735.0	119 263.0	减 1 324.0	340.5	23.9
1980	32 055.5	减 1 156.0	117 234.0	减 2 029.0	327.0	减 13.5
1981	32 502.0	446.5	114 958.0	减 2 276.0	324.8	减 2.2
1982	35 450.0	2 948.0	113 462.0	减 1 496.0	349.1	24.3
1983	38 727.5	3 277.5	114 047.0	585.0	314.8	减 34.3
1984	40 730.5	2 003.0	112 884.0	减 1 163.0	390.3	75.5
1985	37 910.8	减 2 819.7	108 845.0	减 4 039.0	361.0	减 29.3
1986	39 151.2	1 240.4	110 933.0	2 088.0	364.2	3.2
1987	40 297.7	1 146.5	111 268.0	335.0	368.7	4.5
1988	39 408.1	减 889.6	110 123.0	减 1 145.0	354.9	减 13.8
1989	40 754.9	1 346.8	112 205.0	2 082.0	361.6	6.7

年份	粮食总产量	比上年增减	种植面积	比上年增减	人均产量	比上年增减
1990	44 624.3	3 869.4	113 466.0	1 261.0	393.0	31.4
1991	43 529.3	减1 095.0	112 314.0	减1 152.0	378.0	减15.0
1992	44 265.8	736.5	110 560.0	减1 754.0	380.0	2.0
1993	45 648.8	1 383.0	110 509.0	减51.0	387.0	7.0
1994	44 510.1	减1 138.7	109 544.0	减965.0	374.0	减13.0
1995	46 661.8	2 151.7	110 060.0	516.0	387.0	13.0
1996	50 453.5	3 791.7	112 548.0	2 488.0	414.0	27.0
1997	49 417.1	减1 036.4	112 912.0	364.0	402.0	减12.0
1998	51 229.5	1 812.4	113 787.0	875.0	412.0	10.0
1999	50 838.6	减390.9	113 161.0	减626.0	406.0	减6.0
2000	46 217.5	减4 621.1	108 463.0	减4 698.0	366.0	减40.0
2001	45 263.7	减953.8	106 080.0	减2 383.0	356.0	减10.0
2002	45 705.8	442.1	103 891.0	减2 189.0	357.0	1.0
2003	43 069.5	减2 636.3	99 410.0	减4 481.0	334.0	减23.0
2004	46 946.9	3 877.4	101 606.0	2 196.0	362.0	28.0
2005	48 402.2	1 455.3	104 278.0	2 672.0	371.0	9.0
2006	49 804.2	1 402.0	104 958.0	680.0	380.0	9.0
2007	50 160.3	356.1	105 638.0	680.0	381.0	1.0
2008	52 870.9	2 710.6	106 793.0	1 155.0	399.1	18.1

资料来源：国家统计局，国家粮食局2009年《中国粮食发展报告》。

附表1（2）　　　全国粮食基本情况（1949～2008年）

单位：万吨，元/50公斤

年份	粮食收购量	粮食销售量	总供给量	粮食消费量		平均价格	比上年增减
				总消费量	人均（公斤）		
1949	1 540.0	1 205.0	11 320.0				
1950	1 877.0	1 355.0	13 215.0			5.55	
1951	2 145.5	1 520.0	16 390.0			5.66	0.11
1952	3 033.0	2 200.0	11 293.0			5.96	0.30
1953	3 922.6	2 872.2	16 533.7			6.76	0.80
1954	4 340.1	3 910.3	16 758.1			6.59	减0.17
1955	4 231.6	3 351.4	18 182.7			6.63	0.04
1956	3 788.8	3 898.3	19 049.7			6.68	0.05
1957	3 975.0	3 657.4	19 317.4			6.73	0.05
1958	4 961.7	4 538.8	19 675.2				
1959	5 682.7	5 068.3	16 526.1				
1960	4 280.4	4 837.8	14 249.9				
1961	3 398.9	3 927.0	14 279.1				
1962	3 214.4	3 427.8	16 448.2				
1963	3 492.1	3 633.9	17 388.7				
1964	3 752.3	3 730.7	19 204.9				
1965	3 803.8	3 829.2	19 789.2			9.24	
1966	4 115.5	3 818.1	21 729.7			10.82	1.58
1967	4 072.5	3 679.8	21 939.1				
1968	4 009.9	3 745.6	21 064.9				
1969	3 826.8	3 997.9	21 343.9				

年份	粮食收购量	粮食销售量	总供给量	粮食消费量		平均价格	比上年增减
				总消费量	人均（公斤）		
1970	4 510.6	4 009.4	24 205.5				
1971	4 362.3	4 274.7	25 028.9				
1972	3 928.9	4 495.1	24 264.3				
1973	4 666.7	4 546.8	26 839.4				
1974	4 841.3	4 509.5	27 842.2				
1975	5 110.5	4 900.0	28 450.5				
1976	4 909.1	5 081.2	28 678.0				
1977	4 715.4	5 301.9	28 844.4				
1978	5 110.2	5 343.5	31 234.8			12.9	
1979	5 925.0	5 679.1	34 125.6				
1980	5 882.0	6 416.8	33 344.0	32 615.0	330.4	18.9	
1981	6 255.5	7 223.3	33 848.0	33 685.0	336.6	19.4	0.5
1982	7 367.5	7 710.4	36 980.0	35 355.0	347.8	19.6	0.3
1983	9 879.6	8 003.2	39 967.0	36 395.0	353.3	21.1	1.5
1984	11 165.9	10 417.9	41 455.0	39 350.0	377.1	21.7	0.6
1985	7 925.5	8 564.9	37 589.0	40 545.0	383.0	21.6	减0.1
1986	9 453.2	9 347.7	39 032.0	41 055.0	381.9	21.9	0.3
1987	9 920.1	9 190.8	41 362.0	41 260.0	377.5	22.9	1.0
1988	9 430.4	10 091.0	40 224.0	40 800.0	367.5	23.8	1.0
1989	10 040.2	8 931.1	41 800.0	40 658.0	360.1	26.6	2.7
1990	12 364.5	9 033.3	45 486.0	41 398.0	362.1		
1991	11 423.0	10 433.0	43 866.0	42 565.0	367.5	26.1	

着力消减粮食周期性波动对粮食安全的影响

年份	粮食收购量	粮食销售量	总供给量	粮食消费量		平均价格	比上年增减
				总消费量	人均（公斤）		
1992	10 414.4	9 000.0	44 172.0	43 060.0	367.5	28.4	2.3
1993	9 234.0	6 700.3	45 027.0	43 735.0	369.0	35.8	7.4
1994	9 226.4	7 648.4	44 232.0	44 044.0	367.5	59.4	23.6
1995	9 443.8	9 264.2	48 629.0	43 286.0	357.4	75.1	15.7
1996	11 919.8	7 340.6	51 605.0	45 160.0	369.0	72.3	减2.8
1997	11 535.4	6 830.7	49 270.0	45 435.0	367.5	65.1	减7.2
1998	9 654.5	6 116.0	51 031.0	46 475.0	372.5	62.1	减3.0
1999	12 807.7	9 353.3	50 852.0	47 235.0	375.5	53.0	减9.1
2000	11 695.1	12 556.9	46 176.0	47 845.0	377.5	48.4	减4.6
2001	11 784.2	8 528.7	46 101.0	48 830.0	382.6	51.5	3.1
2002	10 826.4	12 070.0	45 613.0	48 350.0	376.4	49.2	减2.3
2003	9 717.1	13 453.7	43 131.0	48 625.0	375.3	56.5	7.3
2004	8 919.5	11 944.0	49 439.0	49 090.0	377.7	70.7	14.2
2005	11 493.8	12 138.3	50 634.0	49 775.0	380.7	67.4	减3.3
2006	12 256.5	12 034.2	52 344.0	50 800.0	386.5	72.0	4.6
2007	10 167.4	12 958.3	52 365.0			76.30	4.30
2008	15 470.9	10 324.8	56 541.0				

注：1953 年以后总供给量加入净进口。

资料来源：1978 年以前粮食征购、销售数摘自《当代中国粮食史料汇编》。

1978 年以后系国家粮食局统计资料，统计数据均为国有粮食企业收购量。

1980 年以来的粮食消费量系国家粮食局调查数，1980 年以前无此项数据。

2002 年以前系粮食年度（当年 4 月 1 日至翌年 3 月 31 日），从 2003 年开始改为日历年度。

年 份	进 口	比上年增减	出 口	比上年增减	净进出口	比上年增减
1953			149.3		出 149.3	
1954	2.7		196.6	47.3	出 193.9	44.6
1955	7.8	5.1	219.1	22.5	出 211.3	17.4
1956			225.9	6.8	出 225.3	14.0
1957			187.6	减 38.3	出 187.6	减 37.7
1958	11.5		336.3	148.7	出 324.8	137.2
1959			473.9	137.6	出 473.9	149.1
1960	50.1		150.2	减 323.7	出 100.1	减 373.8
1961	552.1	502.0	84.2	减 66.0	出 470.9	370.8
1962	548.7	减 3.4	100.5	16.3	进 448.2	
1963	507.2	减 41.5	118.5	18.0	进 388.7	减 59.5
1964	596.2	89.0	141.3	22.8	进 454.9	66.2
1965	529.9	减 66.3	193.7	52.4	进 336.2	减 118.7
1966	561.7	31.8	232.0	38.3	进 329.7	减 6.5
1967	373.1	减 188.6	216.0	减 16.0	进 157.1	减 172.6
1968	415.0	41.9	256.1	40.1	进 158.9	1.8
1969	447.7	32.7	200.8	减 55.3	进 246.9	88.0
1970	432.8	减 14.9	223.3	22.5	进 209.5	减 37.4
1971	280.6	减 152.2	265.7	42.4	进 14.9	减 194.6
1972	499.5	218.9	282.8	17.1	进 216.3	201.4
1973	756.1	256.6	410.7	127.9	进 345.4	129.1

年　份	进　口	比上年增减	出　口	比上年增减	净进出口	比上年增减
1974	604.8	减151.3	289.6	减121.1	进315.2	减30.2
1975	254.5	减350.3	256.1	减33.5	出1.5	
1976	176.7	减77.8	130.7	减125.4	进46.0	
1977	744.0	567.3	172.6	41.9	进571.4	525.4
1978	947.2	203.2	189.4	16.8	进757.8	186.4
1979	1 082.2	135.0	168.6	减20.8	进913.6	155.8
1980	1 444.0	361.8	156.0	减12.6	1 288.0	374.4
1981	1 444.0	0.0	98.0	减58.0	1 346.0	58.0
1982	1 608.0	164.0	78.0	减20.0	1 530.0	242.0
1983	1 349.0	减259.0	110.0	32.0	1 239.0	减291.0
1984	1 037.0	减321.0	313.0	203.0	724.0	减515.0
1985	596.0	减441.0	918.0	605.0	出322.0	
1986	769.0	173.0	888.0	减30.0	出119.0	减203.0
1987	1 628.0	859.0	739.0	减149.0	889.0	
1988	1 534.0	减94.0	718.0	减21.0	816.0	减73.0
1989	1 654.0	120.0	609.0	减109.0	1 045.0	229.0
1990	1 369.0	减285.0	507.0	减102.0	862.0	减183.0
1991	1 343.0	减26.0	1 006.0	499.0	337.0	减525.0
1992	1 174.0	减169.0	1 268.0	262.0	出94.0	
1993	742.0	减432.0	1 364.0	96.0	出622.0	528.0
1994	909.0	167.0	1 187.0	减177.0	出278.0	减344.0

年 份	进 口	比上年增减	出 口	比上年增减	净进出口	比上年增减
1995	2 069.0	1 160.0	102.0	减 1 085.0	1 967.0	
1996	1 194.0	减 875.0	143.0	41.0	1 151.0	减 816.0
1997	705.0	减 489.0	852.0	709.0	出 147.0	
1998	707.0	2.0	906.0	54.0	出 199.0	52.0
1999	771.0	64.0	758.0	减 148.0	13.0	
2000	1 357.0	586.0	1 399.0	641.0	出 42.0	
2001	1 738.0	381.0	901.0	减 498.0	837.0	
2002	1 417.0	减 321.0	1 510.0	609.0	出 93.0	
2003	2 282.0	865.0	2 221.0	711.0	61.0	
2004	2 998.0	716.0	506.0	减 17.5	2 492.0	
2005	3 286.0	288.0	1 054.0	548.0	2 232.0	减 260.0
2006	3 183.0	减 103.0	643.0	减 411.0	2 540.0	308.0
2007	3 237.0	54.0	1 032.0	389.0	2 205.0	减 335.0
2008	3 898.0	661.0	228.0	减 804.0	3 670.0	1 465.0

资料来源：1953~1979 年摘自《当代中国粮食工作史料》。1980~2008 年摘自国家发展改革委统计资料。

附表3（1） 全国粮食作物分品种种植面积（1949～2008年）

单位：千公顷

年份	粮食 种植面积	稻谷	小麦	玉米	大豆	薯类
1949	109 959	25 709	21 515	12 951	8 319	7 011
1950	114 406	26 149	22 800	12 953	9 602	
1951	117 769	26 933	23 055	12 455	10 801	
1952	123 970	28 382	24 780	12 566	11 679	8 688
1953	126 637	28 321	25 636	13 134	12 362	
1954	128 995	28 722	26 967	13 171	12 654	
1955	129 839	29 173	26 739	14 639	11 442	
1956	136 339	33 312	27 272	17 662	12 047	
1957	133 633	32 241	27 542	14 943	12 748	10 495
1958	127 613	31 915	25 775	16 213	9 551	
1959	116 023	29 034	23 575	13 002	9 863	
1960	122 429	29 607	27 294	14 090	9 348	
1961	121 443	26 276	25 572	13 602	9 957	
1962	121 621	26 935	24 075	12 819	9 504	12 171
1963	120 741	27 715	23 771	15 376	9 633	
1964	122 103	29 607	25 408	15 363	10 009	
1965	119 627	29 825	24 709	15 671	8 593	11 175
1966	120 988	30 529	23 919	16 008	8 425	
1967	119 230	30 436	25 299	15 095	8 503	
1968	116 157	29 894	24 658	14 578	8 363	

年份	粮食种植面积	稻谷	小麦	玉米	大豆	薯类
1969	117 604	30 432	25 162	14 578	8 329	
1970	119 267	32 358	25 458	15 831	7 985	10 257
1971	120 846	34 918	25 639	16 726	7 791	
1972	121 209	35 143	26 302	16 703	7 583	
1973	121 156	35 090	26 439	16 571	7 408	
1974	120 976	35 512	27 061	17 410	7 261	
1975	121 062	35 729	27 661	18 571	6 999	10 969
1976	120 743	36 217	28 417	19 228	6 691	10 366
1977	120 400	35 526	28 065	19 658	6 845	11 229
1978	120 587	34 421	29 183	19 961	7 144	11 796
1979	119 263	33 873	29 357	20 133	7 247	10 952
1980	117 234	33 878	28 844	20 087	7 226	10 152
1981	114 958	33 295	28 307	19 425	8 024	9 620
1982	113 462	33 071	27 955	18 543	8 419	9 370
1983	114 047	33 136	29 050	18 824	7 567	9 402
1984	112 884	33 178	29 576	18 537	7 286	8 988
1985	108 845	32 070	29 218	17 694	7 718	8 572
1986	110 933	32 266	29 616	19 124	8 295	8 685
1987	111 268	32 193	28 798	20 212	8 445	8 868
1988	110 123	31 987	28 785	19 692	8 120	9 054
1989	112 205	32 700	29 841	20 353	8 057	9 097

年份	粮食种植面积	稻谷	小麦	玉米	大豆	薯类
1990	113 466	33 064	30 753	21 401	7 560	9 121
1991	112 314	32 590	30 948	21 574	7 041	9 078
1992	110 560	32 090	30 496	21 044	7 221	9 057
1993	110 509	30 355	30 235	20 694	9 454	9 220
1994	109 544	30 171	28 981	21 152	9 222	9 270
1995	110 060	30 744	28 860	22 776	8 127	9 519
1996	112 548	31 406	29 611	24 498	7 471	9 797
1997	112 912	31 765	30 057	23 775	8 346	9 785
1998	113 787	31 214	29 774	25 239	8 500	10 000
1999	113 161	31 283	28 855	25 904	7 962	10 355
2000	108 463	29 962	26 653	23 056	9 307	10 538
2001	106 080	28 812	24 664	24 282	9 482	10 217
2002	103 891	28 202	23 908	24 634	8 720	9 881
2003	99 410	26 508	21 997	24 068	9 313	9 702
2004	101 606	28 379	21 626	25 446	9 589	9 457
2005	104 278	28 847	22 793	26 358	9 591	9 503
2006	105 068	28 938	23 613	28 463	9 304	7 877
2007	105 638	28 919	23 721	29 478	8 754	8 082
2008	106 793	29 241	23 617	29 864	9 127	8 427

资料来源：国家统计局，国家粮食局 2009 年《中国粮食发展报告》。

附表 3（2）　全国粮食作物分品种产量（1949～2008 年）　　单位：万吨

年份	粮食总产量	稻谷	小麦	玉米	大豆	薯类
1949	11 318.0	4 864.5	1 381.0	1 241.8	508.5	985.0
1950	13 212.5	5 510.0	1 449.5	1 389.4	743.5	1 239.0
1951	14 368.5	6 055.5	1 723.0	1 380.7	863.0	1 400.0
1952	16 391.5	6 842.5	1 812.5	1 685.0	952.0	1 633.0
1953	16 683.0	7 127.0	1 828.0	1 668.5	993.0	1 666.0
1954	16 951.5	7 085.0	2 333.5	1 714.0	908.0	1 698.0
1955	18 393.5	780.1	2 296.5	2 031.5	912.0	1 890.0
1956	19 274.5	8 248.0	2 480.0	2 305.0	1 023.5	2 185.0
1957	19 504.5	8 677.5	2 364.0	2 144.0	1 004.5	2 192.0
1958	19 765.0	8 085.0	2 258.5	2 312.0	866.5	3 273.0
1959	16 968.0	6 936.5	2 218.0	1 664.5	876.0	2 382.0
1960	14 384.5	5 973.0	2 217.0	1 603.0	639.0	2 035.0
1961	13 650.0	5 364.0	1 425.0	1 548.8	620.5	2 173.0
1962	15 441.0	6 298.5	1 666.5	1 626.1	650.5	2 345.0
1963	17 000.0	7 376.5	1 847.5	2 057.5	691.0	2 139.0
1964	18 750.0	8 300.0	2 084.0	2 269.0	787.0	2 013.0
1965	19 452.5	8 772.0	2 522.0	2 365.5	613.5	1 986.0
1966	21 400.0	9 539.0	2 528.0	2 842.5	826.5	2 253.0
1967	21 782.0	9 368.5	2 848.5	2 740.6	826.5	2 243.0
1968	20 905.5	9 453.0	2 745.5	2 503.4	803.5	2 229.0
1969	21 097.0	9 506.5	2 728.5	2 492.0	762.5	2 412.0

年份	粮食总产量	稻谷	小麦	玉米	大豆	薯类
1970	23 995.5	10 999.0	2 918.5	3 303.0	870.5	2 668.0
1971	25 014.0	11 520.5	3 257.5	3 585.0	860.5	2 507.0
1972	24 048.0	11 335.5	3 598.5	3 210.0	645.0	2 452.0
1973	26 493.5	12 173.5	3 522.5	3 862.5	836.5	3 156.0
1974	27 527.0	12 390.5	4 086.5	4 291.5	747.0	2 824.0
1975	28 451.5	12 556.0	4 531.0	4 721.5	724.0	2 857.0
1976	28 630.5	12 580.5	5 038.5	4 816.0	664.0	2 666.0
1977	28 272.5	12 856.5	4 107.5	4 938.5	725.5	2 967.0
1978	30 476.5	13 693.0	5 384.0	5 594.5	756.5	3 174.0
1979	33 211.5	14 375.0	6 273.0	6 003.5	746.0	2 846.0
1980	32 055.5	13 990.5	5 520.5	6 260.0	794.0	2 873.0
1981	32 502.0	14 395.5	5 964.0	5 920.5	932.5	2 597.0
1982	35 450.0	16 159.5	6 847.0	6 056.0	903.0	2 705.0
1983	38 727.5	16 886.5	8 139.0	6 820.5	976.0	2 925.0
1984	40 730.5	17 825.5	8 781.5	7 341.0	969.5	2 848.0
1985	37 910.8	16 856.9	8 580.5	6 382.6	1 050.0	2 604.0
1986	39 151.2	17 222.4	9 004.0	7 085.6	1 161.4	2 534.0
1987	40 297.7	17 426.2	8 590.2	7 924.1	1 246.5	2 821.0
1988	39 408.1	16 910.7	8 543.2	7 735.1	1 164.5	2 697.0
1989	40 754.9	18 013.0	9 080.7	7 892.8	1 022.7	2 730.0
1990	44 624.3	18 933.1	9 822.9	9 681.9	1 100.0	2 743.0

年份	粮食总产量	稻谷	小麦	玉米	大豆	薯类
1991	43 529. 3	18 381. 3	9 595. 3	9 877. 3	971. 3	2 716. 0
1992	44 265. 8	18 622. 2	10 158. 7	9 538. 3	1 030. 4	2 844. 0
1993	45 648. 8	17 751. 4	10 639. 0	10 270. 4	1 530. 7	3 181. 0
1994	44 510. 1	17 593. 3	9 929. 7	9 927. 5	1 599. 9	3 025. 0
1995	46 661. 8	18 522. 6	10 220. 7	11 198. 6	1 350. 2	3 263. 0
1996	50 453. 5	19 510. 3	11 056. 9	12 747. 1	1 322. 4	3 536. 0
1997	49 417. 1	20 073. 5	12 328. 9	10 430. 9	1 473. 2	3 192. 0
1998	51 229. 5	19 871. 3	10 972. 6	13 295. 4	1 515. 2	3 604. 0
1999	50 838. 6	19 848. 7	11 388. 0	12 808. 6	1 424. 5	3 641. 0
2000	46 217. 5	18 790. 8	9 963. 6	10 600. 0	1 540. 9	3 685. 0
2001	45 263. 7	17 758. 0	9 387. 3	11 408. 8	1 540. 6	3 563. 0
2002	45 705. 8	17 453. 9	9 029. 0	12 130. 8	1 650. 5	3 666. 0
2003	43 069. 5	16 065. 6	8 648. 8	11 583. 0	1 539. 3	3 513. 0
2004	46 946. 9	17 908. 8	9 195. 2	13 028. 7	1 740. 1	3 558. 0
2005	48 402. 2	18 058. 8	9 744. 5	13 936. 5	1 634. 8	3 469. 0
2006	49 804. 2	18 171. 8	10 846. 6	15 160. 3	1 508. 2	2 701. 0
2007	50 160. 3	18 603. 4	10 929. 8	15 230. 0	1 272. 5	2 808. 0
2008	52 870. 9	19 189. 6	11 246. 4	16 591. 4	1 554. 2	2 980. 0

资料来源：国家统计局，国家粮食局 2009 年《中国粮食发展报告》。

全国受灾和成灾面积（1950～2008 年） 单位：千公顷

年份	受灾面积	水灾	旱灾	成灾面积	水灾	旱灾	成灾面积占受灾面积（％）
1950	10 637.0	6 559.0	2 398.0	5 122.0	4 710.0	412.0	48.2
1951	14 240.0	4 173.0	7 829.0	3 775.0	1 476.0	2 299.0	26.5
1952	9 137.0	2 794.0	4 236.0	4 433.0	1 844.0	2 589.0	48.5
1953	23 415.0	7 409.0	8 616.0	7 079.0	3 198.0	675.0	30.2
1954	21 451.0	16 131.0	2 988.0	12 593.0	11 305.0	259.0	58.7
1955	19 993.0	5 247.0	13 433.0	7 869.0	3 073.0	4 139.0	39.4
1956	22 191.0	14 377.0	3 127.0	15 329.0	10 991.0	2 063.0	69.1
1957	29 149.0	8 083.0	17 205.0	14 983.0	6 032.0	7 400.0	51.4
1958	30 963.0	4 279.0	22 361.0	7 821.0	1 441.0	5 031.0	25.3
1959	44 629.0	4 813.0	33 807.0	13 728.0	1 817.0	11 173.0	30.8
1960	65 455.0	10 155.0	38 125.0	24 977.0	4 975.0	16 177.0	38.2
1961	61 749.0	8 871.0	37 847.0	28 834.0	5 395.0	18 654.0	46.7
1962	37 175.0	9 810.0	20 808.0	17 286.0	6 318.0	8 691.0	46.5
1963	32 651.0	14 071.0	16 865.0	20 023.0	10 479.0	9 021.0	61.3
1964	21 639.0	14 933.0	4 219.0	12 635.0	10 038.0	1 423.0	58.4
1965	20 804.0	5 587.0	13 631.0	11 223.0	2 813.0	8 107.0	53.9
1966	24 207.0	2 513.0	20 015.0	9 757.0	950.0	8 106.0	40.3
1967	6 441.0	1 885.0	4 076.0	895.0	333.0	533.0	13.9
1970	9 974.0	3 129.0	5 723.0	3 295.0	1 234.0	1 931.0	33.0
1971	31 051.0	3 989.0	25 049.0	7 445.0	1 481.0	5 319.0	24.0
1972	40 458.0	4 083.0	30 699.0	17 177.0	1 259.0	13 605.0	42.5

年份	受灾面积	水灾	旱灾	成灾面积	水灾	旱灾	成灾面积占受灾面积（%）
1973	36 493.0	6 235.0	27 202.0	7 618.0	2 577.0	3 928.0	20.9
1974	38 647.0	6 399.0	25 553.0	6 526.0	2 296.0	2 737.0	16.9
1975	35 379.0	6 817.0	24 832.0	10 239.0	3 467.0	5 318.0	28.9
1976	42 499.0	4 197.0	27 492.0	11 437.0	1 327.0	7 848.0	26.9
1977	52 021.0	9 095.0	29 852.0	15 159.0	4 989.0	7 006.0	29.1
1978	50 807.0	3 109.0	32 641.0	24 457.0	2 012.0	16 564.0	48.1
1979	39 367.0	6 757.0	24 646.0	15 790.0	2 868.0	9 316.0	40.1
1980	50 025.0	9 687.0	21 901.0	29 777.0	6 070.0	14 174.0	59.5
1981	39 786.0	8 625.0	25 693.0	18 743.0	3 973.0	12 134.0	47.1
1982	33 133.0	8 361.0	20 697.0	16 117.0	4 397.0	9 972.0	48.6
1983	34 713.0	12 162.0	16 089.0	16 209.0	5 747.0	7 586.0	46.7
1984	31 887.0	10 632.0	15 819.0	15 607.0	5 395.0	7 015.0	48.9
1985	44 365.0	14 197.0	22 989.0	22 705.0	8 949.0	10 063.0	51.2
1986	47 135.0	9 155.0	31 042.0	23 656.0	5 601.0	14 765.0	50.2
1987	42 086.0	8 686.0	24 920.0	20 393.0	4 104.0	13 033.0	48.5
1988	50 874.0	11 949.0	32 904.0	24 503.0	6 128.0	15 303.0	48.2
1989	46 991.0	11 328.0	29 358.0	24 449.0	5 917.0	15 262.0	52.0
1990	38 474.0	11 804.0	18 175.0	17 819.0	5 605.0	7 805.0	46.3
1991	55 472.0	24 596.0	24 914.0	27 814.0	14 614.0	10 559.0	50.1
1992	51 332.0	9 422.0	32 981.0	25 893.0	4 463.0	17 047.0	50.4
1993	48 827.0	16 390.0	21 097.0	23 134.0	8 608.0	8 656.0	47.4

年份	受灾 面积	水灾	旱灾	成灾 面积	水灾	旱灾	成灾面积占 受灾面积（%）
1994	55 046.0	17 328.0	30 423.0	31 382.0	10 744.0	17 050.0	57.0
1995	45 824.0	12 734.0	23 455.0	22 268.0	7 604.0	10 402.0	48.6
1996	46 991.0	18 147.0	20 152.0	21 234.0	10 855.0	6 247.0	45.2
1997	53 427.0	11 415.0	33 516.0	30 307.0	5 839.0	20 012.0	56.7
1998	50 145.0	22 292.0	14 236.0	25 181.0	13 785.0	5 060.0	50.2
1999	49 980.0	9 020.0	30 156.0	26 734.0	5 071.0	16 614.0	53.5
2000	54 688.0	7 323.0	40 541.0	34 374.0	4 321.0	26 784.0	62.9
2001	52 215.0	6 042.0	38 472.0	31 793.0	3 614.0	23 698.0	60.9
2002	46 946.0	12 288.0	22 124.0	27 160.0	7 388.0	13 174.0	57.9
2003	54 506.0	19 208.0	24 852.0	32 516.0	12 289.0	14 470.0	59.7
2004	37 106.0	7 314.0	17 253.0	16 297.0	3 747.0	8 482.0	43.9
2005	38 818.0	10 932.0	16 028.0	19 966.0	6 047.0	8 479.0	51.4
2006	41 091.0	8 003.0	20 738.0	24 632.0	4 569.0	13 411.0	59.9
2007	48 992.0	10 463.0	29 386.0	25 064.0	5 105.0	16 170.0	51.2
2008	39 990.0	6 477.0	12 137.0	22 283.0	3 656.0	6 798.0	55.7

资料来源：国家统计局编：《新中国60年》，中国统计出版社2009年版。

附表5　　　世界谷物（小麦、粗粮、大米）供需平衡表

单位：千公顷，吨/公顷，千吨

年份	收获面积	单产	产量	进口量	出口量	消费	期末库存
1949		1.16	757 000.0				
1952		1.22	827 000.0				
1961	634 844.0	1.3	799 608.0	82 999.0	87 155.0	820 958.0	181 979.0
1962	641 138.0	1.3	850 519.0	81 225.0	86 138.0	842 703.0	189 795.0
1963	648 391.0	1.3	857 805.0	99 593.0	102 407.0	854 954.0	192 646.0
1964	656 742.0	1.4	906 245.0	91 313.0	100 606.0	905 118.0	193 773.0
1965	652 701.0	1.4	904 684.0	109 001.0	116 255.0	939 316.0	159 141.0
1966	654 860.0	1.5	988 536.0	108 218.0	109 825.0	958 203.0	189 474.0
1967	665 258.0	1.5	1 014 294.0	102 085.0	104 930.0	990 452.0	213 316.0
1968	670 241.0	1.6	1 052 526.0	96 221.0	98 339.0	1 022 171.0	243 671.0
1969	671 855.0	1.6	1 063 183.0	101 636.0	111 927.0	1 079 073.0	227 781.0
1970	662 932.0	1.6	1 078 774.0	113 573.0	119 226.0	1 113 672.0	192 883.0
1971	672 044.0	1.8	1 177 328.0	120 014.0	122 656.0	1 152 686.0	217 525.0
1972	661 103.0	1.7	1 140 664.0	133 317.0	137 556.0	1 177 914.0	180 277.0
1973	688 154.0	1.8	1 253 008.0	131 688.0	143 329.0	1 241 505.0	191 780.0
1974	690 551.0	1.7	1 203 544.0	123 703.0	129 584.0	1 196 391.0	198 933.0
1975	707 603.0	1.8	1 236 816.0	147 577.0	152 283.0	1 216 821.0	218 928.0
1976	716 527.0	1.9	1 342 203.0	145 470.0	153 442.0	1 281 185.0	279 947.0
1977	714 115.0	1.9	1 319 483.0	159 011.0	160 544.0	1 321 454.0	277 978.0
1978	713 391.0	2.0	1 445 493.0	166 705.0	176 739.0	1 390 428.0	333 043.0
1979	710 937.0	2.0	1 410 795.0	195 275.0	194 088.0	1 415 226.0	328 605.0

年份	收获面积	单产	产量	进口量	出口量	消费	期末库存
1980	722 288.0	2.0	1 429 777.0	201 504.0	211 956.0	1 450 661.0	309 028.0
1981	732 364.0	2.0	1 482 134.0	209 658.0	210 057.0	1 458 483.0	332 609.0
1982	717 106.0	2.1	1 533 367.0	194 759.0	195 869.0	1 476 127.0	390 047.0
1983	707 796.0	2.1	1 469 444.0	196 011.0	205 637.0	1 510 545.0	348 942.0
1984	711 258.0	2.3	1 631 997.0	211 270.0	214 213.0	1 552 267.0	428 672.0
1985	715 804.0	2.3	1 646 614.0	172 747.0	175 872.0	1 556 415.0	518 880.0
1986	710 495.0	2.3	1 664 860.0	178 450.0	186 958.0	1 610 861.0	572 879.0
1987	686 637.0	2.3	1 597 759.0	209 714.0	212 898.0	1 642 934.0	525 565.0
1988	688 319.0	2.3	1 549 393.0	212 212.0	219 409.0	1 626 714.0	448 244.0
1989	695 059.0	2.4	1 670 830.0	212 789.0	218 552.0	1 681 439.0	437 635.0
1990	695 417.0	2.5	1 769 127.0	197 788.0	205 706.0	1 716 999.0	489 763.0
1991	692 456.0	2.5	1 708 124.0	213 820.0	218 415.0	1 718 921.0	478 966.0
1992	695 159.0	2.6	1 789 294.0	208 597.0	220 136.0	1 757 026.0	511 387.0
1993	685 422.0	2.5	1 712 783.0	198 539.0	207 232.0	1 754 342.0	469 828.0
1994	685 791.0	2.6	1 759 587.0	213 163.0	212 816.0	1 773 131.0	456 284.0
1995	680 489.0	2.5	1 712 646.0	204 178.0	213 430.0	1 762 857.0	406 073.0
1996	702 477.0	2.7	1 870 746.0	207 145.0	216 141.0	1 827 895.0	448 924.0
1997	690 246.0	2.7	1 880 063.0	213 442.0	217 180.0	1 835 227.0	493 760.0
1998	685 381.0	2.7	1 873 783.0	218 201.0	220 874.0	1 840 703.0	526 840.0
1999	671 385.0	2.8	1 872 158.0	231 352.0	244 650.0	1 869 849.0	529 149.0
2000	667 611.0	2.8	1 841 849.0	225 390.0	232 673.0	1 870 112.0	500 886.0

年份	收获面积	单产	产量	进口量	出口量	消费	期末库存
2001	666 012.0	2.8	1 862 566.0	233 232.0	234 736.0	1 863 230.0	489 040.0
2002	656 406.0	2.8	1 821 454.0	231 174.0	236 531.0	1 910 110.0	440 547.0
2003	652 775.0	2.8	1 862 152.0	226 608.0	239 293.0	1 935 335.0	354 679.0
2004	664 578.0	3.1	2 042 189.0	235 380.0	240 841.0	1 989 090.0	402 317.0
2005	668 625.0	3.0	2 017 157.0	243 202.0	253 428.0	2 020 698.0	388 550.0
2006	673 310.0	3.0	2 002 644.0	255 650.0	260 725.0	2 044 523.0	341 616.0
2007	671 352.0	3.1	2 121 095.0	269 271.0	275 521.0	2 096 024.0	360 437.0
2008	690 723.0	3.2	2 230 768.0	272 611.0	280 142.0	2 139 493.0	444 181.0

资料来源：根据美国农业部公布数据汇总，国家粮油信息中心提供。

参考文献：

1. 《当代中国的粮食工作》，中国社会科学出版社 1988 年版。

2. 《当代中国粮食工作史料》，中国社会科学出版社 1988 年版。

3. 《当代中国的农业》，当代中国出版社 1992 年版。

4. 《当代中国的气象事业》，中国社会科学出版社 1984 年版。

5. 历年《中国统计年鉴》，中国统计出版社。

6. 历年《中国农村统计年鉴》，中国统计出版社。

7. 历年《中国统计摘要》，中国统计出版社。

8. 历年《中国农业统计资料》，中国农业出版社。

9. 历年《中国县（市）社会经济统计年鉴》，中国统计出版社。

10. 历年《中国粮食年鉴》，经济管理出版社。

11. 历年《中国粮食发展报告》，经济管理出版社。

12. 历年《中国粮食市场发展报告》，中国财政经济出版社。

13. 中国粮食经济学会、中国粮食行业协会编著：《中国粮食改革开放三十年》，中国财政经济出版社 2009 年版。

14. 卢建：《中国经济周期实证研究》，中国财政经济出版社 1992 年版。

15. 张连成：《经济周期的制度特征与形成机制》，《人民日报》2009 年 6 月 16 日第 7 版。

16. 《全国新增 1000 亿斤粮食生产能力规划》（摘要，2009 ~ 2020 年），《人民日报》2009 年 11 月 4 日第 16 版。

17. 郑国光：《科学应对全球气候变暖，提高粮食安全保障能力》，《求是》2009 年第 23 期。

18. 国家统计局编：《新中国 60 年》，中国统计出版社 2009 年版。

附件1：

国家软科学研究计划项目2008GXS5B098
子课题研究报告（1）

我国粮食生产波动影响因素分析

南京财经大学粮食经济研究院课题组

实现粮食稳定增长是我国粮食政策的核心目标，对保障国家粮食安全具有十分重要的战略意义。近年来，随着国内外粮食市场的变化，粮食生产的稳定性引起了广泛关注。农户的粮食供给反应是一个动态调整过程。当粮食生产的外部环境发生变化时，受资金、技术和生产习惯等条件的制约，农户对外部环境变化反应最敏感的始终是粮食的市场价格，国家粮食价格政策对粮食生产起着关键作用。为此，本课题利用粮食供给反应模型研究影响我国粮食生产波动的主要因素，并提出了相应的政策建议。

一、1949年以来我国粮食生产基本情况

（一）1949年以来我国粮食生产概况

1949年以来，特别是改革开放以来，我国粮食生产取得了突破性发展，实现了历史性跨越。我国主要农产品大幅度增长，实现了粮食总量基本平衡、丰年有余，满足了全国十几亿人的吃饭和城乡居民生活改善的需要，为我国经济较快发展提供了重要支撑。1949年以来，我国粮食生产先后登上了1.5亿吨、2亿吨、2.5亿吨、3亿吨、3.5亿吨、4亿吨、4.5亿吨和5亿吨8个台阶。我国粮食生产呈波动增长态势，由1949年的11 318万吨增长至2007年的50 160万吨，粮食总产量增长3.4倍，平均每年增长率超过3%。我国人均粮食产量2008年达到404公斤，超过了世界平均水平，比1949年增加195公斤，增长近1倍。经过60年的发展，中国粮食总产量居世界第一位，

基本解决了 13 亿人的吃饭问题，保障了国内粮食安全（见图10）。

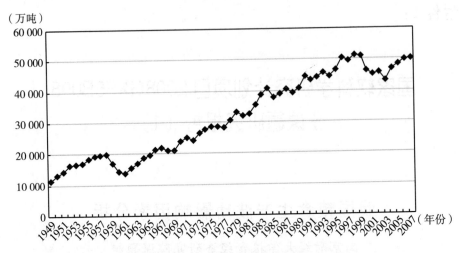

（万吨）

图10　1949～2007 年我国粮食总产量

（二）1949 年以来我国粮食生产波动的阶段特征

根据我国粮食生产增长及波动情况，我国粮食生产可分为两个阶段：1949～1977 年为第一阶段，在这个阶段内，我国粮食生产发展缓慢；1978～2007 年为第二阶段，粮食生产快速增长，但波动也较大。

1. 1949～1977 年我国粮食生产波动。1949～1977 年，我国粮食生产经历了较大波动。1949～1952 年，粮食产量持续增长，但 1953～1954 年增长率大幅度降低。1955～1956 年，粮食产量持续攀升，两年粮食总产量增长2 323万吨。1957～1961 年，粮食产量大幅度下降，总产量降低至新中国成立以来的最低水平。1962～1966 年，连续五年增产，不过 1967～1969 年增长缓慢。1970～1971 年，我国粮食连续两年增产，但 1972 年出现较大波动。1973～1975 年，连续三年增产，增长率一直在0.63%～1.24%。

2. 1978 年以来我国粮食生产波动。1978～1984 年，因党的十一届三中全会决定大幅度提高粮食统购价，我国粮食生产快速增长，粮食总产量多次实现了历史性突破。1979 年，总产量达 33 212 万吨；1980～1981 年粮食生产因灾出现了负增长，年均增长率为 -1.05%。1980 年，总产量为 32 056 万吨，比 1979 年减产 1 156 万吨。1982～1984 年全国推行的"大包干"就像20 世纪 50 年代的土改一样，激发了农民生产积极性，粮食产量从原来不到

3 亿吨，连续跨越 3 亿吨、3.5 亿吨和 4 亿吨三个台阶，到 1984 年超过 40 730 万吨。

1985～1988 年，我国粮食生产出现了较大幅度波动。1985 年，产量回落到 37 911 万吨的水平，减产 2 820 万吨，比上年减产 6.92%。这次波动是在全面推行"大包干"之后发生的"卖粮难"。这次波动同国家粮食政策大改变有关系，从 1982 年开始全国普遍出现农民卖粮难。为扭转这种局面，1985 年中央 1 号文件明确粮食统购改为国家定购，即定购内粮食按较高的定购价收购，定购外的粮食由农民自由处理，如果卖给国家则按较低的统购价收购。农民怕粮多吃亏，因而少种了粮食。由此，从 1985 年开始，全国普遍叫缺。

1989～1993 年，我国粮食生产处于相对徘徊状态。1989～1990 年，我国粮食生产连续两年增长，年均增长率为 6.45%。1991 年再次出现了粮食生产波动，粮食产量比上年减少 2.5%，减产 1 095 万吨，回落到 43 529 万吨的水平。1992～1993 年，我国粮食生产保持较好态势。

1994～1996 年，我国粮食产量持续增长。这次波动开始于 1993 年秋季收购出现的抢购和 1994～1995 年的粮食价格上涨。这次波动的真实原因主要有两点：一是 1992～1993 年出现的"民工潮"，大量农民进城打工，大幅度增加了城市对农产品的需求；二是 1994 年 1 月 1 日汇率改革使人民币一次性贬值 57%，使得一些粮食企业突然从进口粮食转向在国内市场抢购粮源以逐利。1995 年后，由于调整了棉花政策，导致部分棉农弃棉种粮，使粮食播种面积增加。为了应对 1993～1994 年的粮食生产波动，政府 1994 年一次性提高国家粮食定购价格 42%，1996 年又再次提高了 40%，大大刺激了粮食生产。1994～1996 年，粮食产量 3 年大幅度增长，连续跨越了 4.5 亿吨和 5 亿吨两个台阶。

1997～1999 年，我国粮食生产连续保持高产。1997 年，我国粮食产量虽然比上年减少 2.05%，仍达到 49 417 万吨。1998 年，粮食总产量达到 51 229 万吨，增长 3.67%。1999 年虽然粮食增长率为 -0.76%，但仍保持 5 亿吨以上。

2000～2003 年，我国粮食生产出现了较大幅度下降。2000 年比上年减产 4 621 万吨，减幅达 9.1%；2001 年又比上年减产 954 万吨，减幅为 2.1%；2002 年，产量有所增长，增幅为 1%；2003 年，产量再次大幅下降，仅为

43 069 万吨。

2004～2007 年，在"政策好，人努力，天帮忙"的情况下，通过实施对粮农各项直补和取消农业税等惠农政策，我国粮食产量持续增长，从 2004 年的 46 945 万吨增长到 2007 年的 50 160 万吨。2005～2007 年，粮食总产量保持持续增长态势，分别达到 48 402 万吨、49 804 万吨、50 160 万吨，接近历史最高水平。

二、模型结构与变量说明

（一）模型结构

从农民是市场经济条件下的理性人出发，他将基于实现利益最大化的目标安排农业生产，决定各种生产要素对粮食生产的投入。而农民的粮食生产规模及要素投入，又直接受粮食价格预期等因素的影响。

基于以上思路，本文研究重点是分析粮食生产波动的影响因素，尤其是粮食市场价格等对粮食生产波动影响。由于粮食生产首先受到粮食市场影响。因此，我们将依据粮食供给价格反应函数来分析我国粮食生产波动。根据一般的供给反应理论，在总体价格水平和投入品价格水平不变的局部均衡条件下，期望产量是该产品预期价格的函数：

$$Y_t = \beta_0 + \beta_1 X_t^* + u_t \qquad (1)$$

其中，Y_t 为被解释变量，X_t^* 为解释变量预期值，u_t 为随机扰动项。假定生产者预期价格的形成遵循适应性预期调整假说，即适应性预期。由于预期变量不可直接观测，我们对预期的形成做如下处理：

$$X_t^* - X_{t-1}^* = \gamma(X_{t-1} - X_{t-1}^*) \qquad (2)$$

将其代入上式，可得：

$$X_t^* = \gamma X_{t-1} + (1 - \gamma) X_{t-1}^* \qquad (3)$$

将原供应方程滞后一期并乘以（$1 - \gamma$），然后两式相减，最终简化为：

$$Y_t = \gamma\beta_0 + \gamma\beta_1 X_{t-1} + (1 - \gamma) Y_{t-1} + u_t^* \qquad (4)$$

对于模型的具体形式，粮食生产与价格变量均采用对数化处理，这样其系数即为价格弹性。对于其他因素，在粮食生产中均起到系数的作用。因此，我们采用线性形式，这样其系数即表示各因素对粮食生产的变化率观念。根据粮食供给价格反应函数可知，粮食生产受到粮食价格等因素影响。为考察

204

粮食生产对各因素变化的反应弹性,我们采用对数模型形式进行分析,模型形式如下:

$$\ln Y_t = \gamma\beta_0 + \gamma\beta_1\ln P_{t-1} + \gamma\beta_2 CV_t + (1-\gamma)\ln Y_{t-1} + u_t^* \qquad (5)$$

其中,Y_t 表示第 t 年粮食生产产量;P_t 表示第 t 年价格变量,包括粮食实际价格、生产资料实际价格、棉花实际价格和油料作物价格;CV_t 表示其他解释变量,包括自然灾害率、财政支出中支农的比重、机械化程度、有效灌溉率、粮食流通变量等,粮食流通变量其中采用粮食流通体制改革与否的虚拟变量表示。

（二）变量与数据说明

本文重点从以下方面探讨粮食生产波动的影响因素,其中价格因素均采用 1978 年的定基价格指数,并利用商品零售价格指数缩减,将其折算为实际价格指数。

（1）粮食价格。粮食价格是我国粮食生产的重要影响因素。粮食供给受生产周期的限制较大,当一个生产周期结束后,粮食价格对粮食产量的调整只能在下一个生产周期进行。因此,相对于其他商品来说,粮食的供给弹性较小。

（2）农业生产资料的价格。如农药、化肥等价格是影响农业生产成本的重要组成部分,对粮食生产的收益产生直接影响。在粮食价格基本稳定,农业生产资料价格上涨时,农民基于使自身收益最大化的考虑,有可能减少农业生产资料的投入,这样粮食产量将有所下降;相反,若农业生产资料价格下降,农民也有可能增加生产资料的投入,促使粮食增产,导致粮食供给增加。

（3）替代作物价格。农民作为理性决策人,会根据粮食与其他作物的比较收益来安排生产结构。我国历来存在粮食与经济作物替代关系,棉花价格与油料作物价格变化,对粮食生产有替代作用。

（4）农业机械化程度。随着经济发展,农业机械化将成为长期发展趋势,农业机械化程度可以提高农业发展的规模经济,可能在一定程度上削弱自然环境的影响。因此,我们将其纳入模型。

（5）自然灾害。农业生产的重要特点是周期长、自然属性强,粮食供给受自然资源条件影响显著。在影响粮食供给的众多自然因素中,影响较大较明显的是土地资源、水资源和气候状况。随着经济社会的发展，耕地和水资源的紧缺将使粮食供给在较长时间内面临着资源相对不足的压力。

（6）技术进步。我国粮食生产技术进步的重要投入主体是政府，我们采用财政支农支出比重作为农业技术进步变量。此外，该变量也在一定程度上反映了粮食生产政策对农业生产的影响。

（7）制度变量，尤其是粮食流通体制改革变量。粮食流通产业发展状况直接影响到粮食销售状况，影响粮食市场价格信息传递效率，也影响到粮食价格稳定性，从而影响农民种粮积极性。本研究加入粮食流通产业发展变量，采用粮食流通体制改革与否的虚拟变量表示。根据改革开放以来我国粮食流通体制改革的进程，我们把粮食流通体制改革分为如下四个阶段：1978～1984年为粮食统购统销阶段；1985～2004年为粮食计划与市场"双轨"运行阶段；2004～2007年为国家宏观调控下的粮食市场化改革阶段。为此，本研究设置两个虚拟变量作为制度变量。

本研究采用的数据来自《中国农村统计年鉴》、《中国统计年鉴》。受数据可获取性影响，我们将实证分析数据的时间范围限定在1978～2007年。

三、计量检验与结果分析

根据1978～2007年我国粮食生产及相关因素的数据，对模型进行估计。采用AR方法对自相关性进行调整，计量结果显示，从模型整体检验来看，模型的调整 R^2 在0.95以上，F值均在1%水平显著，DW检验值均在2左右，模型拟合效果均较好。根据模型调整后的结果（模型二），我们可以得出以下几点主要结果（见表2）。

表2　　　　　　　　粮食生产供给反应模型计量检验结果

指标	模型一		模型二	
变量	系数	T检验	系数	T检验
常数项	-0.4	-0.3	-0.4	-0.3
粮食产量（滞后一期）	0.9***	9.0	0.9***	8.7
粮食价格	0.2**	1.8	0.2**	1.7
生产资料价格	-0.2	-1.4	-0.2	-1.3
棉花价格	0.0	0.5	0.0	0.4

指　标	模型一		模型二	
变量	系数	T 检验	系数	T 检验
油料价格	-0.1	-1.0	-0.1	-0.9
机械化程度	-0.2	-1.5	-0.2	-1.1
自然灾害率	-0.9***	-6.6	-0.9***	-4.6
财政支农比例	2.3***	3.4	2.1***	3.1
有效灌溉率	1.7**	2.5	1.5**	2.1
虚拟变量一	-0.0	-0.6	-0.0	-0.8
虚拟变量二	-0.0	-1.1	-0.1	-1.3
AR（1）	-	-	-0.2	-0.8
调整 R^2	1.0		1.0	
DW 检验	2.3		2.3	
F 检验	79.6***		58.2***	

注："－"表示不含该变量；*、**、*** 分别表示 10%、5%、1% 显著水平。

资料来源：《中国农村统计年鉴》、《中国统计年鉴》。

第一，粮食价格对粮食生产的正向作用显著。粮食价格变量在 10% 的水平显著，可以认为我国粮食生产中具有"粮食生产理性作为"特征，这说明粮食价格杠杆对调节农户的粮食生产行为具有至关重要的作用。1999～2003年，由于没有注意到粮食生产同样基于理性原则而忽视粮农收益下降的事实，未能及时调整政策保障粮农增收，严重妨碍了中国粮食生产持续稳定增长。因此，这一结论有着极为重要的政策含义。其影响程度显示，粮食生产价格的短期弹性为 0.1896，即粮食实际价格每增长 1%，粮食生产将增长 0.2% 左右。这说明粮食价格变化对粮食播种面积产生显著影响，粮食价格对粮食生产结构调整产生重要的引导作用。

第二，生产资料价格对粮食生产产生负向作用。生产资料价格对粮食生产的实际收益产生直接的影响，计量结果显示，生产资料价格对粮食生产产生负向影响，不过显著程度不高。生产资料价格变量的系数为 -0.2078，P 检验值接近 10%，这说明生产资料价格变化也是影响我国粮食生产的一个重要因素。

第三，不同经济作物价格对粮食生产影响程度不同。其中棉花的替代性较弱，而油料作物对粮食生产的替代性较强。粮食生产与经济作物生产具有直接的替代关系，无论从农户决策还是生产结构调整政策来说，粮食与经济作物市场变化都可能产生相互影响。油料价格变化对粮食生产有显著负向影响，但棉花价格对粮食生产的影响并不显著。这可能是受农业生产中套种生产方式影响的缘故，棉花与小麦通常存在套种现象，因此棉花对小麦的替代性很小。而其他经济作物通常是粮食生产的最主要的替代作物，其相对价格变化对粮食生产有较大负向影响。

第四，农业机械化对粮食生产影响不太显著。这说明农业生产机械化程度虽可提高粮食生产的专业化程度和规模经济效益，但在目前农村劳动力相对过剩情况下，农业机械化程度对粮食生产促进作用仍然有限。

第五，技术进步对粮食生产有显著正向作用，对粮食生产影响程度最高。国家财政支出支农比例对粮食生产的影响间接反映了农业科技进步的作用，因为国家财政支出支农比例中的重要部分是农业科技三项支出，这也间接反映了农业技术进步对我国粮食生产的影响。结果显示，财政支出支农比重变量 T 检验值达到了 3 以上，在 1% 水平显著，显著程度达到 2.0841，说明国家财政支出支农比例每增长 1%，粮食产量将增长 2% 以上。

第六，灌溉投入对粮食生产有显著正向影响。农业灌溉是降低粮食生产自然波动的重要手段，对稳定粮食生产起到重要作用。结果显示，有效灌溉率对粮食生产产生显著正向影响，影响程度为 1.5417，在 1% 水平显著，说明有效灌溉率每增长 1%，粮食产量将增长 1.5% 以上。

第七，自然灾害对我国粮食生产产生显著负向影响，在所有变量中最显著。自然灾害是我国粮食生产波动的重要原因，我国粮食生产靠天吃饭的现象仍很严重。结果显示自然灾害率对粮食生产的影响程度为 -0.8654，T 检验值得到 -4.6111，在 1% 显著，说明自然灾害率每提高 1%，粮食产量将下降 1% 左右。

第八，粮食市场化改革制度虚拟变量对粮食生产有负向影响，但不显著。以粮食流通体制改革阶段设置的制度虚拟变量对粮食总产量均产生一定负向影响，且影响程度在不断深化，不过均不显著，这说明随着粮食流通市场化体制改革进程加快，粮食流通体系对粮食生产的波动影响将逐渐加大。

四、政策建议

（一）稳定耕地与粮食播种面积，切实保护农业生态环境

在工业化、城镇化进程日益加快、粮棉油关系依然紧张的形势下，稳定耕地与播种面积是实现粮食生产稳定增长、缓解粮食生产波动、实现国家粮食安全的根本保障。也只有稳定耕地面积，才能较好地解决粮棉油的合理种植结构，确保国家粮食安全。为此，需要采取以下措施：

1. 严格耕地保护，稳定粮食播种面积。加大基本农田保护力度，确保基本农田规模，稳定粮食播种面积。将耕地保护纳入目标管理，实行最严格的耕地和基本农田保护制度，严格各级政府耕地保护目标责任制。加大执法巡查力度，遏制乱占耕地现象。

2. 加强农业生态环境建设，有效提升耕地质量。近年来，随着工业化、城镇化进程加快，农业生产环境受到了严重破坏，耕地质量显著下降，甚至出现了荒漠化现象，导致耕地生产能力显著下降。为此，要注重农业微生态环境的恢复与重建，切实保护农业生态环境，提高耕地生产质量。

（二）加强农业基础设施建设，改善粮食生产条件

加强农业基础设施建设，是稳定粮食生产提高粮食综合生产能力的重要保障。针对当前我国农业基础设施建设方面存在的主要问题，应采取如下对策措施：

1. 树立农业基础设施建设先行意识。一方面，以科学发展观为指导，抓紧完善农田水利等基础建设规划，充分认识农业基础设施建设的重要性，加强农业基础设施建设投资；另一方面，加大对农民的宣传教育，提高农民保护现有农业基础设施和进一步建设基础设施的意识。

2. 加大农业基础设施的投资，提高投资效率。探索农业基础设施建设投资主体多元化的新路子，在投资方式上创新机制，充分发挥政策引导和市场机制作用，以优惠的政策吸引个人、集体、外资等各类经济主体投资农业基础设施建设；在扩大投资的基础上，切实理顺投资关系，明确社会各种利益主体在农业基础设施建设中承担的责任和义务；小流域和耕作区范围内的小型农业基础设施应主要由耕作区集体和农民个人负责投资管理，地方政府应给予必要的支持和补贴。

（三）优化粮食生产结构，确保粮食供给的整体安全

在可耕地面积一定的情况下，粮食与油料、棉花生产之间具有很强的替代关系。因此，在当前情况下，合理确定粮食、油料作物和棉花三者的比例，优化农作物种植结构就显得格外重要。油料作物和棉花作为经济作物，属于劳动密集型产品。种植经济作物具有吸纳农村剩余劳动力和提高农民收入水平的作用。现实中，我国油料作物生产处于严重不足的状态，很多地方政府也将增加油料作物生产作为提高当地经济发展的重要手段，这在一定程度上，可以缓解我国油料生产方面的瓶颈，但这将导致粮食播种面积下降，总产量减少；从另一方面说，如果一味强调粮食生产的重要性，扩大粮食播种面积而引起其他经济作物，尤其是油料作物产量下滑，这将导致我国油料作物生产陷入进一步的困境。为此，需要采取以下措施：

1. 合理确立粮食、油料作物和棉花的种植比例。在技术水平和单产既定的条件下，确保合理的粮食种植面积，尽量扩大油料作物和棉花的种植。

2. 加大粮食直补力度。尤其是加大对粮食种植比例高的地区给予较高的补贴，促进农民种粮积极性，以确保粮食生产。

3. 加快粮食、油料作物和棉花良种的研发。提高三者单产水平，从而在耕地面积有限的条件下，有效确保粮食供给整体安全。

（四）完善粮食价格政策，兼顾城乡居民利益

粮食价格不仅涉及粮农利益的保护，而且影响到城镇居民消费支出结构与水平，所以合理的粮食价格政策既要切实保障农民的粮食生产积极性，也要体现出价格政策的分配关系所带来的城乡居民间的利益均衡。为此，需要采取以下措施：

1. 完善粮食最低收购价政策。建立健全粮食收购价执行预案，认真贯彻重点粮食品种最低收购价政策，保持合理粮价水平；继续加大对执行粮食最低收购价的市场巡查力度，纠正粮食收购过程中的压级压价和随意"扣水"、"扣杂"等损害农民利益的行为，保证粮食收购质价相符。

2. 健全市场化的粮食价格形成机制。实现粮食价格形成机制市场化转换，突破僵化的粮食管理体制，形成由市场决定粮食价格的新机制，为粮食市场机制的健康运行并发挥应有的调节作用创造前提条件。

3. 加强粮食价格走势监测及调控政策。开展农民种粮意向和主要粮食品

种种植成本、收益调查，适时对外发布粮食价格和成本收益信息，引导市场预期，稳定粮食生产。根据市场价格变化，及时启动价格应急监测预警机制，防止粮食价格大起大落。

（五）稳定农业生产资料价格，维护市场与流通秩序

随着农业现代化程度的不断推进，粮食生产所需的生产资料发挥着越来越重要的作用。近年来，化肥、农用机械等生产资料价格飞涨，农民为降低生产成本减少农用机械的使用和购买，甚至购买廉价低质的化肥，导致产量下降，但农民若购买质量有保障的生产资料则会导致粮食生产无利润或负利润。因此，粮食作为弱势产业，应从外部环境给予保护，以促进其发展。尤其是在生产资料的价格和质量保障方面，国家应制定相关的法律和政策，对农民购买农用机械、化肥等生产资料给予财政支持。同时，对农业生产资料的生产和销售进行价格指导和质量监督，让农民能够买得到，也能买得起农业生产资料。为此，需要采取以下措施：

1. 加强监督检查。密切关注市场动态，强化市场价格监督检查，严厉查处价格欺诈、价格垄断，囤积居奇、欺行霸市、哄抬物价、谋取暴利等价格违法行为。

2. 增加对农业生产资料生产企业的资金和政策扶持。给予一定税收优惠及补贴，降低企业生产成本，让农民得到实惠。

3. 加强市场监督管理，严格控制流通环节。

（六）加快农业科技推广，提升粮食生产现代化水平

根据我国目前农业科技进步存在的问题，从体制、投资、政府角色以及提高人力资源四个方面采取措施：

1. 建立适应市场经济要求的科技体制。首先，要充分发挥市场的导向作用，深化农业科技体制改革，建立起与市场经济相适应的科技体制。改变以往单靠政府自上而下的行政推动方式。其次，加强各部门间沟通与协作，打破封闭状态。加强产学研密切结合，发挥农业院校在农业技术推广中的作用，推进农业科技创新活动。

2. 建立以政府投资为主体，多层次、多渠道的农业科技投资体系。建议各级财政部门按照《中华人民共和国农业法》的要求，大幅度增加对农业科研和推广的投入，特别是要加强对重点农业科技项目的支持；借鉴国际上农

业科技的投资经验，扩大非政府部门的投资比重。鼓励民间资金投入农业科技，积极利用外资，增加对农业科技的贷款；完善对农业科研和推广投入资金的管理，统筹安排、优化配置。

3. 转变政府职能，充分发挥政府在农业科技进步中的促进和服务作用。大力培育农业科技市场，制定和完善农业科技市场的管理条例，同时加强对农业科技进步的法律保护，建立健全与农业科技进步相关的法律制度及执法监督体系；运用经济、法律、政策等手段，使农业教育、科研、推广三者紧密联系、横向沟通、纵向协作。

4. 高度重视人力资源开发。提高各级农业技术人员的生活待遇，并通过各种培训提高他们的技术素质和水平，进而有助于加强对农民技术培训，提高他们接受和运用农业技术能力。

（七）加快粮食市场体系建设，提高粮食流通效率

充分发挥市场机制在配置粮食资源中的基础性作用，推进粮食现代物流发展通过粮食流通产业发展提高粮食流通效率，有助于理顺粮食价格形成机制。为此，需要采取以下措施：

1. 继续推进粮食流通体制改革。改革粮食运输管理体制，创新粮食物流机制，整合现有粮食物流资源，推进仓储、码头设施社会化和运输服务市场化进程；加快产权制度改革，进一步引进社会资金和外资进入粮食物流设施建设领域，形成多元化投资格局；加强主产区与主销区的利益协作机制，提高产销对接效率。

2. 推进建设粮食批发市场体系。引导多元投资主体建设，以全国性粮食批发市场建设为引导，以区域性粮食批发市场建设为辅助，加快粮食批发市场体系建设，在国家宏观调控下，尽快弥补国有粮食流通产业部门退位后的粮食流通产业发展滞后问题。

3. 健全粮食零售市场体系。注重培育粮食流通产业龙头企业，以超市、大卖场、便利店等企业发展为载体，推动粮油零售体系形成多层次、多渠道、多元化发展格局。

（八）健全粮食储备及调控体系，提高粮食宏观调控水平

粮食储备是稳定粮食市场、平抑粮食生产波动、实现粮食安全的重要手段，应进一步健全粮食储备及调控体系，有效提高国家对粮食市场的宏观调

212

控能力。为此，需要采取以下措施：

1. 完善粮食储备体制，创新运行机制。健全储备粮轮换专项补贴制度，逐步建立利益共享、风险共担的储备粮轮换新机制，充分调动承储企业积极性，有效控制轮换价差。

2. 优化粮食储备结构，提高粮食储备的调控能力。从我国粮食消费实际出发，优化粮食储备结构，提高成品粮油的储备库存量，健全储备粮的应急保供效率，提高粮食储备的市场调控能力。

3. 加快粮食储备的现代化进程，提高储备粮管理水平。注重采用先进温控技术，探索运用准低温储粮技术、无线射频的测温技术等，开展信息化、标准化、精细化管理，推进科技储粮，稳定提高储备粮食质量，提高粮食储备管理效率。

4. 健全储备粮市场投放机制，提高粮食储备与粮食加工及流通的衔接效率。创新粮食储备与粮食加工、粮食流通企业的合作机制，完善储备粮市场投放机制，提高粮食储备的市场调控能力，有效平抑粮食市场波动。

子课题主持人：曹宝明
子课题组成员：李全根　李光泗　李　丰　徐建玲
子报告执笔人：李光泗

参考文献：

1. 廖永松. 灌溉水价改革对灌溉用水、粮食生产和农民收入的影响分析. 中国农村经济, 2009（1）.

2. 綦校海, 陈文琼, 吴欢欢. 影响我国粮食生产因素的实证分析——基于 1983～2005 年的数据. 管理观察, 2009（9）.

3. 郭淑敏, 马帅, 陈印军. 我国粮食主产区粮食生产影响因素研究. 农业现代化研究, 2007（1）.

4. 梁子谦, 李小军. 影响中国粮食生产的因子分析. 农业经济问题, 2006（11）.

5. 李平, 方伟, 侯军岐. 我国贫困地区农户粮食生产投入决策影响因素分析. 中国农业大学学报（社会科学版）, 2006（3）.

6. 高帆. 我国粮食生产的波动性及增长趋势：基于 H－P 滤波法的实证研究, 经济学家, 2009（5）.

7. 何蒲明, 黎东升. 基于粮食安全的粮食产量和价格波动实证研究. 农业技术经济, 2009（2）.

8. 卢锋, 谢亚. 我国粮食供求与价格走势（1980～2007 年）——粮价波动、宏观稳定及粮食安全问题探讨. 管理世界, 2008（3）.

9. 胡锋. 1990 年以来的粮食价格水平波动研究. 中国粮食经济, 2008（5）.

10. 王玉斌, 蒋俊朋, 王晓志, 陈慧萍. 中国粮食产量波动影响因素实证分析. 北京农学院学报, 2007（4）.

11. 王玉斌, 蒋俊朋. 我国粮食产量波动及地区差异比较. 农业技术经济, 2007（6）.

12. 程杰, 武拉平. 我国主要粮食作物生产波动周期研究：1949～2006 年. 农业技术经济, 2007（5）.

13. 王小鲁. 中国粮食市场的波动与政府干预. 经济学（季刊）, 2001（1）.

14. 蒋乃华, 张雪梅. 中国粮食生产稳定与波动成因的经济分析. 农业技术经济, 1998（6）.

15. 张峭. 中国粮食生产波动研究. 农业技术经济, 1998（5）.

16. 朱健, 对我国粮食供给影响因素的分析——基于劳动力流动下农民粮食生产收益的视角. 经济纵横, 2009（3）.

17. 宋晓松, 冷凯洛. 我国主要产粮省份粮食生产影响因素的比较分析. 云南财贸学院学报（社会科学版）, 2008（3）.

18. 易鹏, 段豫川. 我国粮食生产影响因素的动态分析. 农村经济, 2008（1）.

19. 谢杰. 中国粮食生产影响因素研究. 经济问题探索, 2007（9）.

20. 喻翠玲，冯中朝. 我国粮食生产的波动性及其影响因素分析. 农业现代化研究，2006（1）.

21. 罗万纯，陈永福. 中国粮食生产区域格局及影响因素研究. 农业技术经济，2005（6）.

附件2:

国家软科学研究计划项目2008GXS5B098
子课题研究报告(2)

国家政策对粮食周期性波动的影响

河南工业大学经贸学院课题组

本子课题研究在对我国粮食周期性波动历史考察基础上,发现国家政策反复调整是我国历次粮食波动的主要原因之一,并重点分析了国家政策变动与粮食周期性波动的内在机制。为此,建议新的粮食政策应在生产、流通等多个领域以多种方式对粮农进行补贴,达到平抑粮食波动、稳定粮食供给和保障粮食安全的目的。

一、政策因素对粮食安全的影响

粮食周期性波动主要表现为粮食产量波动、粮食供求波动和粮食价格波动。这三者又往往互为因果相互交织,如产量波动引起供求变化,供求变化的市场表现就是价格波动,价格变化又会引起下一期产量调整。引起粮食周期性波动原因多而复杂,在我国,国家政策无疑是极为重要的因素之一,这种类型的粮食波动也被称为政策性周期波动,它是指从经验上讲存在着由政策引起的粮食反复波动,这些波动若超出一定幅度和范围,就会危及国家粮食安全。

据研究表明,改革开放以来,我国粮食周期性波动在很大程度上由政策的反复调整引起,国家政策对于粮食安全影响分为对于粮食总量波动的影响,以及其他政策如分配政策、加工流通政策、食品营养与安全政策等对粮食安全的影响。当然,就目前我国国情而言,政策因素对粮食安全影响最为基础也最为根本的,仍是对粮食总量安全的影响和随之产生的供求波动和价格波

216

动对粮食安全的冲击。

（一）我国粮食周期性波动的政策型影响

我国粮食周期性波动的形成是由内部传导机制和外部冲击机制相互作用的结果。其内部传导机制是在一定的资源约束、需求约束和技术边界内，在市场机制中粮食生产主体通过调节可控生产要素获得最大化粮食产量，这个调节过程表现为粮食产量波动。农产品市场接近完全竞争市场，如果没有外部冲击，虽则有生产波动但不会有诸如"卖粮难"、"买粮难"现象反复交替出现的粮食市场供需失衡现象。中国粮食市场波动产生的原因关键在于其面临的外部冲击。

中国粮食生产的外部冲击因素有技术、气候、政策、价格等。粮食政策有很多种，其中通过财政、金融、税收、投资等定量手段调节粮食供求总量的政策对粮食生产影响较大。我国自改革开放以来，粮食价格主要有政策性价格和市场价格两大类。真正影响粮农种粮行为的是粮食市场价格及其他与农产品相关物品的价格，如经济作物价格和农业生产资料价格等。因为价格对粮食生产波动的影响实际上是通过生产投入要素变动实现，种粮与否或种植多少决定于种粮与其他可行经济活动的比较收益。然而这并不意味着粮食的政策性价格对粮食生产波动不起作用。实际上，国家通过政策性价格和政策性收购调节市场粮食供求关系影响粮价，实现对粮食生产波动的间接干预。价格作为外部冲击因素对粮食生产波动的影响是持续性的。我国粮食收购价格每一次提高对未来几年粮食生产都有影响，其作用机制是价格冲击通过内部传导机制影响到各生产要素投入量的调整，从而某些生产要素由于调整成本有一个渐进过程，最终使产量波动出现延续现象。

外部冲击的气候因素还难以控制，科技进步需长期投入，平抑我国粮食市场波动确保我国粮食安全的关键，仍在于出台适宜的国家政策。在这方面，我们有改革开放以来几十年没有发生过粮食危机的成功经验，如国家的托市收购、充裕的国家储备、粮食直补政策等都起到很好效果，但也有过教训，付出过巨大代价。例如，有时候对粮食形势的变化反映过猛，对粮食形势判断简单化，出台粮食政策过于匆忙，在调节粮食供求失衡时矫枉过正，常常放大而不是缩小了粮食供求和价格波动。朱希刚（2005）通过历史回顾和分析曾揭示，粮食生产波动主要源自政策变化；郑有贵等（2001）的研究也表明，农业政策调整和粮食产量波动有着密切的相互影响。我国历次粮食市场供求失衡大多与之有关。

改革开放以来我国"卖粮难"、"买粮难"现象反复出现，粮食价格波动，粮食市场陷入"短缺"与"过剩"交替发生之中。造成这种现象的原因很复杂，但毫无疑问，粮食政策是历次供求失衡的一大推动因素。

中国政策型粮食周期波动的形成可以简单地描述如下：为确保粮食总量安全而加大财政投入→增加粮农收入→提高粮食产量→更大的财政投入，形成一个闭路循环。若不及时进行政策调整，强大的财政投入会一直推高产量，使供求出现失衡。过高的财政成本和已经推高的产量或缓和的供求关系，使政府减少财政投入，接着粮农收入下降，种粮积极性受挫，产量随之降低，供求再次失衡。紧张的粮食供求关系和飞涨的粮价使政府再次调整粮食政策，加大财政投入以通过提高粮农收入来推高粮食产量，形成新一轮粮食波动。

下面通过对我国改革开放以来历次粮食周期性波动的考察，可以清楚地看到这种由于粮食政策反复调整而引起的粮食周期波动。

（二）我国政策型粮食周期波动的历史考察

1. 1978～1984年。改革开放之初，政府为了调动农民种粮积极性，于1979年将粮食收购价格从夏粮上市时提高20%，超购部分在这个基础上再加价50%，同时规定销价一律不动。在此政策拉动下粮食产量不断提高，到1984年达到4亿吨以上，与1981年相比增产25.3%，其中稻谷、小麦和玉米分别增加23.8%、47.2%和24.0%。直接导致粮食总量过剩和卖粮难、储粮难、运粮难，曾一度出现国家对粮食购不起、销不了、存不下、调不动。为此政府付出高昂的政策成本。此时，减少财政压力而非粮食安全成为政府工作的主要目标，甩掉财政补贴包袱也就成了当时的政策工具。

2. 1985～1988年。从1985年起，取消粮食统购，改为合同定购。定购的粮食国家按"倒三七"比例计价收购，定购以外部分允许自由上市。1985年"粮改"当年，财政补贴比上年下降13.59%。同时，粮食产量也下降了2820万吨，降幅达6.93%，其中稻谷、小麦和玉米分别减产5.4%、2.3%和13.0%。1986年、1987年，全国粮食产量虽然出现了恢复性增长，但到1988年，全国粮食总产量分别较1987年和1984年减少2.6%和3.2%，全国人均粮食占有量357.7公斤，远低于1984年水平。此后，由于自然灾害和其

218

他因素影响，粮食产量一直徘徊不前。出现国家粮食收购难、市场粮食供应转紧、粮食市场价高于合同价现象。

3. 1986～1994年。在经过"85粮改"和当年产量下降，粮食供求再次紧张。政府从1986年着手再次调整粮食政策。一是连续5年调高粮食定购价格。1989年水稻、小麦和玉米的合同定购价比1985年分别提高了43.4%、14.2%和21.8%；二是调减合同定购基数，在1985年7 900万吨基础上减少了36%；三是委托代购和"议转平"，大幅度调减粮食定购基数后，国家平价销售的缺口由议价粮弥补。其后，在政策不断拉动下，再次出现了粮食生产高峰。1989年粮食产量较上年恢复性增长3.4%，1990年粮食产量较上年增长9.5%，产量达到4.46亿吨，1993年粮食产量较1990年又增长2.3%，达4.56亿吨。粮食连年增产，导致粮食库存大量积压，重新出现"卖粮难"。这种情况在1989年已有苗头，1990年、1991年有所加剧。在此期间，收购性财政补贴大增，成本已超过政府可以承受的极限，粮食政策面临着想甩掉不堪重负的巨额财政补贴包袱的变革动机。于是，在1991年和1992年部分地区试点的基础上实行保量放价、购销同价政策，规定中央和地方财政减下来的粮食加价、补贴款要全部用于建立粮食风险基金。由于粮食市场放开，沿海发达省市农民开始将农业生产资源更多地投入到盈利水平高的产业，从而导致沿海局部地区粮食产量下降。引发当地市场短缺，使东南沿海地区粮价迅速上涨，并很快蔓延至全国。

4. 1994～2004年。飞涨的粮价使政府于1993年开始建立粮食保护价制度，1994年采取保护价政策拉动产量提高，当年小麦、稻谷、玉米、大豆四种粮食综合平均定购价提高了44%，1997年又将粮食保护价制度扩大到完成定购任务后的农民余粮，1998年高价位敞开收购农民所有余粮。在此期间，经过两年提价，收购保护价已相当于1993年的205.2%。持续的保护价政策使供过于求问题十分严重。1995年，粮食及其中的小麦、玉米产量达到当时历史最高水平，1996年全国粮食产量跨越5亿吨大关，人均粮食产量也达到历史最高；此后4年内，全国粮食总产一直维持在5亿吨上下，全国人均小麦和玉米产量显著高于此前历史最高水平，全国人均水稻产量也显著高于1993～1995年。从1996年下半年至2003年，粮食供求失衡主要是产量过剩，再次出现农民卖粮难，粮食调销难。累积的过剩产量伴随着沉重的政策成本，最后在财力约束下，使保护价政策逐步退却。与此相对应，粮食产量从2000年开始出现了连续4年大幅减产（其中2002年小幅增产）。特别是2000年、2003年两度出现了稻谷、小麦和玉米全面减产局面，尤以稻谷为重。由于粮食大幅度减产，从2000年开始，连续5年出现当年粮食产不足消的情况，形成的粮食供求缺口，只能依靠动用库存弥补。全国粮食缺口2000年为1 782.5万吨，2003年已扩大到5 555万吨。值得注意的是，在粮食减产同时，除大豆外的粮食净出口量2002年、2003年连创历史新高，分别达到1 198.6万吨和1 991.7万吨。这对于粮食供求矛盾尖锐化，起到推波助澜作用，2003年9月和2004年3月两波粮价迅速上涨，粮价上涨最初主要发生在大米上，江苏、浙江、上海地区的大米价格大幅度上涨，带动全国性大米价格乃至粮价猛涨。2003年下半年，部分主销区粮食库存已降至几年来新低。到2004年2月，在一些重要主销区的大城市，粮食库存只能保障几天的消费需求。

（三）我国以往粮食政策型波动的内在机制

粮食政策欲达到的目标有两个：提高粮农收入和保障国家粮食安全。后者通过前者的实现而间接实现，即"安全"目标通过"收入"目标的实现而实现，农民收入提高连带地提高粮食产量，提高粮食安全保障度。国家"安全"目标和农民"收入"目标在粮食短缺时是统一的，而在粮食过剩时是冲突的。粮食短缺时，政府以一定的政策成本提高农民收入，提高其种粮积极性，通过这一过程拉动粮食产量提高。但是产量拉到一定程度必然带来"过剩"，当粮食过剩时，若再增加产量以提高安全目标，则不仅影响农民收入进一步增加（如"谷贱伤农"），而且导致政策成本剧增，两个目标存在冲突。此时政府无力支撑原有政策体系，不得不对原来的拉动政策进行调整以降低政策成本。调整后的新政策减弱了对于上述两目标的支撑作用，农民收入下降，产量也随之下降，进而影响到粮食安全，此时政府又会再次加大政策投入来提高农民收入并以此提高粮食产量，从而开启了新一轮政策循环和波动周期。只要这种内在动力机制存在，市场波动、政策摇摆都将在所难免，农业政策变动导致市场波动，市场波动又导致农业政策一再调整。

那么，是否可以对政策加以适度调整，预防市场供求大起大落呢？一种政策只要不变，其作用就会继续发挥，除非逆向调整，而调整后则会沿着另一个方向继续积累，于是政策再次调整，粮食周期性波动就在所难免。是否可以频繁微调以趋近目标呢？答案是否定的。第一，这会给粮农造成不稳定的预期。第二，这种做法即使在理论上可行，在实际政策调整过程中也往往出现一定程度矫枉过正。如果矫枉过正的时间过长或力度过大，就容易放大粮食市场供求波动，并加剧宏观范围内资源配置的浪费。第三，这种波动也不能长期通过粮食储备的增减得以平抚，因为如果政策不调整，方向就不会变化，储备绝不会沿一个方向增加或减少。而实际上，这种政策型波动往往在粮食流通领域不仅没有得到有效的稳定性调整，甚至出现"逆向调节"，放大粮食市场波动。

二、保障我国粮食安全的政策取向

改革开放至今，我国粮食总量安全基本上没有出现过大的问题，对粮食安全冲击最大的是产量反复波动（有时只是供求和价格波动），这些波动纵使部分来自自然、科技进步等因素，但这些因素对总产量影响一是尚不可控，二是影响力有限。因为自然条件的影响总体趋势上不大，科技进步的影响是正向的。粮食产量历次波动往往是政策驱动的结果。我国以前推行的粮食政策，往往只是调控流通领域粮食政策（甚至有时只用价格的调节工具），如前所述，这些政策恰恰具有使产量反复波动的内在机制。所以，当我国粮食生产能力能够满足国家粮食总量安全时，减少产量波动，保持基础产能，使粮食总量保持在一个理性水平（而不是一味追求产量最大化），才是保障国家粮食安全的长久之计。此时，稳定粮食产量，平抑市场波动，就成为首要目标。新的粮食政策就必须在稳定产量的前提下保证农民收入和国家粮食安全，其第一要务就是先实现粮农稳定增收目标，农民收入提高不再只是依靠提高粮食价格、加大政策成本投入，造成一时的、脉冲式增长这个比较单一的途径，而是依靠国家多元化政策来提高，如健全农业市场体系、继续加大财政补贴支持，继续加快农村劳动力转移等政策。这样不仅使财政支农范围缩小，而且还使财政支农具有稳定性和可持续性。因为稳定的市场、稳定的财政补贴、多样化收入来源，这些都给粮农以稳定的收入预期，不再担心因粮食政策反复而反复。当粮农实现稳定的收入目标后，种粮积极性也会相对稳定下来。

实践证明，我国粮食还有增产潜力，必须以合理的政策成本来保障可持续的粮食安全。粮食安全目标不再仅仅是现实产量的稳定，更应该是未来粮食供给量的稳定，供给的稳定自然会平抑市场波动，粮农也有了稳定的生产预期，产量也自然会相对稳定下来。

粮食生产波动和市场波动都是客观存在的，粮食安全的目标不是也不可能消除这些波动，而是适当预防和减轻这些波动，当出现波动时，能够通过有效供给平抑这些波动。所以新的粮食政策目标应通过建立以生产能力为基础、储备为核心、进口为补充的安全保障体系来实现。中国是个人口大国，粮食安全不能过分依赖于国际粮食市场，所以，产量的稳定或供给量的稳定就主要放在对国内粮食总量的有效调控上。具体做法是，针对我国粮食产能相对稳定的具体国情，结合国家粮食储备的调节能力，对产量进行边际调节，当出现粮食相对过剩时，政府一方面可增加储备，另一方面实行休耕补贴，以保障产量；当粮食短缺时，则进行相反操作，以增加产量。

新粮食政策的目标是在保证供给稳定下，实现粮食增收目标和保障国家安全目标，如前所述，这两个目标在粮食短缺时并无冲突，政府可以通过加大财政投入、抬高粮食价格达到增加农民收入和提高粮食产量的目标。这时财政投入补贴在流通领域，粮食政策跟粮食产量挂钩，称为"挂钩型"补贴。但当粮食过剩时，"挂钩型"补贴会导致两个目标存在冲突，造成粮食政策型波动。要想不出现这种粮食政策型波动，就必须打破以前政策中导致粮食波动的内在传导机制，使粮农增加收入的目标不再只依赖单一的粮食价格上涨来实现，即不再只通过流通领域来实现。政府为调动粮农种粮积极性，可以在生产领域加大对粮农的补贴，如现在中央实行的"三项补贴"和综合直补。当产量供大于求时，甚至还可以考虑实施休耕补贴等，这种补贴并不与产量"挂钩"，这样就切断了"挂钩型"补贴政策导致的"加大财政投入→提高粮农收入→推高粮食产量……"的传导机制和产量不断被推高的链条。从而平抑粮食波动，这里称为"脱钩型"补贴政策。通过以下近几年我国实施的粮食政策评述，可以看出，尽管这些新的粮食政策还存在一些需要完善之处，但政策取向是有利于平抑粮食政策型波动的。我国粮食产量的连年增长也说明了这些政策的优越性。

三、近年来我国粮食政策的实践与经验

改革开放以来，我国的粮食产量存在明显的政策性波动。这种情况自

2004 年有了改变，2004～2009 年中国粮食产量出现"六连增"，这是不是从 2004 年起开始的新一轮上涨粮价拉动所致？不能否认有这种因素，但本课题认为主要还是因为近年来国家有关粮食安全政策与以前有了很大变化，改变了以往财政补贴偏重流通领域的做法，实行生产领域和流通领域并行补贴，兼顾了农民收入增长和国家粮食增长的双重目标。新粮食政策的实施打破了以往粮食生产和粮食市场的政策型波动的内在机制，在保障国家粮食安全方面取得了显著成效。为此，总结近年来国家粮食政策的实践与经验，分析新政策取得的成效和尚存在的问题，提出相应的改进措施，这些对于建立稳定粮食生产长效机制，实现粮食生产可持续发展，确保国家粮食安全具有极其重要的意义。

近年来，我国采取与粮食安全相关的政策大致分三类：一是提高产量型政策，如农村税费改革、各类粮食补贴政策、最低收购价格政策等，目的在于保护和调动粮农积极性，实现总产量稳步提高；二是保障产能型政策，保护耕地面积和提高耕地质量，加强农业基础设施建设，加大粮食科技投入和鼓励技术创新等；三是关于深化粮食流通体制改革的政策措施，如健全国家粮食储备制度，启动粮食最低收购价托市收购，深化粮食企业改革等，主要目的在于平抑粮食市场波动，保护农民种粮积极性，实现粮食总供给量平衡。另外，中央近几年逐渐加大对粮食主产区财政转移支付力度，对产粮大县实施政策性奖励，也是通过保护和调动粮食主产区地方政府发展粮食生产的积极性，达到提高产量和保障产能的目的。

下面分别从粮食生产领域、粮食流通领域、综合生产能力等几个方面分析近几年来粮食政策的成效、问题和需要进一步改进的措施。

（一）粮食生产领域补贴政策

粮食生产领域的补贴政策包括粮食直补、良种补贴、农机补贴（统称"三项补贴"，下同）和综合直补政策等。2002 年在安徽试行对种粮农民发放粮食直补，2004 年扩大到吉林、湖南、湖北、河南、辽宁、内蒙古、河北、江西 9 省（区），2005 年扩大到 30 个省。2004 年在全国粮食主产区、优势产区推行农机补贴、良种补贴和直接补贴，2006 年中央针对农业生产资料价格上涨对种粮生产成本的影响，决定对种粮农民实行农资增支综合直补（简称"综合直补"，下同）。从近几年情况看，各地补贴形式多样，标准不同，补贴范围越来越广，力度越来越大。

粮食直补、综合直补政策目的在于稳定农民种粮基本收益，促进粮食生产，保障国家粮食安全。良种补贴政策目的是支持农民购买良种，用于推广优质水稻、小麦、玉米和大豆良种。农机具购置补贴政策目的是支持农民购买农机具。从近几年实施效果看，粮食生产领域补贴政策成效明显，实现了预期目标。首先是粮食直补、综合直补直接增加了粮农收入，良种补贴促进了主导品种推广和种子基地建设，实现了粮食优质高产，从全国粮食产量连续 5 年增长效果看，国家对生产领域各项补贴政策，对保障和增加粮农种粮收益，调动粮农生产积极性，促进粮食增产和保障国家粮食安全取得明显成效。

（二）流通领域的粮食政策

粮食最低收购价政策是流通领域主要粮食政策之一。我国 2004 年在《粮食流通管理条例》中提出，在粮食主产区实行对重要而短缺的粮食实行最低收购价格政策。随后，国家发展改革委、财政部、国家粮食局和中国农业发展银行等先后发布各年的执行最低收购价的粮食品种、收购标准和最低价格，随着市场供求变化做出适当调整，如 2005 年实施最低收购价政策重点粮食品种是稻谷，2006 年增加了小麦。同时，国家还出台一些配套措施，如加大中国农业发展银行适时适度投放贷款力度。

粮食最低收购价政策及其他配套政策，在保障粮食安全方面发挥了重要作用。首先具有明显的托市效应，有助于保护种粮农民利益。粮食最低收购价政策及其在粮食生产季节前公布最低收购价格标准的做法，让粮农对市场价格有了稳定预期，保护和调动了农民种粮积极性。

（三）保障和提高粮食综合生产能力的相关政策

保障和提高粮食综合生产能力的政策包括耕地保护政策、农业科技进步政策、农业基础设施建设及其他农业支持政策。2004 年中央 1 号文件明确指出"保护和提高了主产区的粮食生产能力，就稳住了全国粮食的大局"。所以中央特别强调要加强主产区粮食生产能力建设，近几年出台的主要措施包括：农村水利基本建设、优质粮食产业工程、沃土工程、粮食丰产科技工程、加快建设大型商品粮生产基地和粮食产业带等。2005 年中央提出了切实加强对粮食主产区的支持，建立稳定增长的支农资金渠道；坚决实行最严格的耕

224

地保护制度，切实提高耕地质量；加强农田水利和生态建设，提高农业抗御自然灾害的能力；加快农业科技创新，提高农业科技含量；加强农村基础设施建设，改善农业发展环境提高农业综合生产能力的重要政策措施。

2005年国土资源部等七部委联合发出《做好基本农田保护有关工作的意见》，从这几年的执行情况看，基本做到了耕地数量不减、用途不变、质量不降，遏制了乱占滥用耕地的势头。在严格管理土地的同时，大力推进集约利用土地，较好地保障了发展用地，国家实施的"沃土工程"通过测土配方施肥，推广粮食高产优质技术，促进了粮食综合生产能力的稳定提高。近年来以超级水稻、矮秆小麦、杂交大豆等为代表的中国粮食科技创新取得重大进展。1998～2005年全国已累计示范推广超级稻品种2亿多亩，增产稻谷1 250万吨；2006年夏收小麦机收面积占到81%。农业科技进步在增产增效，保障国家粮食安全方面发挥了巨大作用。

近几年来，为了达到提高粮食主产区综合生产能力的目标，中央出台了一系列鼓励主产区发展粮食生产的政策和措施。取消了农业税，加大了中央财政向粮食主产区转移转支付的力度，每年提供100多亿元，用于支持中低产田改造、农业基础设施建设、优质粮食产业工程和农业产业化经营等。这些年的实践证明，国家提高粮食生产能力政策的实施，明显地提升了粮食主产区综合生产能力，使粮食产量连年增长。

四、主要结论与政策建议

（一）主要结论

1. 政策因素是导致新中国成立以来粮食波动的重要原因之一。新中国成立以来特别是改革开放以来，我国粮食从产不足消到"卖粮难"、"买粮难"现象反复交替出现，粮食市场价格波动十分显著，粮食政策反复调整是历次供求失衡主要推动因素之一。过去主要补贴流通领域的粮食政策，存在着粮食市场供求经常波动的内在机制缺陷，需要通过不断深化改革才能逐步克服。

2. 粮食安全的政策目标应是稳定粮食供给。在粮食供求出现紧平衡甚至稍有缓和情况下，稳定粮食产量，平抑市场波动，成为保障粮食安全的前提性目标。但粮食安全的目标不仅是确保当前粮食产量稳定，更重要的是实现未来粮食供给量稳定。新粮食政策必须在稳定产量的前提下，兼顾增加农民收入和保障国家粮食安全的目标。

3. 保障粮食安全的政策取向是在生产和流通两个领域进行补贴。新粮食政策目标是保证供给稳定，实现粮农增收目标和保障国家安全目标，为调动粮农种粮积极性，不仅在流通领域进行补贴，还应在生产领域加大对粮农补贴。当产量供大于求时，甚至还可以考虑实施休耕补贴等措施。

4. 近几年来我国粮食政策加大了生产补贴力度，在稳步提高粮食产量和加强粮食综合生产能力方面成效显著。近年来，我国有关国家粮食安全政策主要分为生产领域粮食政策、流通领域粮食政策和提高综合生产能力粮食政策等。生产领域补贴政策主要有粮食直补、良种补贴、农机补贴和综合直补等政策；流通领域粮食政策主要是粮食最低收购价政策和相关配套政策；保障和提高粮食综合生产能力政策包括耕地保护政策、农业科技进步政策、农业基础设施建设及其他农业支持政策。这些政策改变了以往财政补贴偏重流通领域的做法，兼顾了农民收入稳定增长和国家粮食稳定增长双重目标。新粮食政策实施缓和了以往粮食生产和粮食市场政策型波动，在保障国家粮食安全方面取得显著成效。主要表现在稳定了粮农市场预期，保障了农民种粮基本收益，保护了农民种粮积极性，明显提升了粮食主产区综合生产能力，实现了全国粮食持续增长。

（二）保障国家粮食安全的基本思路

1. 粮食安全要有新含义。需更加关注贫困人口"吃饭问题"和百姓食品质量安全。新中国成立 60 年的经验告诉我们，中国人可以解决粮食问题。改革开放几十年粮食工作成功经验表明，我们完全有能力保障粮食总量安全。今后中长期粮食安全问题在保障总量安全前提下，应该更加关注弱势群体"吃饭问题"和食品安全问题。应着力解决"老少边穷"地区粮食储备问题，还应建立粮食市场剧烈波动时应急救助机制、贫困人口食品援助机制、完善食品质量监督机制等，贯彻落实以人为本和谐发展观。

2. 正确对待和缓解粮食周期性波动。粮食生产波动和市场波动是客观存在，不可能消除这些波动，应该冷静应对正常粮食产量波动和市场波动，预防和减轻这些波动。当出现波动时，能够通过稳定有效供给来源和价格杠杆去平抑这些波动。所以新的粮食政策目标应通过建立以生产能力为基础、储备为核心、进口为补充的安全保障体系来实现，以低成本、高保障来实现粮食安全。

226

3. 把利用国际粮源与保护国内粮食产能有机结合起来。采用国际社会通用的谷物类粮食统计口径，确定合理的粮食自给率，利用国际农业资源。对于粮食加工企业要正确引导和宏观调控。

中国是人口大国，粮食安全不能过分依赖于国际粮食市场。所以，稳定粮食产量或稳定粮食供给量的重点应放在对国内粮食总量和供给量的有效调控上。针对我国粮食产能相对稳定的具体国情，结合国家粮食储备调节能力，可对产量进行边际调节：当出现粮食相对过剩时，政府一方面可增加储备，另一方面实行休耕补贴；当粮食短缺时，则进行相反操作，以增加产量。切实保护和提高我国粮食综合生产能力。以保护耕地和节约水资源为基础，强化耕地和水资源保障的战略基础地位。以强大的粮食综合产能和粮食安全预警机制来支撑国家粮食安全。

（三）保障国家粮食安全的政策建议

保障我国粮食安全的政策从大的取向上看主要有以下两个方面：一是保护和提高粮食综合生产能力；二是保障有足够的粮食资源，当生产或市场出现波动时能够平抑波动。

1. 保护和提高粮食综合生产能力的政策建议。我国粮食生产长期主要面临资源约束，粮食供求关系主要受紧平衡困扰，保护和提高粮食综合生产能力极为重要。

（1）严格保护耕地和淡水资源。严格保护耕地特别是基本农田是提高粮食综合生产能力的前提与基础。一是必须严格耕地保护制度、耕地占补平衡制度，加大土地整理力度，积极开发后备耕地资源。只要严格执行耕地保护制度，守住18亿亩红线，就保住了粮食生产能力。二是保护淡水资源。关键是节约用水和发展节水农业。三是实行水资源产权制度改革，提倡在国家政策扶持和提供大型水利设施基础上，按流域划分治理范围，以用水户协会形式，使农民用水户组织起来自我治理，这在国内外已经有大量成功例子。

（2）稳定播种面积。短期内我国粮食需求具有相对稳定性，粮食波动主要原因是供给不稳定。从改革开放以来我国粮食生产经验看，每次中国粮食出现较大缺口或者较为严重过剩，大多跟粮食播种面积与单产大幅度同降同升有很大关系。如果粮食播种面积能够稳定，保证粮食播种面积不滑坡，就一定能够减小粮食总产量波动程度。稳定播种面积涉及很多复杂因素，但目前基本可以做到稳定粮食主产区播种面积，稳定了主产区粮食播种面积就意味着全国粮食播种面积基本稳定。

（3）大力推动粮食领域科技创新。加大农业技术推广体系改革，强化其公益性职能、放活经营性服务。国家的公益性粮食生产技术推广机构主要承担关键技术引进、试验、示范，农作物病虫害、动物疫病以及农业灾害监测、预报、防治，粮食生产过程中质量安全检测、监测和强制性检验，粮食生产资源、农业生态环境和农业投入品使用监测，水资源管理和防汛抗旱，粮食公共信息和培训教育服务等职能。对公益性技术推广工作，各级财政要在经费上予以保证。同时，积极稳妥地将一般性技术推广和经营性服务与公益性农业技术推广机构分离开来，按照市场化方式运作。这样，有偿与无偿农业技术推广服务就能够互相结合，国家农业技术推广机构和社会力量也能够相互结合。

需要强调的是，我国粮食综合生产能力建设重点在于我国粮食生产核心区和粮食主产区生产能力建设。

2. 平抑粮食生产与市场波动政策建议。

（1）建议国家出台粮食最低保护价政策。我国粮食需求量相对稳定，供给不稳定造成粮食波动。为使供给稳定，必须有持续稳定的惠农政策以稳定农民种粮积极性。目前国内主要做法是在流通领域和生产领域对粮农进行补贴。前者以最低收购价政策为主。粮食最低收购价格政策可以作为粮食市场支持体系组成部分，但是这一政策有明显缺陷，最大弊端是政策补贴转移效率较低。每年国家财政支付大量补贴，并没有给农民带来太多利益，只是起到了稳定粮食市场价格预期作用。建议国家出台最低保护价政策，当市场价格低于最低保护价时，政府将最低保护价和市场价的价差直接发放给种粮农民，使粮农直接得到实惠。

（2）加大粮农直接补贴力度。平抑粮食波动国外成熟经验是在生产领域补贴，完善粮食生产者市场支持体系。近几年我国已经出台一些粮食生产领域补贴政策。粮农补贴政策具有一定增产和增收效应，对于建立粮食安全长效机制具有重要作用。尽管粮农补贴规模逐步增加，但是农民人均所得补贴金额仍然较少。目前这一政策只是向农民发出了鼓励种粮的政策信号，而对农民收入增加仍有局限性。今后，应随着国家财力逐步增强，优先加大粮农直接补贴力度，提高粮农直接补贴标准。具体标准应当结合中央和地方财政支付能力、粮食价格、农业生产资料价格和生产成本变动及其他配套补贴措施综合确定。

子报告负责人：张全红
子报告执笔人：张全红　杨卫路
子课题组成员：张全红　杨卫路　周　立　姚咏涵　孙宏岭　夏友仁
子课题组成员单位：河南工业大学经贸学院　国家粮油信息中心
　　　　　　　　　河南省人民政府发展研究中心

参考文献

1. 聂振邦 . 2004～2008 年　中国粮食发展报告［M］. 北京：经济管理出版社

2. 国家统计局 . 中国统计年鉴［M］. 北京：中国统计出版社，1980～2008

3. 国家统计局 . 中国农村年鉴［M］. 北京：中国统计出版社，1980～2008

4. 褚保金，许晖 . 中国粮食"政策型"波动及政策转型［M］. 江海学刊，2005（6）

5. 李成贵 . 中国的粮食问题——粮改的弯路［M］. 粮油加工与食品机械，2005（6）

6. 姜长云 . 改革开放以来我国历次粮食供求失衡的回顾与启示［M］. 中国农村观察，2006（2）

7. 蓝海涛，王为农 . 中国中长期粮食安全重大问题［M］. 北京：中国计划出版社，2008

8. 梁子谦 . 中国粮食综合生产能力与安全研究［M］. 北京：中国财经出版社，2007

9. 李成贵 . 中国的粮食问题（二）——粮改的弯路［M］. 粮油加与食品机械，2005（6）

附件3:

国家软科学研究计划项目2008GXS5B098
子课题研究报告（3）

世界粮食周期波动对我国粮食安全的影响

国家粮油信息中心课题组

本项研究用历史资料分析方法，对粮食市场周期问题进行研究；用比较分析方法对国内外粮食市场变化相互作用进行研究，并对未来市场变化的影响因素做出归纳，探讨未来国际粮食市场对国内的主要影响。探索对各项影响因素的量化是本项研究的难点。

世界经济周期理论十分丰富，从经济周期总体概念到经济周期时间划分，都有众多研究成果及实际例证。当我们研究粮食周期理论时，不能避开经济周期。如果将这种研究局限于农业或粮食经济范围，可能会得出与全球经济周期不相吻合的结果。当前世界范围的金融危机，一般被认为是自20世纪70年代以来又一次严重的经济危机，在约40年时间里所发生的这种明显类似的经济现象，显然可以被认为是一种经济周期。本次世界金融危机和20世纪70年代经济危机中，粮食都出现了比较严重和较大范围的短缺，成为整个经济危机中一个重要组成部分。但粮食和农业领域有其特殊性，有时其变化与世界经济周期并不完全同步。在大周期之间，还会出现不同于世界经济周期的波动性变化，有时也可能形成周期性变化特征。因此也有理由将粮食市场周期进行单独研究和分析。因为事实上农业和粮食问题本身存在着一些特殊性。但是，只有当经济周期与粮食周期重合时，粮食短缺与经济衰退同时发生，才是应当更加关注和提前防范的。

巨大市场波动周期内，还存在一些较小波动，这些波动有的影响也相当大，如2009年上半年石油价格从30美元/桶左右上涨至70美元/桶以上，石油价格上涨了一倍多，粮食价格上涨了40%，幅度也较大，但只是大周期中的一个波动区间，不能认为2009年上半年世界经济出现了一个新的周期。在粮食市场领域内，这种类似变化也不能算作周期。粮食周期的关注点，应当确立在发生危机的时期，也就是库存短缺、供不应求、价格高涨同时发生的时期。

研究粮食市场周期，主要是为了防范未来国际市场对国内过度冲击，而这种冲击在粮食库存短缺和价格暴涨同时发生时尤为突出。因此，粮食周期性分析研究，可以从量和价两个方面入手，这样就避开了过多表面因素，并且可以直奔主题。同时，也就有了较多局限性，例如其周期性时间可能显著缩短，因为较小周期可能只是较长周期中的一个波动，也容易忽视粮食市场基本面之外的一些重要因素，在过去的研究中这种偏向十分明显。要有效地防范未来国际市场周期性波动对国内市场的冲击，就要分析国际市场与国内市场相互影响的基本条件。

中国加入世界贸易组织是国内市场与国际接轨的一个重要条件，在此之前，国际市场对国内影响很小。当时中国粮食市场是一个相对比较封闭的市场，国际国内交流较少，国内粮食供给保持高度自给，即使出现粮食短缺，也主要依靠自己的力量解决。如限制居民消费数量、用定量供应的办法压缩消费数量。中国的改革开放是一个里程碑，特别是加入世界贸易组织后，中国经济逐渐融入世界经济，改革开放促进了国内经济快速发展，国际国内贸易量快速增加，使中国比较落后的农业的缺陷逐渐显露出来。在激烈竞争中，我国大豆生产和贸易在国际市场上处于比较劣势。目前大豆进口量已超过了世界贸易量的50%。通过分析和研究，可以看出，随着未来国内外贸易量逐步扩大，国际市场对国内市场的影响将越来越大，我国粮食市场保持封闭状态、独善其身的时期已成为历史。

一、世界粮食市场周期性波动分析

（一）形成粮食市场经济周期的基本原因和形式

世界粮食生产的周期性变化，与整个农业领域的生产率增长密切相关，从而也与科技水平的创新与提高密切相关，这恰好与经济周期的推动力理论基础相一致。就是创新提高了生产率，生产率较大幅度提升又促进了经

232

济发展，发展过程中由于基础产业与现代产业结构失衡，问题、矛盾积累，又限制了发展，并形成周期。粮食的生产、消费周期体现为螺旋式上升，在总量上并不是回归到原来的位置。而库存和价格可能会完全回归到原来的位置。其中库存量几乎可以完全重复与以前相对一致的数量，而价格虽然也会重复出现相同的价位，但在分析比较时还应考虑到货币汇率变化因素。

（二）两次明显的世界粮食周期性波动对国内粮食形势的影响不一

50多年来，能够被称为世界粮食市场比较大的和相似周期的，只有20世纪70年代和2007～2008年两次以价格上涨为主要特征的变化。在这个时期内，粮食市场库存和价格变化也能够划分出若干小的、比较明显的周期。在这些世界粮食市场周期性变化中，真正对我国发生严重影响的只有2007～2008年的这次最大的、比较全面的价格上涨周期性变化。因为中国加入WTO后，粮食市场已经部分融入世界经济。从长远来看，未来中国粮食市场与世界的相互影响将不断深化，世界粮食市场周期对国内影响也将逐渐扩大。

1. 1971年世界粮食丰收，比1970年增长了近1亿吨。1972年由于世界性自然灾害对农业生产影响巨大，世界粮食总产量仅为11.41亿吨，比上年减少3%，世界粮食库存降至2亿吨以下，仅1.8亿吨。库存与消费比约为15%。许多国家粮食严重短缺，反映了当时世界粮食流通和平衡状况十分脆弱。苏联在这一年猛然从国际市场购买了2 270万吨粮食，另一些缺粮国家也大量进口，造成战后前所未有的世界性粮食危机。1974年苏联粮食再次减产，当年在国际市场抢购了近2 600万吨粮食，使世界粮食市场紧缺状况进一步加剧。当年苏联国内粮食期末库存与消费比不足5%。

20世纪70年代世界粮食危机，有很深刻的政治原因。当时世界两大政治势力正处于冷战状态，国际经济贸易受到较多限制，信息互不沟通，使经济危机、粮食危机影响放大。苏联僵化的农业经济体制使农业生产和粮食供给频频告急；中国处于十年动乱时期，与世界经济几乎隔绝，但由于中国农村人口占绝大多数，粮食产量谈不上充足，可是在严格定量供应体制下，除个别极端时期，温饱虽然不足，还勉强够吃，当时没有严重依赖国际市场。

因此，可以认为70年代的世界粮食危机发生的原因，除了世界经济周期规律性出现危机之外，"冷战"时期政治方面的因素较多。

从外部条件看，70年代石油价格是从3~4美元/桶持续上涨，超过12美元/桶，上涨了3~4倍。第二次世界大战后，石油输出国受到西方国家控制，只能被迫实行低价格办法。低价石油使以美国为代表的西方国家工业用能源大量使用廉价石油，石油消费占能源消费比例大幅度增加，在短时期内能源消费中石油所占比例从30%多上升至超过50%。美国《时代》周刊评论说：在石油危机之后，美国仍然是一个大手大脚的能源消耗者和能源挥霍者。高速公路上，大多数驾车者都对55英里（合88.5公里）时速限制嗤之以鼻。在住宅和办公室中，空气调节设备一年四季都在开动，春夏秋冬始终保持着华氏75度（摄氏24度）左右的室温。在这个由燃料造就的天堂里，仅一天之中所耗费的石油的油桶，如果首尾相接地起来就可以围绕地球半周，从纽约一直延伸到印度的加尔各答。石油价格的上涨，也是对过度消耗和浪费的报复。石油资源的有限性特征，决定了石油价格不可能总是处于廉价状况，即使资源被垄断，价格严重背离价值的状况，迟早会被市场规律所修复。石油价格的大幅度上涨使当时的卡特政府采取了一系列开源节流措施，以减轻石油消费对美国经济带来的压力。其中有一项就是生物能源政策。这项政策的实施，将石油与粮食消费历史地连接在一起。美国开始计划用玉米和大豆生产生物能源以代替部分石油。从此廉价能源时代一去不复返。石油价格开始对粮食价格发生决定性影响的各项条件均已具备，只差石油价格暴涨这个导火索。2005年时，美国经济学家将谷物大量用于生物能源消费的爆发点定在石油价格上涨到70美元/桶。现在看来，形势的发展有将石油价格对粮食价格发生决定性影响的平衡点推向更高水平的趋势。粮食的低价位时期已经过去的推断，其根源在于能源价格的低价位时期已经成为历史。

2. 2007~2008年这次粮食危机，与20世纪70年代有很多相似之处。因此可以看做是多项特征比较明显的一个新的市场周期。其中最主要的特征，一是价格达到了历史的顶点；二是库存降到了历史的谷底；三是石油价格剧烈上涨。这3个极端现象，构成了本次世界粮食危机与经济危机与上次相似的特征（见表3）。

表3		2007年年末世界库存与消费比情况（USDA）		单位：百万吨	
项目	消费	期末库存	库消比（%）	2006年年末（%）
谷物	2 096.9	315.2	15.0	16.4
小麦	616.6	110.1	17.9	20.1
玉米	766.4	109.1	14.2	14.7
大米	423.9	72.2	17.0	18.1

注：根据美国农业部数据推算。

　　联合国粮农组织认为，世界粮食库存与消费比的安全水平应当达到17%以上。低于这个水平，表明世界粮食安全存在比较严重问题。

　　2007年年末世界谷物库存与消费比降至15%，其中玉米降至14%，说明粮食供给量出现短缺。这是当时粮食市场的一个重要问题（见图11）。

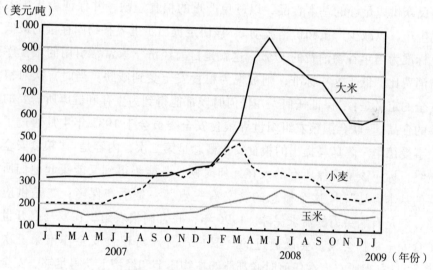

图11　联合国粮农组织公布的世界农产品价格趋势图

注：引自联合国粮农组织公布的报告。

　　世界粮食价格也出现急剧上涨，在较短时间内，几种主要谷物品种价格分别达到或超过历史最高水平。

　　3. 两次世界粮食危机期间，粮食形势发展的新特点。首先，第二次世界大战后世界经济进入快速恢复期，包括农产品在内的经济快速发展成为主旋律，粮食生产增长较快，许多国家从废墟中重新发展，摆脱了贫困。这个时期的三个特点，一是由于西方国家（美、欧、澳、加等）采用机械化作业促进了粮食生产，谷物出口较多的发达国家逐步开始因农产品价格过低，限制生产，如实行休耕制度。二是缺粮国家（亚洲、东欧、南美）以自给自足为目标，大力推进绿色革命，发展粮食生产，如中国、巴西、阿根廷、印度、泰国等，成效显著。三是粮食严重短缺的国家和地区（非洲、中东），由于种种原因，情况改变不大。

第二，世界粮食供给量增加后，粮食安全标准逐步提高。世界农业的机械化水平和科技水平不断提高，使粮食产量不断增加。联合国粮农组织对世界粮食安全的表述，也逐步升级。1974 年在罗马召开的世界粮食大会上，联合国粮农组织理事会通过了《世界粮食安全国际协定》，该协定认为，保证世界粮食安全是一项国际责任，要求有关国家"保证世界上随时向民众供应足够的基本食品，以避免严重的粮食短缺，并保证稳步扩大粮食生产，以减少产量和价格波动。"该协定提出了世界谷物库存量的最低安全标准为当年谷物消费的 17%，这就是目前经济学家常常引用的粮食库存与消费比。低于这一标准，则被视为粮食安全受到威胁。当时首次对粮食安全的定义是："保证任何人在任何时候都能得到为生存和健康所需要的足够的食品。"联合国粮农组织世界粮食安全委员会于 1983 年 4 月通过了总干事爱德华·萨乌马提出的粮食安全概念是第二次，内容是："粮食安全的最终目标应该是确保所有的人在任何时候，既能买得到又能买起他们所需要的基本食品"。[①] 这个概念的含义有三点，一是生产保障；二是供应保障；三是有购买力的需求保障。1996 年，联合国粮农组织在罗马召开世界粮食安全首脑会议。会议通过的《罗马宣言》对粮食安全作出第三次表述："只有当所有人在任何时候都能够在物质上和经济上获得足够、安全和富有营养的粮食来满足其积极和健康生活的膳食需要及食物喜好时，才实现了粮食安全"。显然，这个要求相当高，包含了前两次未涵盖的健康和喜好两个概念。也就是在这次会议上，中国政府向世界承诺，保证实现中国的粮食安全。

---

① 保罗·斯瑞丁：《什么决定粮食价格》P. 45。中国商业出版社 1990 年 11 月。并参见《粮食调研》P. 2，国家粮食储备局 1999 年第 6 期。

第三，关贸总协定和世界贸易组织多次谈判的焦点之一，就是农产品关税减让，降低国际贸易门槛，减少国家补贴问题。这表明在相当大一部分国家粮食生产过剩。在美国、欧洲、加拿大、澳大利亚、巴西、阿根廷等农业比较发达的国家，粮食生产的决定因素之一就是需要畅通的出口贸易渠道。农业生产的现代化使国际贸易竞争加剧，导致农产品价格下降，直接冲击发展中国家农业基础。从粮食出口竞争方面，出口国为降低成本，除提高生产和流通效益外，普遍采取国家补贴的办法。从粮食进口国方面看，普遍采取较高关税门槛的办法，减少进口粮食对本国较低水平农业的冲击。在世贸组织谈判中，农业发达国家和发展中国家在这两个方面的角力，构成了农产品关税贸易减让和降低国家补贴两个焦点。可以注意到，两个焦点背后都隐含着农产品过剩这个前提。因此，粮食市场低迷气氛始终是笼罩在粮食市场上的阴影，多数时间里见不到牛气冲天的局面。

第四，以粮食为原料的生物能源问题，打破了世界粮食市场的稳定。当人们沉浸在世界粮食市场稳定、粮价低迷的市场形势时，以粮食为原料的生物能源问题卷土重来，打破了世界粮食市场的平静。石油危机和对石油资源有限的担忧，使以粮食为原料的可再生能源生产重现生机，石油价格的暴涨为生物能源生产创造了经营条件和快速发展的机会，一些国家积极投资建厂，粮食出现巨大而看不到止境的新的消费领域。

历史上石油危机已发生过多次，但2007年到2008年这次危机是历史上罕见的。能源消费大国对石油枯竭的恐惧，转变为寻找替代能源的动力。最直接和最简便的办法就是将已经过剩的玉米和大豆转化成燃料乙醇和生物柴油。然而，清醒的经济学者通过简单计算就可以得出结论，就是现在世界上每年生产出的玉米和大豆，除去食用和饲用，全部用于生物能源也代替不了多少石油。第二代非粮食为原料的生物能源生产技术还不够成熟。粮食市场这一新的消费需求的出现，彻底地打破了市场原有的平静局面。供求的剧烈变化必然导致价格的大起大落，根源在能源。

（三）世界粮食供求状况逐渐宽松，生产、贸易和消费的周期性变化有所缓解

1970年世界人口为37.12亿，谷物产量10.79亿吨，人均约290公斤。

2008年年末，世界人口为67.11亿，当年世界谷物产量20.44亿吨，

人均约 305 公斤。世界人口增长了 29.99 亿，增长幅度为 81%。世界谷物增长了 9.65 亿吨，增长幅度为 89%。谷物产量增长速度略高于人口增长速度。

这也说明经过近 40 年，世界粮食供需形势总体看，供给水平有了较大幅度提高，是在好转而不是在恶化。人均粮食供给量增加了 15 公斤。虽然世界粮食仍面临很多严重问题和困难，第三世界一些国家始终未能摆脱粮食供给的困境。世界人口基数不断加大，人口增长仍然过快，粮食消费领域逐渐扩大，但生产也在增长，粮食安全的标准也在不断提高。

国际粮食市场在过去 30 年时间里，发生了比较大的变化。谷物种植面积和谷物产量基本处于不断上升趋势，周期性变化不够明显。具有明显周期性变化的是谷物期末库存和谷物价格。从波峰到波谷再回到波峰，具有比较明显的周期性。

例如，从种植面积角度看，世界谷物种植面积和收获面积在过去的 30 年里经历了四个变化不算很大的波动周期，目前正处于第五个周期的上升阶段。几十年里，年度间谷物面积最大波幅只有 3%，波幅一般在 1% ~ 2%。连续下降最多为 4 年。从供给和需求角度看，也基本上是缓慢上升的趋势，需求的刚性增长，使供给量不可能大幅度变化。年度间谷物产量最大波幅只有 4%，波幅一般在 1% ~ 2%。产量连续下降最多为 3 年（见图 12）。

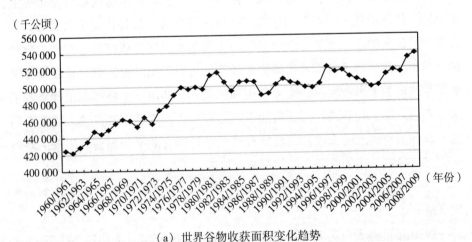

（a）世界谷物收获面积变化趋势

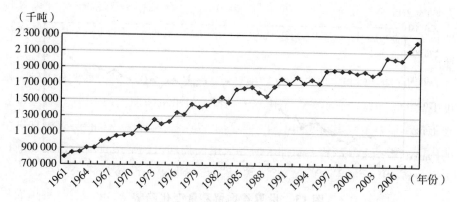

（b）世界谷物产量变化趋势

图12　世界谷物收获面积和产量变化趋势

注：根据美国农业部公布的数据制作的。

世界谷物产量长期以来是总体缓慢上升趋势，比较明显的生产波动和变化，是从1983年开始的。少则3年，多则7年，就会出现一次比较大幅度的减产。其基本原因几乎都是由于生产过剩，市场低迷，从而使生产者降低了生产积极性和减少用于粮食生产的投入。

根据农业部软科学研究成果，40年来世界粮食生产的平均波动率为2.7%，基本是稳步上升的趋势。但是很多研究都忽视了这样一个现象，就是越大范围的地域，其粮食生产的波动越小。越小的地域或国家，粮食生产波动越大。因此，全球粮食生产总体看是比较稳定增长的趋势，全球性粮食生产大规模丰歉发生的概率较小。而局部地区粮食生产的较大波动，甚至造成饥饿和政治骚乱的现象则经常发生。

从世界贸易量几十年走势观察，也出现过几次小的周期性变化（见图13）。

（四）库存和价格的周期性变化比较明显

1. 库存。从世界谷物库存变化趋势图可以看出，1980年以前，或许因为数据原因，世界谷物库存的周期性变化不太明显。世界谷物库存于1972年从当时的谷底回升，在14年中，仅有3年库存数量比上年回落，11年都处于不断增长趋势，1987年达到历史最高水平，约5.7亿吨。但从1980年以后，库存的周期性变化比较明显（见图14）。

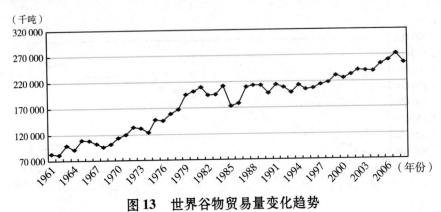

图 13 世界谷物贸易量变化趋势

注：根据美国农业部公布的数据制作的。

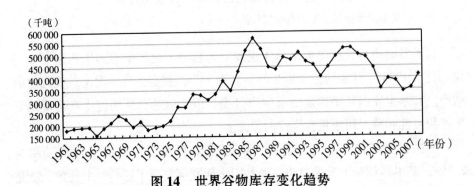

图 14 世界谷物库存变化趋势

注：根据美国农业部公布的数据制作的。

从图中可以看出有 5 次较大幅度的增减变化。少则 3 年，多则 8 年。其中 3 年一次变化的有两次，分别是 1980～1984 年、2004～2007 年。6 年一次变化的有两次，分别是 1984～1990 年、1990～1996 年。8 年一次变化的有一次，是 1996～2004 年。目前正处于自 2007 年开始的上升周期。

2. 价格。各种主要谷物价格变化大趋势基本相同，因为谷物之间有相对比较固定的和较强关联性的比价关系。以稻谷为例，稻谷价格在 1985 年以后的 20 多年间，发生了 5 次明显的冲高和回落波动，价格高点发生在 1988 年、1994 年、1997 年、2004 年和 2008 年（见图 15）。

价格峰值。前 4 次的价格冲高峰值比较相似，处于 11.50～12.50 美元/英担之间，而最后一次发生在 2008 年的价格峰值达到了 21.50 美元/英担的历史高位，可以认为是一次特殊的价格周期。

240

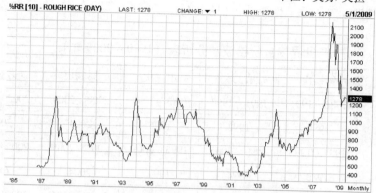

単位：美分/英担

图 15　芝加哥商品交易所稻谷价格变化趋势

注：根据美国芝加哥商品交易所公布的数据制作的。

价格谷底。1985 年以后，稻谷价格分别在 1993 年、1995 年、2002 年和 2005 年回落芝加哥周期的谷底。最低的价格发生在 2002 年，曾经一度达到 3 美元/英担。同时也是价格落差最大的一个周期，价格从 1997 年的约 12 美元/英担，降至 2002 年的约 3 美元/英担，下降幅度达 75%。

波动时段。最短周期是 1993 ~ 1995 年，仅为 2 年，最长是 1995 ~ 2002 年，长达 7 年，平均为 4 ~ 5 年（见图 16）。

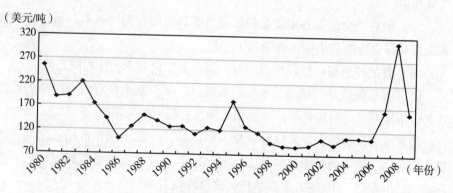

（美元/吨）

图 16　美国海湾玉米价格变化趋势

注：根据国家粮油信息中心收集的数据制作的。

从谷物价格变动幅度看，可分为周期性波动（几乎与经济周期同步的），一般性波动（市场一般行情变化），特殊性波动（外界诱因引发的暂时性波动）和规律性波动（如季节性波动）（见表4）。

表4　　　　世界粮食价格波动分析表（1980～2009年）

项　目	第一次	第二次	第三次	第四次	第五次
小麦	1986～1991	1991～1993	1993～1999	2000～2005	2005～2009
峰值	1989	1992	1996	2004	2008
稻谷	1985～1993	1993～2005	1995～2002	2002～2005	2005～2009
峰值	1988	1994	1997	2004	2008
玉米	1982～1987	1987～1993	1993～2000	2000～2006	2006～2009
峰值	1984	1988	1996	2004	2008
大豆	1982～1987	1987～1993	1993～2002	2002～2005	2005～2009
峰值	1984	1988	1997	2004	2008

注：根据美国芝加哥商品交易所价格历史数据推算。

从分析表可以看出：

（1）自20世纪80年代以来，世界粮食主要品种均发生了5次较大波动。

（2）食用谷物小麦和稻谷波动周期明显相似，玉米和大豆波动周期特征比较相似。

（3）最后两个周期各粮食品种波动周期和周期时间均基本一致，说明粮食主要品种价格波动周期正逐渐趋于一致。

（4）各品种价格峰值发生时间有一些差异，但基本处于相同趋势。

（5）各品种波动周期最长8年，最短仅3年。基本没有出现过单一品种独立行情周期，说明粮食各品种价格之间具有较强的关联性。

粮食市场基本面中，库存和价格大幅波动，一般出现在市场长期低迷之后，长期低迷使市场处于麻痹状态，突然因素出现，将市场震醒，一轮上涨行情于是出现。近10年，多次价格突然暴涨均有类似背景。

一般来说，粮食市场价格始终是处于波动状况，市场上的任何风吹草动都会使价格波动。正常的价格波动幅度不大，时间较短。周期性波动波幅较大，时间较长。季节性波动，也属于正常的市场周期波动，价格波动幅度一

242

般不大。

3. 综合分析。通过以上分析图表可以看出，世界谷物各品种价格在过去几十年时间里，有基本相似的变化趋势。为寻找价格变化中带有规律性的、周期性的东西，可以将价格的变化与库存变化进行综合分析。

通过典型的库存变化曲线和价格变化曲线叠加，可以比较清晰地看出库存与价格的关联性，以及粮食市场波动和周期变化趋势。

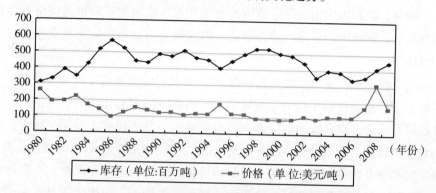

图 17　玉米库存与价格变化趋势

注：根据国家粮油信息中心收集的数据制作的。

将世界谷物期末库存变化曲线与美国海湾玉米出口价格变化曲线进行对比，可以得出如下结论。

（1）世界谷物库存与价格高度反相关，几乎每次较大波动中，库存的最低点发生时间，均与价格的最高点发生时间相同。在 8 个较大起伏过程中，仅有两次时间相差约 1 年。

（2）从 1980 年以来的 5 个周期发生时间段来看，周期时间有加长迹象。时间段分别为 3 年、5 年、7 年、14 年。

（3）从 5 个周期波动幅度来看，价格波幅有加剧迹象。5 次周期的每吨价格差距分别为：75 美元、120 美元、50 美元、70 美元、230 美元。期末库存有震荡走低、波幅减小迹象。

（4）价格变化相对于库存更加剧烈，也就是说微小的库存变化会带来较大的价格变化。

（5）玉米价格的稳定区间在每吨 110～150 美元之间。谷物期末库存的稳定区间在 4.5 亿～4.8 亿吨之间。

着力消减粮食周期性波动对粮食安全的影响

二、中国加入世界贸易组织前后，世界粮食市场对国内影响分析

国际粮食市场周期性波动主要表现在库存变化和价格变化过程，对我国的主要影响表现在进出口贸易量和粮食价格，并通过价格传导作用，影响国内粮食生产。2001年12月11日，中国正式成为WTO的第143个成员，对外开放水平进一步提高。中国"入世"后，对外贸易量增加，国内外相互影响逐渐加深。

同时，随着国内粮食供给结构的变化和加入世贸组织后世界经济一体化不断深入，国际市场对国内冲击增强，国内粮食市场对国际市场也存在一定的反作用。

关于粮食生产波动原因。农业部2001年软科学课题研究成果《粮食安全问题》中，由王济民主持的专题对中国国内影响因素有比较详细的论述。该专题研究认为，粮食波动的因素主要有四条，一是农民收入最大化行为；二是农业财政支出；三是生产经营体制变动；四是自然灾害。[①] 不难看出，前3条原因都涉及政策问题，并由政策影响价格，价格给生产和经营一个明确的信号。粮食经营体制还涉及粮食实物流通能力与效率。自然灾害是非人为因素，在人类社会不断由必然王国向自由王国迈进过程中，自然因素的作用显然在逐渐缩小。

至于影响国际粮食市场价格变化的因素，根据近10年来市场实际情况，除粮食基本面各种因素外，还有粮食非传统消费趋势因素，以及粮食的金融属性因素。前者主要指生物能源使粮食出现大规模新的消费需求问题；后者主要指近些年国际金融领域大量剩余资金往往将农产品作为避险投资目标的现象，使农产品价格出现扭曲，从而给市场发出扭曲的信号问题。

一些研究成果认为，我国粮食过于依赖自己国内生产，对可持续发展构成不利影响。1991年至1998年我国进口粮食和出口粮食占产量的比例均不足3%。较少地参与国际粮食市场贸易，保持高度自给自足，对国家长期粮食安全并不十分有利。[②]

我国进口食品所花费金额近几十年来正逐步增加，1980年为29亿美元，2003年达到近60亿美元。但是食品进口金额占进口总金额比例却在逐渐下

---

① 王济民：《粮食安全问题》。中国农业出版社2001年版。
② 王济民：《粮食安全》P. 37。社会科学文献出版社2006年版。

降，1980 年这一比例为 15%，2003 年为不足 1.5%。①

但我们认为，中国国情所决定，粮食不可能依赖国际市场，只能立足于自力更生，自己解决十几亿人口基本食物需求，这个问题不能仅看粮食进口价值在对外贸易中的比例，还要看到粮食是特殊商品，并注意到国际市场实际可供给水平。

20 世纪 70 年代和本次价格周期达到峰值时的几个相似条件：一是金融危机；二是石油危机；三是粮食市场持续数年低迷之后，库存较低；四是自然灾害多发；五是缺粮国抢购与输出国限制推波助澜。

20 世纪 70 年代以来至中国加入世界贸易组织前，世界粮食市场对中国国内粮食市场影响较弱，主要原因有以下几条。

1. 中国是农业大国，农民占人口绝大多数，虽然 20 世纪 70 年代生产效率低，但做到了低标准粮食自给。

2. 国际政治将东西方经济分割，世界市场尚未融为一体，相互影响有限。

3. 20 世纪 70 年代，中国当时在国内维持较低粮食价格水平，市场供应的米面等主要粮食价格比国际市场低很多，1972 年 CBOT 玉米价格 157 美元/吨；1973 年 CBOT 小麦达到历史最高价位 474 美元/吨。而当时北京市面粉价格折合当时汇率，不过是 151 美元/吨。国际市场尚不能构成对国内的威胁。这种情况一直维持到 20 世纪 90 年代初。

国际粮食市场真正对国内产生实质性影响应当是中国加入 WTO 之后。一方面，我国经济对外开放达到了新的高度，中国外贸出口依存度和进口依存度均大幅度提高，形成优势互补，互通有无的局面。另一方面，国内粮食价格受到国际市场制约，部分国际竞争力弱的品种市场占有率下降，国内价格已不能自主涨落，而需要看国际市场大趋势，价格的传导作用和市场信息传播速度逐渐加快，粮食大宗品种往往一个波动，会引起粮食品种随之波动。特别是大豆及食用植物油价格，几乎与国际市场同步。但我国小麦、稻米市场比国际市场稳定得多。这是因为国内粮食市场食用谷物供求相对平衡，价格比较平稳，所受国际市场价格暴涨和暴跌冲击并不明显。如图 18 所示，在

---

① 王济民：《粮食安全》P.37。社会科学文献出版社 2006 年版。

国际市场小麦价格一轮暴涨和暴跌过程中，我国小麦价格保持平稳略涨趋势。

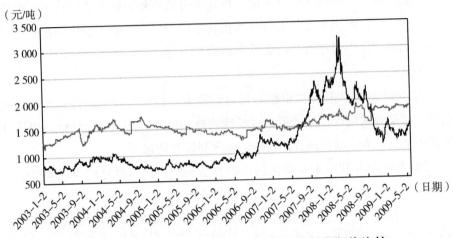

图 18　CBOT 软红冬麦期价与郑商所硬白麦期价比较

注：根据美国美国芝加哥商品交易所和我国郑州商品交易所的数据制作的。

中国改革开放以后，人均粮食产量稳步提高，加入世贸组织正值产量较高时期。2008 年世界人均谷物产量是历史次高水平，人均 305 公斤，仅次于 1990 年的 334 公斤。2008 年中国的人均谷物产量为 317 公斤，低于 1996 年（321 公斤）、1998 年（318 公斤），是历史第三。正是由于中国毫不放松粮食生产，才使加入世贸组织前后市场波动不大。但目前我国人均谷物产量尚低于世界人均水平，粮食安全的潜在压力仍然很大（见图 19）。

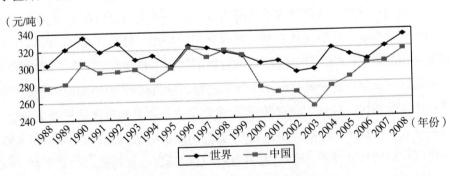

图 19　中国与世界人均粮食产量比较

注：根据美国农业部和中国统计年鉴数据整理。

三、未来世界粮食市场周期性波动对国内市场影响及判断指标分析

（一）未来国际粮食市场对国内影响的几个主要方面

毫无疑问，伴随着世界经济一体化趋势，国际粮食市场的周期性波动对我国粮食市场的冲击将会越来越大。改革开放为我国经济发展带来难得的机遇，同时国内粮食市场的逐渐开放，也使一些在国际市场中竞争实力较强的跨国大粮食公司进入了我国粮食市场。国内粮食企业无论在经营管理、抗风险能力还是总体经济实力等方面，均难以与之匹敌。因此在面对同样的世界粮食市场周期性波动中，我国粮食企业将面临更加严峻的挑战。根据 2007 年以来世界粮食市场剧烈波动的变化趋势，未来世界粮食市场周期性变化对国内的影响主要有以下几个方面：

1. 价格传导作用。2008 年国际粮食市场的剧烈的价格波动，是历史上罕见的。在不到一年的时间里，世界粮食主要市场中，粮食各品种价格出现暴涨和暴跌的剧烈变化。在很大程度上是由于能源价格的影响，通过生物能源的传导作用，导致几乎全部粮食品种价格的波动。在国际市场上，石油价格的主导作用尤其明显，而玉米和大豆价格的变化趋势几乎与石油价格变化完全一致。通过粮食各品种之间的比价关系，在不算长的时间里，传导到小麦和大米价格。其中大米价格所受影响较迟，但反应最为剧烈，回落最为滞后。

2. 进口数量大的大豆所受影响最大，玉米存在潜在威胁。大豆是严重依赖国际市场的品种，玉米对国际市场具有潜在的需求。

从四大粮食主要品种看，我国对外依存度最高的是大豆，2008 年进口量超过 3 700 万吨，占世界大豆贸易总量 7 318 万吨的 50% 以上。国际市场大豆价格的变化在 2007 年到 2008 年已经对国内市场价格造成较大冲击，成为影响国内粮食市场价格稳定的巨大威胁。我国玉米目前的供求状况虽然还比较稳定，但随着消费的增加，潜在需求很大，未来国内玉米能否满足需求堪忧。如果需要进口大量玉米满足国内不断增长的需求，玉米和大豆价格将会是国际市场对国内市场发生价格传导作用的主要载体，其影响程度将大大超过目前大豆单一品种依赖进口的情形，国内外将不再是相互分离的两个粮食市场。如图 20 所示，从国际市场和国内市场大豆价格比较中就可以看出，美国芝加哥大豆期货交易价格与我国大连大豆期货交易价格就已呈同步的变化趋势，其差价仅仅是国际运输价格和关税等贸易成本。

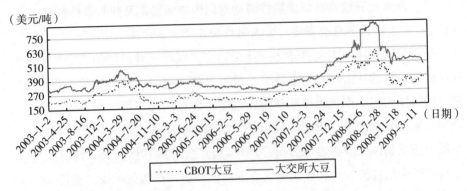

图20 美国芝加哥和中国大连商品交易所最近交割期大豆期货价格比较

注：根据美国美国芝加哥商品交易所和我国大连商品交易所的数据制作的。

3. 世界谷物库存降低既对世界粮食安全形成威胁，也对国内市场造成压力，是价格波动的决定性因素之一。在过去的两次最大的世界粮食市场周期波动中，都无例外地出现了世界谷物期末库存大幅度降低，并且低于联合国粮农组织提出的粮食安全水平的局面。世界大范围的粮食库存减少，无疑是世界粮食周期性变化的两大重要标志之一。

4. 我国粮食企业国际竞争力弱，未来受到国际市场周期性变化的影响较大。中国处于工业化转型期，容易在国际跨国公司的强势竞争压力面前处于被动局面，有些领域可能会有丧失市场主导权的风险，有些产业链环节可能会受制于人。在周期性波动过程中既是分化重组的好机遇，也是顾此失彼的方向性错误多发期。

（二）关于判断世界粮食市场变化趋势的几个主要指标

对未来世界粮食市场周期性变化程度，可以从几个主要市场指标动向判断。在实践中，初步总结出几个主要指标。

1. 芝加哥商品交易所（简称CBOT）粮食各品种价格。美国CBOT各主要粮食品种价格是世界公认的粮食市场晴雨表，在过去几十年时间里，呈典型的周期性变化。主要是指最近交割期合约价格波动趋势。期货市场的远期价格走势是期货市场价格发现功能的集中体现，未来一年至两年的合约价格曲线，构成了未来价格的基本走势。综合分析近期和远期价格变化趋势，结合未来市场主要影响因素，有可能把握住世界粮食市场价格总体走势。在对过去国内市场价格变动数据分析后，我们认为，国内粮食市场一般性价格波动在 15% 以内，一年内价格上涨或下降幅度超过 15% 就属于非正常波动。如果超过 30%，就属于剧烈波动。超过 60% 属于暴涨或暴跌。CBOT 食用谷物价格波动一般正常范围应当不超过 20%~25%；饲料谷物和大豆价格波动应当不超过 25%~35%。世界粮食市场价格变化还需要关注消费市场变化，特别是亚洲的稻米市场、欧洲的小麦市场、主要出口国家的生产形势等。在农产品期货市场，投机基金和指数基金持仓量变化可以反映金融市场剩余资金介入农产品市场状况，根据以往的经验，其变动趋势对农产品价格会产生巨大影响。

2. 世界谷物库存情况。世界谷物库存与消费比（简称"库消比"）几个主要粮食品种的库消比，是粮食市场基本面的重要数据。在过去几十年时间里，呈典型的周期性变化。分为世界 3 种谷物及分品种的库与消比，主要出口国分品种库消比。高于 17% 为安全水平，低于 17% 为警戒水平，低于 14% 为危机水平。除总量数据外，还需要特别关注两个问题，一是分品种的库存消费比数据，从中可以分析谷物各品种间的结构性矛盾。二是各品种主要出口国库存消费比情况。因为从近几年世界粮食市场变化看，主要出口国供给和库存变化，对世界贸易影响较大，任何一个主要谷物品种的主要出口国供给量的变化都会给国际市场带来较大的震荡。

3. 石油价格及燃料乙醇和生物柴油价格。燃料乙醇和生物柴油产量变化以及玉米和大豆用于生物能源原料增长情况，已经成为影响粮食安全的焦点问题。世界粮食市场所关注的是能源和粮食价格传导问题，由于第二代生物能源普及尚需时日，最多只能部分替代粮食，所以生物能源生产主要原料仍是粮食。一般研究认为，石油价格达到 70~80 美元/桶时，生物能源生产即使没有政府补贴，也可获得很大利润，从而消耗大量粮食。因此，石油价格对粮食市场发生巨大影响的临界点是 70~80 美元/桶。超过这个点，粮食价格具有上涨并超过正常范围的趋势；低于这个点，粮食价格具有平稳或下降趋势。

4. 远洋运费。远洋运费随石油价格变化而波动，成为影响国际贸易中粮食价格的重要因素，是能源与粮食价格相互联系一个纽带。远洋运费是国际粮食贸易价格形成的重要组成部分，通常在粮食到岸价格中所占比例，除粮食本身价值外，是最大的。远洋运费的变化，与石油价格可以相互印证对粮食价格的影响幅度。

5. 世界经济周期对粮食周期的影响。伴随世界经济周期变化的粮食价格大幅度波动周期，从 20 世纪 70 年代到本次粮食危机发生，时间跨度为 36 年左右。考虑到世界经济一体化因素和信息技术不断提高，以及科技进步使农业生产技术不断提升，应变能力普遍提高等因素影响，未来世界性粮食危机发生的时间周期可能会缩短，如果比上一个周期减少 10 年，那么可能会发生在未来 25 年左右，也就是在 2035 年左右。

结　语

长期以来，农业发达国家对粮食过剩过于轻视，应对措施也过于草率。世界粮食周期性过剩，往往就意味着周期性短缺为时不远了。因此，在长周期过程中，判断周期性过剩的发生时间，发生的程度，对预测周期性短缺有很重要的意义。

关于中国经济能否率先摆脱经济危机的影响，《解放日报》有评论说：虽然我国已遭受"世界经济周期性低迷的影响，但是，我国经济有自身的运行轨迹，并有内部强大的经济动力的支撑。这些决定着我国经济在经历未来几个月的严峻挑战后，有望稳定下来；在经历一两年的调整后，有望迎来新一轮的繁荣。可以预期，我国经济将会走出一条'U'形曲线，超越世界发达国家经济'L'形长周期的制约。"值得注意的是中国能否超越世界经济周期这个问题，还需要深入研究。未来中国经济将是"L"、"V"、"W"、"U"形中哪种发展形势，现在下结论还嫌太早。而中国粮食市场超越世界粮食市场周期性影响的可能性是存在的，因为中国已经在 2007～2008 年这场世界性粮食危机中走出了逆向趋势。因此，在对付世界经济危机周期和粮食危机周期时，就有可能提前防范，进行反周期战略部署，这将对国家经济健康稳定发展，提高国家粮食安全水平具有重大意义。

子课题负责人：尚强民

子报告执笔人：杨卫路

2010 年 2 月 12 日

附录：

保障新时期国家粮食安全必须警钟长鸣*

白美清

在讨论制定"粮油工业十二五发展规划"中，中国粮食行业协会、中国粮食经济学会组织粮食系统的老干部和资深专家传达学习了胡锦涛、温家宝、李克强等领导同志在省部级主要领导干部深入贯彻落实科学发展观、加快经济发展方式转变专题研讨班上的重要讲话精神，大家一致认为中央领导同志在粮食"六连丰"以后，审时度势，及时从保障国家长治久安的战略高度，提出农业是安天下、稳民心的战略产业，强调构建粮食安全保障体系的极端重要性，明确指出粮食安全问题始终是经济生活中的最大隐患，并对实现农业可持续发展和保障粮食安全做了全面部署，是具有远见卓识的安邦治国战略举措，是确保新时期国家粮食安全的根本大计。国家粮食系统的老同志和各方面专家深受教育与鼓舞。在座谈讨论中，大家深感在新形势下保障国家粮食安全面临许多新问题，需要进一步引起高度重视和切实研究解决。

一、对国情、农情和粮情要有清醒正确的认识

我国是世界上农业和粮食资源相对不足而又人口最多的大国，尽管连续六年粮食丰收，但应清醒地看到，我国的人均耕地面积、淡水资源和粮食产量等，均远远低于世界人均水平。用我们有限的农业和粮食资源，在过去"短缺经济"条件下，满足温饱型的生活水平尚能达到，但很难适应今后实现全面小康进而达到中等发达国家生活水平的需求。这就需要我们始终保持

---

　* 这是白美清会长 2010 年 4 月 14 日在报送课题组关于粮食周期性波动对国家粮食安全影响的研究报告时，就新形势下保障国家粮食安全面临的新问题与对策写给国务院总理温家宝等领导同志的一份建议。温家宝总理于 4 月 17 日作出重要批示："这份报告值得重视，请发改委、农业部、'十二五规划建议'起草组参阅、研究。"回良玉副总理于 4 月 19 日批示："请锡文、仁健同志阅。"国家发改委和国家粮食局有关领导同志也分别作了批示。

冷静的头脑，正确认识国情、农情和粮情，未雨绸缪，早思良策，科学谋划，千方百计保证国家的粮食安全，稳定民生，以实现党中央、国务院制定的宏伟蓝图。当前值得注意的是，在取得粮食"六连丰"的大好形势下，对粮食安全问题，中央一贯重视而不少地方却不太重视，上面很着急而下面无所谓，口头上强调而行动上忽视，特别是许多中青年干部觉得现在衣食无忧、天下太平，既不重视种粮，也不重视存粮和节粮，一遇粮食安全问题便指望中央政府救助。这是一种十分危险的倾向。全国上下应及时纠正和克服这种盲目乐观情绪和依赖思想，使广大干部和群众正确认识国情、农情和粮情，把中央的决策变为各地的实际行动，提高保障粮食安全的自觉性。

二、国内粮食生产的持续发展是保障国家粮食安全的基础

改革开放 30 年来，我国粮食产量连上了两个增产 1 亿吨的大台阶：一是由 3 亿吨增加到 4 亿吨（1978～1984 年）；二是由 4 亿吨增加到 5 亿吨（1985～1996 年）。但达到 5 亿吨以后，至今 14 年里，粮食产量一直在5.01 亿～5.3 亿吨（1997～2009 年）之间徘徊。同期，世界粮食产量也是一个徘徊局面：20 亿～22 亿吨（1995～2009 年）。粮食产量的基数越大，增产的难度也更大。目前，我国人均粮食产量仅 798.2 斤（2008 年），既低于国内历史最高水平 828 斤（1996 年），也低于世界平均水平。尤其是稻谷，目前产量为 1.9 亿吨（2008 年），尚未恢复到国内历史最高水平 2 亿吨（1997年）。国内粮食生产是保障国家粮食安全的基础。去年，国家制定和公布了到 2020 年增产 1 000 亿斤粮食综合生产能力的规划和加强 800 个粮食主产县核心产区高产粮田建设，是非常及时和十分正确的，但其难度之大，超过了历史上任何时期。宜尽快逐一落实，促其实现。

三、充分利用国际农业和粮食市场与资源调节余缺

十一届三中全会突破了"吃进口粮是修正主义"的极"左"思想束缚，决定每年进口约 1 500 万吨粮食，1982 年进口达 1 600 多万吨，1995 年最高进口达 2 000 多万吨。这是利用国际粮食资源弥补国内缺口的成功经验，值得认真总结。进入 21 世纪以后，我们从进口粮食转为大量进口大豆等油料。目前，我国虽然小麦、大米两大口粮没有大量进口，但大豆、食用植物油料油脂和棉花等大宗农产品进口量猛增，我国农产品进出口贸易自 2003 年至今连续六年出现逆差，年均达 100 多亿美元，而且呈增加之势，有可能成为常

252

态。特别是大豆，20世纪90年代中期前，我国一直是净出口国，后期开始进口，2001年进口突破1 000万吨，此后逐年猛增，到2009年进口已达4 255万吨，约占世界大豆贸易量的一半。按国内大豆平均单产测算，2009年仅进口这些大豆就需要3亿亩以上耕地种植，若加上油脂、棉花等进口农产品，所需耕地达4亿亩以上。进口这些农产品，实际上就是进口了4亿多亩耕地和淡水资源为我所用，使我们能腾出耕地来集中解决口粮安全并适度发展经济作物，同时满足城镇化、工业化占地需求。从国家总体发展战略上考虑，加入世贸组织以后，我们农业上是有所进，有所退，有所得，有所失，总体上看，对我国是得大于失，利大于弊，在政治上、经济上、外交上均有好处，并有利于缩小国际贸易顺差，减少贸易摩擦。因此，在经济全球化进一步推进的新时期，我们对农产品和粮食油料进口不能单纯囿于过去的老观念，必须有新的思维、新的战略和新的对策，更加自觉地充分利用国际国内两个粮油市场和两种粮油资源，为我国实现全面建设小康社会和达到中等发达国家水平的战略目标服务。

四、必须坚持城乡居民口粮基本自给的战略方针

党中央、国务院制定的立足国内解决吃饭问题的方针，是非常正确的，必须长期坚持。这是维护国家经济主权和粮食安全的重要保证。我们认为，立足国内解决粮食问题，首先要解决稻谷、小麦、玉米三大主粮，尤其是作为城乡居民主食口粮的稻谷和小麦的国内基本自给，实现以我为主。国家粮食安全重点是要保障城乡居民口粮安全，我们中国人的"饭碗"，绝不能拿在外人手里。今后在解决居民口粮安全问题上，我们既不能依赖产粮的发达国家，也不能只寄托于有粮食生产潜力的发展中国家，而只能紧紧依靠自己。同时，如果今后我国大量进口居民口粮，必然会与那些缺粮的发展中国家争"饭碗"，在政治和外交上处于不利地位。因此，国内主粮市场必须做到以我为主，主粮的生产、购销、储运、加工、贸易等，必须以本土粮食企业为主，充分发挥国有粮食企业的主导作用，发挥民营粮食企业的积极作用。要更加注重培养本国的粮油大型领军企业，使之成为世界级的具有经济实力与核心竞争力的粮油跨国公司。对已进入的外商投资企业要肯定它们的作用，引导其遵守国家法律法规，服从宏观调控。但对主粮的开放要有所控制。要汲取日本、韩国等的经验，避免重蹈"拉美化"的覆辙。对此，特别要使地方各

级政府清醒地认识到这一点，以免覆水难收，造成被动。

五、注意防止粮食周期性波动与通货膨胀交汇造成经济震荡

改革开放30年来，大约每隔10年出现一次较大的粮食周期性波动。例如：20世纪80年代的1985～1986年，90年代的1993～1994年，21世纪初的2003～2004年，其年减产幅度达到500亿斤左右。其中在1988年、1993年均出现了粮食周期性波动与通货膨胀交汇的态势，诱发群众抢购的恐慌心理，导致经济剧烈震荡，给我们留下了深刻教训。目前虽然是连续六年丰收的大好形势，但我们预测，在今后十年内将会有周期性波动，往往是粮食产量的最高年，就是周期性波动下降的开始。粮食生产、供求和价格出现周期性波动的风险依然存在。鉴于目前通货膨胀的苗头开始显现，因此需要提前采取预防措施，特别要防止陷入因粮食周期性波动导致粮食供求紧张，由通货膨胀带动粮价上涨，进而又因粮价上涨加剧通货膨胀的不良循环，从而稳定经济，稳定全局。

六、按照科学发展观的要求转变农业和粮食发展方式

目前，粮食播种面积在农作物播种面积中的比例呈逐年下降趋势，已由过去的占80%降到了70%以下。多年经验证明，粮食的播种面积一定不能低于15.5亿～16亿亩。调整农业生产结构绝不能片面提倡什么赚钱种什么，必须采取更加强有力的措施在确保粮食种植面积的前提下，去发展多种经济。调整农业结构应有新的提法，要把必保粮食播种面积作为重点，进而发展其他。

从现在起要下决心彻底改变粮食生产方式，抛弃粗放式、掠夺式的经营，提倡科学种田、恢复精耕细作。当前，要着重改变那种大水漫灌、大施化肥、大施农药和除草剂，消耗大、污染重的不可持续的落后粮食耕作方式，下大力提倡推广以绿色、生态为特征的"四节农业"，即节地（养地）、节水、节肥、节药（农药、除草剂等），把种地与养地结合起来，把农业发展与环保结合起来，逐步实现粮食发展的良性循环和可持续发展。据有关专家披露，由于广大农村农业和粮食生产长期搞粗放经营，加上工业污染，土壤中化肥、农药、农膜等化学及重金属残留物大量增加，粗放农业成了我国的第二大污染源，严重危及居民食物安全，老百姓抨击这种做法是"吃祖宗饭、断子孙路"。如不痛下决心采取断然措施加以解决，将祸及子孙后代，遗患无穷。

254

当前，"80后"新一代青年农民几乎全都涌入城市打工，不愿留在农村种地，种粮大多由留下的老人、妇女和儿童承担，对保障粮食安全极为不利。从长远看，我国应有意识地在农村保留一支有文化、懂科技、会经营的农村新型青壮年劳力队伍，国家有关部门应对他们提供农业和粮食生产专业培训和技术指导，并在扶植农业的政策上对这部分人以倾斜，使这些新型农民在农村留得住，有前途，能致富，在农业和粮食生产中发挥骨干作用。许多老同志和专家认为，这对解决新时期的"三农"问题具有战略意义，希望能引起有关部门高度重视，在"十二五"规划中开始体现出来。

七、保障粮食安全必须进一步加强粮食流通服务体系建设

粮食流通服务体系是国家粮食安全保障体系的重要环节。2004年粮食购销市场放开以后，多元化、多渠道的流通格局已经形成。但目前粮食流通服务体系仍是薄弱环节，购、销、运、存、加的产业链体系还严重脱节，粮食物流建设滞后，小商贩、小作坊、小集市在粮食流通中仍占相当大的比重，缺乏安全保障和竞争能力。而且，这个脆弱的服务体系还未经过重大灾害、大幅度减产的考验，经不起国际粮食危机的冲击。

目前，地方粮食管理机构纷纷被"撤、并、降"，粮食管理部门被决策"边缘化"和"空心化"，士气不振，队伍不稳，粮食省长负责制面临着在组织上落空的危险，情况堪忧。20世纪末的一段时间，粮油加工业由于被当成"附营"对待，银行断贷，政策"断奶"，纷纷倒闭歇业，人为割断了粮食购、销、储、运、加的完整产业供应链。进入21世纪以后，在国家政策支持下大米、小麦加工企业虽然有所发展，但仍处于小、散、低、乱的无序状态，"大而不强，小而不精"，缺乏有核心竞争力的大型骨干企业。一些贫困缺粮县，既无县中心粮库，又无国有粮食储备，更缺粮食加工销售网点，单靠私人粮商外购成品粮油供应市场。一旦再次爆发世界性粮食危机或国内遇到重大灾害和突发事件，粮食部门将无法摆脱措手不及和应对无力的被动局面。因此，粮食流通服务体系和粮食工作绝不能说起来重要，而做起来不要。当前必须强调各级党政领导进一步加强而不削弱粮食流通工作，真正把中央的战略决策和部署落到实处。为此，建议比照组建国家能源委和能源局的做法，建立强有力的国家粮食安全领导机构和工作班子，进一步加强国家粮食局和各地粮食局的工作，稳定机构和队伍，充分发挥他们的职能作用，使之成为

各级政府管好粮食工作的得力助手和参谋。

八、改进宏观调控增强应对粮食危机和突发事件的能力

一是充实和完善国家粮食储备制度，构建以中央储备为主的三级储备体系。做到储备充足、结构合理、布局得当、调动有力、高效灵活。各级政府除应储备足够的原粮外，还应储备一部分成品粮以应急需。

二是国家调控粮价，控制通膨，对粮油价格适度调控是必要的。但长期控制在较低水平，使种粮食的比较效益下降，"剪刀差"有扩大之势，农民没有种粮积极性，从长远看对粮食生产十分不利，应当让市场在粮食价格形成中发挥基础性作用。建议国家对消费品物价指数（CPI）计算项目适当进行调整，至少使农产品价格与工业品价格今后不再出现新的"剪刀差"。为此，需要财政进一步加大支农的力度，增加反哺农业的资金投入，及时改进补贴方式，重点激励商品粮和油料增产。

三是加强粮食进出口管理和规划。实现粮食进口多元化，不宜局限于从一两个国家进口。如大豆进口除美国外，需更多考虑南美，小麦、油料和油脂进口亦应如此。

四是鼓励本土企业"走出去"，拓展国际粮油贸易，除重点扶持国有企业外，对民营骨干粮油企业"走出去"也应给予鼓励和支持。

随信附上中国粮食经济学会和中国粮食行业协会组织的课题组关于"着力消减粮食周期性波动对粮食安全的影响"专题研究报告。该课题研究是我们学会和协会自 2003 年以来进行的粮食安全系列研究的第五个课题，也是国家粮食局和科技部的国家软科学研究计划项目，供参酌。

建立政府与社会共保
城乡低收入人群口粮安全的长效机制

——国家粮食安全系列研究报告之六

中国粮食经济学会
中国粮食行业协会　课题组

　　我国城乡低收入人群的口粮安全，是国家粮食安全体系中的薄弱环节，需要引起各级政府和社会各界的高度重视和认真解决。为此，中国粮食经济学会和中国粮食行业协会联合组成的国家粮食安全系列研究课题，根据国家粮食局软科学课题研究的部署，与有关省（区）、市粮食局、粮经学会和粮食行业协会合作，对城乡低收入人群的口粮安全状况进行了典型抽样调查，并到东、中、西部不同城市社区居民和农户家庭访贫问苦，现场调查了解城乡低收入者的口粮安全情况，与城乡基层干部、群众座谈，取得了大量第一手资料。课题组还邀请资深专家和老粮食工作者进行了专题研究论证，广泛听取各方面的意见和建议。现综合报告如下：

一、城乡低收入人群口粮安全现状及存在的问题

　　城乡低收入人群是指家庭人均月收入接近于当地城乡最低生活保障标准的居民。他们是整个社会中的弱势群体，其中大部分人需要各级政府救济和社会帮扶，才能维持最低生活水平。因此，本报告参照联合国粮农组织确定的人均食品消费支出占总消费支出的比例59%（即恩格尔系数）这一国际上通行的贫困线标准，根据我

257

国在统计上将城乡居民家庭收入分别按低收入户、中低收入户、中等收入户、中高收入户和高收入户五等分分组统计的数据，作为划分城乡低收入人群的标准。

（一）城镇低收入人群的口粮安全现状

2011年年末，我国城镇总人口为69 079万，享受低保补助的为2 276.8万人。据民政部统计，到2012年10月底，全国城镇享受最低生活保障补助的总人数2 139万人，大体占城镇低收入人群的一半左右。据中国社科院《中国城市发展报告No.4》推算，2011年年末全国城镇低收入人群达5 000万人，约占城镇总人口的7.24%。2012年10月各级政府对城镇享受低保补助的支出为人均234.24元（见图1、图2、表1）。

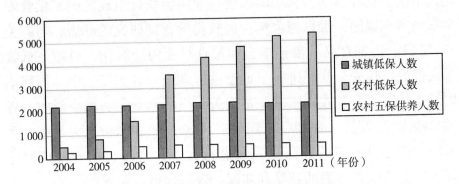

图1　2004～2011年全国城乡最低生活保障人数变化情况

资料来源：民政部《2011年社会服务发展统计报告》。

表1　　　　2004～2011年全国城乡最低生活保障人数变化

项目 \ 年份	2004	2005	2006	2007	2008	2009	2010	2011
城镇低保人数	2 205.0	2 234.2	2 240.1	2 272.1	2 334.8	2 345.6	2 310.5	2 276.8
农村低保人数	488.0	825.0	1 593.1	3 566.3	4 303.5	4 760.0	5 214.0	5 305.7
农村五保供养人数	228.7	300.0	503.3	531.3	548.6	553.4	556.3	551.0

资料来源：民政部《2011年社会服务发展统计报告》。

表 2　　2012 年 10 月全国城乡居民最低生活保障情况

地区	城镇低保人数（人）	城镇低保家庭数（户）	城镇低保累计支出（万元）	城镇低保补助水平（元/人）	农村低保人数（人）	农村低保家庭数（户）	农村低保累计支出（万元）	农村低保补助水平（元/人）
全国合计	21 390 409.0	11 074 280.0	510 131 201.0	234.2	53 007 723.0	27 699 982.0	5 471 129.5	104.1
北　京	110 789.0	61 371.0	54 746.0	482.7	63 343.0	36 542.0	21 393.6	319.3
天　津	165 579.0	87 110.0	67 573.0	390.1	99 404.0	43 200.0	18 848.6	190.9
河　北	779 756.0	406 728.0	184 408.2	228.3	2 056 333.0	1 458 366.0	223 107.0	109.7
山　西	886 009.0	432 219.0	192 487.4	215.6	1 428 200.0	1 081 806.0	146 215.8	105.6
内蒙古	800 280.0	439 570.0	249 481.7	307.8	1 186 885.0	879 437.0	160 734.9	137.5
辽　宁	1 058 704.0	540 933.0	304 089.5	278.2	898 062.0	516 727.0	125 050.0	138.8
吉　林	927 142.0	554 193.0	227 053.4	230.6	766 071.0	542 028.0	87 494.9	109.8
黑龙江	1 513 502.0	758 881.0	312 908.4	205.0	1 185 890.0	601 713.0	106 655.2	89.3
上　海	229 327.0	146 258.0	116 971.5	414.8	35 772.0	26 321.0	10 817.5	202.8
江　苏	377 847.0	191 751.0	104 257.0	265.0	1 371 440.0	7 287 746.0	236 098.3	170.1
浙　江	79 569.0	49 943.0	31 503.9	381.3	571 167.0	351 577.0	131 797.2	228.4
安　徽	821 173.0	468 857.0	222 675.7	269.1	2 133 411.0	1 116 599.0	238 805.2	111.1
福　建	173 748.0	87 043.0	37 547.2	212.9	736 621.0	337 693.0	87 782.8	120.1
江　西	980 323.0	452 806.0	225 583.7	230.0	1 502 775.0	620 005.0	154 373.0	102.8
山　东	536 593.0	256 260.0	14 432.7	255.6	2 470 293.0	1 600 401.0	317 228.3	131.5

地区	城镇低保人数（人）	城镇低保家庭数（户）	城镇低保累计支出（万元）	城镇低保救助水平（元/人）	农村低保人数（人）	农村低保家庭数（户）	农村低保累计支出（万元）	农村低保救助水平（元/人）
河南	1 326 241.0	687 090.0	253 860.1	189.5	3 678 502.0	2 441 957.0	327 260.9	89.5
湖北	1 283 281.0	655 892.0	247 282.1	188.4	2 287 852.0	1 346 395.0	167 539.2	73.3
湖南	1 449 593.0	792 168.0	359 306.3	248.9	2 754 290.0	1 365 691.0	280 247.0	107.1
广东	374 431.0	165 431.0	81 535.1	210.3	1 782 056.0	783 725.0	219 058.8	119.7
广西	514 225.0	267 342.0	113 461.7	213.3	3 268 447.0	1 319 209.0	278 553.0	86.1
海南	156 657.0	66 165.0	34 894.7	215.6	242 068.0	93 851.0	32 657.0	136.2
重庆	529 463.0	303 444.0	141 735.3	262.8	786 679.0	426 602.0	109 457.2	130.7
四川	1 856 447.0	1 025 171.0	369 104.9	198.6	4 311 632.0	2 339 349.0	378 342.9	89.3
贵州	528 994.0	271 024.0	127 467.3	239.0	5 135 728.0	2 300 709.0	463 835.0	88.9
云南	927 482.0	561 314.0	186 417.6	204.5	4 372 127.0	2 391 814.0	385 771.5	94.8
西藏	47 007.0	24 940.0	11 864.3	258.0	230 000.0	63 869.0	15 652.8	68.1
陕西	764 153.0	356 518.0	194 689.0	242.2	2 125 117.0	883 914.0	224 238.7	104.1
甘肃	868 545.0	364 776.0	184 291.3	213.4	3 427 916.0	1 073 197.0	298 944.3	87.9
青海	229 778.0	102 660.0	52 930.1	228.3	399 537.0	134 857.0	37 826.3	94.5
宁夏	179 713.0	86 214.0	35 594.7	196.9	359 574.0	256 470.0	43 924.1	121.9
新疆	914 058.0	411 108.0	231 267.3	250.9	1 340 531.0	537 212.0	140 818.5	104.6

资料来源：民政部统计数据。

课题组和有关省（区）、市粮经学会通过选择东、中、西部不同类型的大、中、小城市，对城镇低收入人群的口粮安全状况进行抽样调查，发现其口粮消费有如下特点：

1. 口粮以在集贸市场和流动商贩手中购买为主。城镇低收入者多从集贸市场和流动商贩那里购买便宜的成品粮油，大多为无品牌、无产地、无检验包装标识的"三无"产品，质量安全和卫生安全的隐患很大。在粮食市场化改革后，低收入者尚未切身感受到各级政府的粮食储备与他们的口粮供应之间的直接联系。

2. 口粮消费以零散的米面成品粮油和初加工的馒头、面条为主。那些靠政府和社会救助维持最低生活水平的城镇低收入者为节省开支，一般都舍不得上超市或专卖店购买小包装品牌米面和桶装精炼植物油，大都食用零散米面甚至毛油，或者在市场上直接购买馒头、面条食用。

3. 食品消费以保口粮需要为主。据查，1985年全国贫困人口食品消费支出占其总消费支出的60%，到1997年上升为85%[①]。据国家统计局公布，2011年我国城镇居民平均恩格尔系数为36.3%。课题组根据近期典型调查测算，现在城镇低收入人群的食品消费支出仍占总消费支出的60%左右，其中口粮消费约占食品消费的50%，即城镇低收入者的消费总支出有30%左右花在口粮消费上，是以保吃饭为主的低水平、温饱型消费结构。2011年城镇居民食品价格上涨11.6%，其中粮价上涨12.2%左右，略高于食品价格上涨幅度，对城镇低收入者的生活影响很大。为了保口粮，很多城镇低收入家庭只好少吃蔬菜，不买鱼肉，生活相当困难。

4. 低保救助以政府救济为主。其实，政府救济也主要靠中央财政出资，特别是在中西部贫困地区，地方政府救济、社会捐赠和慈善救助占的比例较小。还有一些城镇低收入者能不定期地从亲友

---

① 蔡慎坤：《中国低收入人群体究竟有多少人？》，凤凰网，2011年11月24日。

和邻里间得到一些帮扶。在每年春节期间，城镇民政部门和社区街道基层组织、工青妇等群众团体、社会慈善机构和各界爱心人士，都会对城镇低收入者一次性派发春节慰问金，或赠送一些米面油等年货进行慰问，这也是城镇低收入者直接获得口粮救助的一个重要来源。

（二）农村低收入人群的口粮安全现状

2011 年年末，我国农村总人口为 65 656 万人，其中享受低保补助的为 5 305.7 万人。到 2012 年 10 月底，全国农村享受各级政府最低生活保障补助的总人数为 5 300.8 万人，约占农村总人口的 8%，当月各级政府对农村低保补助的支出为人均 104.05 元，尚不足城镇人均 234.24 元的一半（见表2）。据国家统计局按农民年人均纯收入 2 300 元的国家新扶贫标准统计公布的最新数据，2011 年全国农村还有 12 238 万贫困人口，约占农村总人口的 18.64%，这个比列已经相当高了，但目前能享受到政府最低收入保障补助的只占农村贫困人口新标准的 43%。此外，各级政府还对农村 556.3 万"五保"供养人员实行了专门救助。例如，地处西南边疆的云南红河哈尼族彝族自治州，农村低收入人群高达 78%，其中 68% 的人生活在贫困山区，低收入者的口粮消费支出占总消费支出的比例更是高达 81.1%，处于绝对贫困状态。因此，保障农村低收入贫困人群的口粮安全，是更加艰巨的任务。

鉴于各地农村的情况差别较大，参加课题调研的有关省市粮经学会和粮协进行了广泛抽样调查。如湖北宜昌市粮经学会在有代表性的当阳、宜都、秭归三个县市，选择了情况各异的 9 个乡镇和 28 个行政村逐一进行了详细调查。根据课题组对有关省市抽样调查的情况综合分析，农村低收入者绝大部分是只会种粮的纯农户，他们的口粮消费也有自身的特点。

1. 口粮靠自种自食，很少卖出购进。除个别丧失劳动能力的家庭外，农村低收入者的口粮一般都是自种自食，当地能产什么就种什么、吃什么，如稻谷、小麦、玉米等。在中西部贫困干旱地区和山区，则以杂谷、杂豆和薯类为主食，绝大多数农村低收入家庭尚能做到口粮自给。2011年全国农村居民平均恩格尔系数为40.4%。根据课题组抽样调查测算，不同地区农村低收入贫困人群的人均口粮消费占食品消费支出的50%~60%，生活相当贫困。

2. 以农业生产为主，很少兼业或外出打工。农村低收入者多为纯农户，文化程度低，缺少劳动力，生产规模小，仅靠种地维持生计，缺少其他技能和特长，基本不外出打工或兼做其他营生。

3. 缺少现金收入，生活相当困难。农村低收入者能勉强做到口粮自给已属不易，没有多少余粮出售，打工挣钱的路子少，最缺少现金收入，日用品消费、看病住院、子女上学等需要现金的开支异常拮据。

例如，湖北省荆门市沙洋县官垱镇鄂冢村共有1 065人，其中按当地标准低收入者为35人，占总人口的3.3%，但其人均月收入仅为146元，实在少得可怜，而来自农业生产的收入只有89元，其余59元为政府救助，此外再无其他收入。该村年人均粮食产量为1 950公斤，年人均口粮消费量为220公斤，低收入者尽管口粮可以自给，但收入极低，生活极其困难。这样的情形在课题调研中非常普遍，也很有代表性。

4. 口粮靠自己土法加工，基本不买成品粮油。农村低收入者大都无力购买成品粮油，吃粮既不上集市，也不进超市，全靠自己土法加工，自产自食，以便省些钱用于其他开支。

（三）城乡低收入人群口粮安全存在的问题

2011年年末，大陆城乡总人口为134 735万人。若占按中央确定的农民年人均纯收入2 300元的国家扶贫新标准测算，目前我国城乡低收入贫困人口约1.72亿人（其中城镇0.5亿人，占29%，农村 1.22 亿人，占 71%），约占城乡总人口的 12.77%。到 2012 年 10 月末，城乡享受政府最低生活保障补助的为 439.8 万人，约占城乡低收入人口的 43.25%。按原国家扶贫标准计算，2010 年山西城镇低收入人群占城镇人口的 7%，农村低收入人群约占农村人口的 10%，现在看来明显偏低。尽管目前城乡低收入人群的口粮需求尚能基本得到满足，但这种勉强维持的局面非常脆弱，潜伏着很大的风险。

1. 城乡低收入人群的口粮安全还缺乏制度性安排和体制保障。农村低收入者的口粮主要靠自己种植，但受自然条件、种粮投入和自身劳动能力影响极大，遇到水旱、灾害等紧急情况，粮源尚无可靠保障；城镇低收入人群的口粮靠从低端市场上购买，一旦出现市场震荡和粮价上涨，他们就很难买得起足够食用的粮食。

例如，湖南省桃江县按原标准计算城乡低收入人群占总人口的 14.03%，其中城镇占 14.3%，纳入低保的占 12.5%，农村占 12%，纳入低保的仅占 3.3%。该县农村低收入人群人均年生产粮食 230 公斤，而口粮消费约 250 公斤，存在 30 多公斤缺口。遇有灾害，口粮缺口就更大。

在粮食市场放开后，与城乡低收入人群口粮安全有关的政府机构尚处于分工不明、职责不清、无人负责和未能落实的混沌状态，在整体上缺乏一个通盘统筹的制度性的安排。尽管如此，一些地方粮食部门仍积极探索，采取了一些有效措施，得到了社会各界一致好评。例如，一直贫困缺粮的贵州省，2011 年率先在全省实行了城乡低保户 588.5 万人的基本口粮供应制度，通过公开招标择优选定供应商，使一批质量保障、服务优良、配送齐备的粮油企业成功中标，全年为城乡低保户定向供应粮食达 16 万吨，包括全省各级政府，其中对低保缺粮户的基本口粮救助约 9 万多吨（见附件），收到了良好的社会经济效益。又如，江苏南通市工会给城镇低收入会员发粮食供应券，北京市大兴区等地建立了低收入人群粮油帮扶卡等，都取得了很好的经验。但从全局来看，此尚未从体制和机制上彻底解决问题。

2. 低收入人群口粮消费的低端粮油产品质量和卫生安全隐患凸显。目前，城乡低收入人群的口粮消费，绝大部分是初级市场上的低端粮油产品，价格虽低，但质量较差。尤其是处于城乡结合部和偏远山区集贸市场的摊点和流动商贩，常常是城乡市场监管的盲区，一些不法商贩掺杂使假的劣质粮油产品乘虚而入，或者非法将过期的粮油食品流入市场坑害消费者，无论在数量、质量还是卫生等方面，都存在着许多安全隐患。

3. 缺少保障城乡低收入人群口粮供应的粮源和流通渠道。粮食市场化改革打破了过去按行政区划供应粮食的旧格局，原来的国有粮油企业改制成了国有独资和控股、参股的股份制企业或转为民营企业，尽管国家反复强调企业的社会责任，但企业毕竟要以经济效益为中心，不可能像社会慈善机构那样无偿向城乡低收入者提供口粮救济。由于我国城乡低收入人群高达上亿人，因此，必须有可靠的粮源，并需开设专门的粮食供应渠道来满足他们的特殊需要，以保障他们的口粮供应。

4. 对城乡低收入人群的口粮安全保障缺少专项政策支持。尽管国家为保障城乡低收入人群的基本生活出台了许多救助优惠政策，但大都属于民政救助范围，对他们的口粮安全保障尚未出台过专项优惠扶持政策。例如，对低收入者实行平价粮油供应及相关扶持政策等。

5. 社会各界少量实物捐赠仅限于放年过节。目前，社会各界逢年过节都会对城乡低收入者临时性捐赠一些成品粮油进行慰问，但平时对此关注和过问的社会救助机构、慈善组织、慈善人士和志愿者尚不太多，缺乏经常性的捐助和相应的实物储存，无法细水长流地开展对城乡低收入者的口粮实物救助工作。

二、影响城乡低收入人群口粮安全的主要因素

城乡低收入人群是由自然条件、社会经济环境、家庭条件和个人因素等多种原因综合作用形成的。单就口粮安全而言，其主要影响因素有：

（一）低收入者的家庭状况及劳动力素质

这是内因。他们或因家庭成员老弱病残、丧失劳动能力，或因自身文化素质低、劳动技能差以及下岗失业等，只能做一些力所能及的杂活，收入微薄甚至没有收入，在城市就业和农村外出打工中，很难找到合适的工作，而政府救济和社会救助毕竟有限，其口粮安全缺乏相应的资金保障，或者是为了保口粮而舍去了其他必要的生活开支。因此，贫困是影响他们口粮安全的根本原因。

（二）粮食收成和价格

农村低收入者主要担心粮食收成，遇到歉年或灾年，他们自己种的粮食减产，口粮就相当困难；城市低收入者主要关注粮食价格，市场粮食供求趋紧粮价上涨，其口粮消费支出就会大大增加，这是影响他们口粮安全的重要因素。

（三）政府救济和社会救助的力度

城乡低收入人群的口粮安全问题，目前主要是靠低收入者自己设法解决。无论政府口粮救济还是社会救助，主要是在应急救灾中临时做出安排，缺乏长远规划和作出专门部署，尚处于一事一议、急事急办的被动应对状态，城镇基层社区和乡村干部普遍感到心中无数，这也是城乡低收入者担心自身口粮安全和吃饭问题没有保证

的一个重要原因。

需要指出的是，由政府对贫困缺粮人口实行社会口粮救助也是国际惯例。经济发达的美国，2011 年度人口普查的贫困率仍高达 15.9%。2011～2012 财年美国靠领政府食品券生活的达到创纪录的 4 670 万人，支出高达 757 亿美元①。

（四）社会保障程度和覆盖范围

目前，城乡低收入人群的口粮安全尚未像养老和医疗保险那样纳入社会保障制度的范围，政府救济和社会救助也偏重于现金和衣着类实物。即使在紧急情况下对他们实行口粮实物救助，有关部门大都临时从市场上采购成品粮油，缺乏相应的粮源保障和供应渠道，低收入人群的口粮安全还存在着很大的隐患。前些年在应对水旱灾害和抗震救灾中，许多地方政府都临时就近从市场上采购一些高价成品粮油应急救灾。

（五）低收入者所处的社会经济地理环境

我国地域辽阔，东、中、西部经济发展差距很大。在经济发达地区，城乡低收入者得到的政府救济和社会捐助较多，口粮安全风险相对较小；在贫困落后地区，低收入者能得到的救助和捐赠较少，口粮安全风险较大。例如，2012 年 10 月全国城镇低保人均支出水平为 234.24 元，最高的北京市为人均 482.67 元，最低的湖北省人均只有 188.44 元，相差约 2.56 倍。同月全国农村低保人均支出水平为 104.05 元，最高的北京市为 319.26 元，最低的西藏自治区仅为 68.06 元，相差约 4.69 倍（见表 2）。

---

① 美国雅虎新闻和福克斯新闻网引自美国官方资料报道，见《参考消息》2012 年 9 月 7 日。

三、对建立城乡低收入人群口粮安全保障机制的建议

鉴于城乡低收入人群的口粮安全保障问题尚未引起足够的重视和真正落到实处，课题组根据城乡基层干部和低收入人群的强烈愿望和有关专家的意见，谨有如下建议：

（一）引起重视

城乡低收入人群的口粮安全是一项重要的民生工程，涉及1.72亿人口，关系到社会的稳定，是一件带全局性的大事。但目前尚未引起社会各界尤其是各级政府部门的足够重视，侥幸对付、撒手不管、放任自流的情况比较普遍。因此，建议把它作为落实粮食省长负责制的一项具体工作内容和粮食行政主管部门义不容辞的责任，列入各级政府的重要议事日程，紧密结合当地的实际情况，从政策上给予保障和制度上加以落实。建议按照"政府救济、社会捐助、企业服务、个人自立"的原则，参照贵州省建立城乡低保缺粮户基本口粮救助制度的成功做法，由政府主导，设立专项粮食救助资金，具体落实省市（州）县三级政府粮食、财政、民政等部门的救助责任，真正做到救助有章法，资金有来源，粮源有保证，事情有人管，督察有人抓，使城乡低收入人群的口粮安全保障做到万无一失（见附件）。

（二）健全机制

建议把建立城乡低收入人群的基本口粮救助制度和口粮安全保障机制纳入国家粮食法制建设的重要内容，在《粮食法》和相关法规中作出明确规定，尽快研究制定城乡低收入人群基本口粮安全救助条例和实施细则等法规。使各级粮食行政管理部门和社会各界有

268

法可依，以造福民众，促进和谐。尤其在中西部贫困缺粮地区，在当地粮食生产青黄不接的时候，要参照贵州省的做法，建立城乡低保季节性缺粮人口基本口粮救助保障机制，确保这些人能维持基本生活需要，避免出现缺粮断炊问题。

保障城乡低收入人群的口粮安全不能单靠政府救济，需要充分动员社会各界的力量广泛参与，共同救助，形成政府与社会共保的长效机制。因为政府救济的财力、物力毕竟有限，不可能全部大包大揽，需要依靠社会各界的力量共同捐赠和救助，把它作为一项利国利民的社会公益慈善事业大力推进，以吸引各社会团体、群众组织、慈善机构和慈善家们积极广泛地参与，依靠全社会的力量形成强大的社会舆论和合力，以补充政府救济之不足，使所有需要救助的人都能得到应有的帮扶。

（三）安排粮源

保障城乡低收入人群口粮安全不能只给被救助者发钱让他们临时到市场上购买，还必须有足够的口粮实物储备，才能在粮源紧张时保证供应，不出问题。例如，湖北省秭归县人均粮食产量才318公斤，而人均粮食消费量为437公斤，人均粮食缺口达119公斤，必须有足够的粮食储备才能满足城乡低收入者的口粮需求。为此，建议在各级政府的粮食储备中，对保障城乡低收入人群的口粮供应做出专项安排和预留，做到无论在平时还是在紧急情况下都能保障供应，并将其列入各级政府的粮食安全应急预案，以保证在任何情况下都有充足的粮源，避免出现粮食供应断档脱销的情况。针对目前县级粮食储备严重缺位的现状，建议重点建立和充实县级粮食储备，特别是要帮助中西部贫困缺粮县建立健全自己的粮食储备，力争在今后五年内，做到县县有储备粮和应急定点加工供应站点及委托供应门店，真正把保证城乡低收入人群的口粮供应落到实处。

269

（四）落实资金

保障城乡低收入人群的口粮安全，必须落实救助资金，才有可靠保障。为此，建议在各级政府救济资金和社会募集捐助资金中划出一部分作为保障城乡低收入人群口粮安全的专项资金，纳入社会救济资金中专设科目，专账管理，专款专用。每年年底以前由当地粮食部门商民政部门提出用款计划，经同级财政部门审查同意后列入政府预算，由粮食部门负责管理实施，购买粮源，定向救济，专项核算，严禁挪用。城乡低收入人群口粮保障专项资金在政府救济和社会救助资金中所占的比例和规模，可由当地政府根据本地实际情况确定。

（五）疏通渠道

实行粮改后，旧的粮食流通渠道已逐步被新的粮食市场购销网络所取代，但对城乡低收入人群的口粮供应也因此出现了断层，在新的粮食购销网络中缺乏专门为低收入人群提供口粮的流通渠道，存在着很大的安全隐患。根据近年一些地方探索的经验（见附件）和国际上一些成功的做法，建议各地可结合实际考虑采取以下办法：

1. 开设平价粮店。专门为城乡低收入者凭证供应平价口粮。此事可由当地政府授权政策性国有粮食收储企业为其开设专供的平价粮店，由政府粮食储备提供粮源，并由政府给予相应的费用补贴；也可由当地政府委托基层国有粮食企业开设的粮油购销网点或军粮供应单位，充分利用现成的网点开设平价粮油专柜，专门为城乡低收入者凭证供应平价粮油。平价粮油供应的标准，可由各地根据实际情况确定，如人均每月 10～15 公斤平价成品粮，1～2 公斤平价食用油等。

2. 招标委托供应。可由当地政府通过对有资质经营粮油的零售企业和超市门店等实行有限竞争性招标，委托中标者开设专柜为低收入者凭证供应平价粮油，并与全国各级粮食行业协会正在各地广泛深入开展的放心粮油进社区、进农村、进老少边穷地区的工程紧密结合起来进行，让挂牌的放心粮油企业和门店作为平价粮油专供点，由当地政府给予相应的费用补贴，以便收到事半功倍的效果。目前，已有贵州省和天津、济南、西安、南昌等城市确定了一批面对广大市民的粮油应急定点供应单位，但大多数城市尚无明确安排，需要大力推进，逐一落实。

3. 定向发放粮油食品券或帮扶卡。由当地政府拨出专款，授权粮食行政管理部门给城乡低收入人群定向发放粮油食品券或帮扶卡，让持卡人到受委托的门店购买粮油食品，由受托企业与粮食部门结算货款和补贴费用。

同时，建议各县级粮食行政管理部门每年对辖区内城乡低收入者的口粮安全情况，全面进行摸底调查，造册建档，数据联网，做到心中有数，以便实行直接对户帮扶和动态检查监管，使真正缺口粮的贫困家庭能得到及时有效的救助。

（六）协同共保

保障城乡低收入人群的口粮安全，是一项社会系统工程，不仅是各级粮食行政部门的重要责任，还涉及各级政府发改、财政、民政、农业、社保等诸多部门，联系到社会捐助、慈善救济等各个方面，需要各方协同配合，共同保障。当前，特别需要扩大社会保险的覆盖面，建议考虑将城乡低收入人群的口粮安全纳入城乡社保体系筹解决，以缓解资金不足、救助乏力的困难。同时，也需要各有关部门大力协同，综合解决城乡低收入者就业、看病、养老和子女入学等具体困难，着力改善他们的生活条件，以防止出现为保口粮而挤占其他基本生活费用支出等问题，使这一弱势群体能充分享

271

受到改革开放带来的成果。

需要强调指出的是，建立城乡低收入者口粮安全保障机制，必须坚持"既要保障口粮安全，又要克服依赖思想"的原则，对于城乡个别有劳动能力而好逸恶劳，不愿认真工作、好吃懒做、游手好闲的懒汉，绝不能姑息迁就，轻易给他们发放口粮补助，让他们养成依赖政府救济和社会救助的寄生恶习。应当从制度上坚决杜绝救济懒汉，切断依赖思想，促使他们自食其力。

课题总顾问：白美清

课题负责人：宋廷明

课题组成员：宋廷明　尚强民　宋丹丕　李为民　耿兆书

秦红民　牛银虎　石少龙　李国华　赵　奕

赵　刚　陈善好　程永亮　张新华　张玉莲

王　军　王学东

执　笔　人：宋廷明

工　作　人　员：宋进军　孙　艳　韩丽丽

二〇一二年十一月

参考资料：

1. 《中国农村统计年鉴》（历年）. 中国统计出版社

2. 国家统计局. 2011 年国民经济和社会发展统计公报，新华社发

3. 中国统计摘要（2012）. 中国统计出版社

4. 民政部. 2012 年统计资料，民政部网站

5. 民政部. 2010 年社会服务发展统计报告

6. 蔡慎坤. 中国低收入人群体究竟有多少人？

7. 中国社会科学院. 中国城市发展报告 No. 4. 社会科学文献出版社

8. 中国科学院. 2011 年中国可持续发展报告

9. 黑龙江、山东、山西、河南、湖北、湖南、四川、云南、贵州、陕西等省市粮经学会和粮食局提供的城乡低收入人群的抽样调查报告和有关资料

附件：

贵州省建立低保缺粮户
基本口粮救助制度深得民心

地处西南贫困山区的贵州省，是多民族聚居地区。2011 年常住人口3 469 万，其中乡村人口 2 256 万，占总人口的 65%。全省人均耕地不足 0.7 亩，而山地就占 92.5%，正常年均粮食产量约 1 100 万吨，存在 200 多万吨供需缺口。粮食不能自给的农村低保人口约 260 万，其中季节性缺粮 1~3 个月达 105 万。2008 年全省遭受特大冰雪灾害，四处交通断绝，城市成为"孤岛"，给灾民口粮供应造成巨大困难。2011 年全省又因大旱减产近三成，粮食缺口高达 500 多万吨。这两次严重的自然灾害引起了当地政府的高度重视。为确保居民口粮安全，中共贵州省委、省政府在财政极其困难的情况下，毅然决定建立农村低保季节性缺粮户基本口粮救助制度，由全省民政、粮食等部门具体组织实施，取得了良好效果，被广大群众誉为是一项深得民心的民生工程。

一、低保缺粮户基本口粮救助制度的内容和措施

为使低保基本口粮救助制度建立在科学合理的基础之上，贵州省民政、粮食、财政、扶贫、统计等职能部门共同组织力量进村入户，摸底调查，广泛听取基层干部和群众意见，多次对相关数据和实施方案进行会商分析，不断修改完善，尽量做到符合实际，简便易行。最终经省政府批准实施的救助方案，从重要意义、目标原则、对象标准、申办程序、资金筹管和组织领导六个方面，作了明确详细的规定。在省里规定的基础上，各市（州）和县又分别结合本地实际，制定具体实施办法，细化到户，落实到人，使这项工作得以全面迅速开展。

（一）救助条件

省里规定了三条标准：一是户均耕地面积低于本县农村低保对象的平均

273

水平；二是家庭人均耕地面积低于本县农村低保对象的平均水平；三是年自产粮低于330斤。同时，对农村特困家庭实行优先救助。全省的救助面按农业总人口的3%左右掌控，特困市州按不突破当地农业总人口的4%掌握。据此，分别由省向各州市、州市向各县下达救助对象控制数。

（二）救助标准

根据救助对象的困难程度，按每人每天一斤大米的标准分别实施1~3个月的救助：特困户每人救助3个月计90斤，中困户每人救助两个月计60斤，普困户每人救助1个月计30斤。

（三）救助时间

重点解决农村低保缺粮户季节性缺粮问题。根据本地实际，原则确定在每年6月份由乡（镇）政府集中组织发放，也可按月分批发放。

（四）粮源品种

救助粮以大米为主，有的根据当地粮食生产和群众消费习惯供应部分玉米。救助粮源由各县政府负责招标采购。

（五）资金筹管

救助资金主要由省里承担，少部分由市（州）县负责，以体现各级政府的责任。省里根据各地财力状况，将全省9个市（州）划分为4类地区，分类确定省对市（州）县的补助比例，以示公平。2011年全省筹集安排救助粮资金2.36亿元，其中省里承担1.89亿元，占80%以上，其余0.47亿元不足20%，分别由各市（州）县分类承担。

（六）部门职责

省里规定由财政部门负责资金筹措监管，民政部门负责落实救助对象，粮食部门负责组织粮源和粮食质量监管，物价部门负责粮价监督等。

二、各市（州）县的具体做法

贵州省各市（州）县根据省里的规定，紧密结合本地实际作出了具体规定和补充，使这一制度不断充实完善。

（一）定期开放平价粮油市场

贵阳市为了保障城乡低收入人群的口粮和食用油供应，由市财政筹集资金，市粮食部门组织粮源，通过全市168个放心粮油销售网点，以低于市场粮油价7.5%~13%的平价，城乡一体化运作，向市场投放万吨粮油（8 000

274

吨大米和 2 000 吨食用油），从 2012 年 8 月开始到售完为止，有效保证了粮油供应和平抑了市场粮价，得到了城乡居民一致好评。黔东南苗族侗族自治州凯里市由州和市政府各出资 1 000 万元开放平价粮油市场，在 2011 年 12 月到 2012 年 2 月 90 天时间里，分别给每个低保缺粮人口平价供应 30 斤大米和 5 斤食用油，共供应平价大米 1 230 吨，菜油 230 吨，使 2.48 万户共 9.1 万人低保缺粮人口直接受益，各族群众无不交口称赞。

（二）给季节性低保缺粮户免费提供粮油救助

根据救助对象的困难程度，由民政和粮食部门分别按特困、中困、和普困户三种标准发给粮油救助卡，由受助人持卡就近到受委托的放心粮油供应门店自主选取，门店凭收卡向政府主管部门结算，使他们倍感方便放心。如遵义市 2012 年筹集 698 万元资金，按照省里的规定和民政救助的要求，由市粮食局组织粮源采购、配送和发放到户，给全市 14 个县市区的近 4 万个低保缺粮户每户平均救助 40 斤大米和 5 斤食用油。十年来，在实施放心粮油工程取得优异成绩的该市桐梓县粮食部门通过放心粮油配送中心、连锁店和 41 个经销店，对城乡低保缺粮户实施救助，深得群众信任，取得了良好的社会效益和经济效益。

（三）对社会特困优抚救助对象免费送粮上门

三、建立低保缺粮户基本口粮救助制度的重要作用和深远影响

保障城乡低收入人群的口粮安全，是我国加入世贸组织、全面放开粮食购销和实行市场化改革以后，粮食行业新面临的一个牵动全局的重大问题，对构建和谐社会、全面建成小康具有重要战略意义。贵州省尽管自身财力薄弱，但省委、省政府下大力气积极着手解决这一社会难题，并初见成效，为我们树立了很好的榜样，在当前尤其难能可贵。

（一）使城乡低收入缺粮人群的口粮安全有了可靠的制度保障

过去许多地方对于低保缺粮人口的粮食救助，都是临时性、应急性和一次性地进行安排，很少做长远性的制度安排。贵州省的做法是从建立低保缺粮人口口粮救助制度入手，充分发挥民政、粮食、财政、物价等政府部门的职能作用，通过省、市（州）、县三级政府，层层建立覆盖城乡的低保人口口粮救助制度，开创了一条从体制和机制上解决这一社会难题的有效途径，因此具有普遍意义。实际上，我国无论在经济发达的东部还是欠发达的中西

275

部地区，无论是在粮食产区还是销区，无论在城市还是农村，都不同程度地存在着如何解决低保缺粮人口基本口粮安全保障问题。贵州的成功做法和经验，值得借鉴和推广。

（二）使基层国有粮食企业找到了发挥作用的用武之地

粮食行业全面实施市场化改革后，处于弱势城乡缺粮人口面临"无米下锅"的困境，而基层国有粮食企业也忙着"找米下锅"开拓新的业务领域。实施城乡贫困缺粮人口基本口粮救助制度，正好充分利用国有粮企购销网络和门店遍及城乡的优势，把两者有机结合起来，相得益彰，从而为基层国有粮企找到了新的用武之地。据统计，2011年贵州全省88个县有79个县的国有粮企投标竞争中标，获得了民政救济粮和低保救助粮的供应业务，全年累计供应救济粮和救助粮9万多吨，进一步提高了竞争实力，增强了服务意识，取得了社会效益和经济效益双丰收。

（三）把"放心粮油"工程和"万村千乡市场工程"结合起来，夯实基本口粮救助制度的物质基础

遵义市国有粮食部门把这两项惠民工程结合起来实施，目前已建成了13个县级配送中心、22个连锁中心店和202个经销店，遍及全市城乡139个乡镇和街道，覆盖人口达269万多人。不仅社会效益显著，企业的经营收入和利润也有明显增加，还解决了280多人就业，为全市实施基本口粮救助制度奠定了坚实的物质基础。

（四）在实践中继续坚持和巩固完善

对低保缺粮户基本口粮实行救助这项惠民利民的基本制度建立起来后，还需要动员全社会的力量广泛参与，在实践中不懈坚持和不断完善，才能使它作为一项长久制度固定下来并发挥粮食安全的保障作用。在调研中，基层国有粮企和城乡广大干部群众，都迫切希望各级政府能进一步加大投入，增加地方粮食储备和救助资金，让更多应当得到救助的低保缺粮人口，能分享改革成果，得到相应的实惠。同时，各级政府需在粮食物流配送、粮食市场和购销网点等基础设施建设方面提供更多的支持和帮助，使这项深得民心的制度不断得到巩固和完善，长期坚持下去。

（宋廷明　李为民　赵奕　赵刚　根据调查和有关资料综合整理）

我国食用植物油安全战略
研究综合报告

中国粮食经济学会
国家粮油信息中心　　课题组

导言：消费和进口持续猛增引发对我国食用植物油安全担忧

20 世纪 90 年代以来，随着城乡居民生活水平提高，我国食品消费结构发生显著变化：人均口粮消费水平明显降低，食用植物油和肉禽蛋奶消费量较快增长。1990 年，我国食用植物油[①]（以下简称植物油）消费量为 650 万吨，2010 年为 2 700 万吨，20 年来年均增长速度达到 7.38%。植物油消费增长，提高了人们的饮食质量，也相应减轻了我国谷物需求增长压力。[②]

由于国产油料产量增长低于消费增长，大豆、棕榈油等油脂油

---

① 植物油一般从植物的种子或果实中获得，分为可食用植物油和不可食用植物油，全球九种主要可食用植物油包括大豆油、菜籽油、花生油、葵花籽油、棉籽油、棕榈油、棕榈仁油、橄榄油和椰子油，不可食用植物油品种我国有蓖麻油、桐油等。食用植物油按消费用途又分为食用消费和工业消费，食品加工过程中消费的植物油例如方便面炸制用油被归为食用消费，用于医药、化工、能源、饲料等行业的食用植物油消费归为工业消费。本报告使用植物油食用消费量描述食用植物油食用消费部分，涉及食用植物油工业消费部分时会做特别说明。

② 根据国家粮油信息中心监测，1995 年以来我国三大谷物（小麦、玉米和稻谷）的食用消费量由 26 208 万吨下降至 25 770 万吨，年均增长速度为 -0.1%。1995～2010 年，我国三大谷物消费量由 39 388 万吨增加到 46 818 万吨，其中，饲用消费量由 9 618 万吨增加至 13 150 万吨，年均增长速度为 2.1%，工业消费量由 2 500 万吨增加至 7 180 万吨，年均增长速度为 7.3%。到目前为止我国三大谷物市场处于供求基本平衡状态。

料进口量持续增加，① 1996 年由过去的大豆净出口国转变为净进口国，到 2000 年净进口量增至 1 021 万吨，2010 年猛增至 5 480 万吨，10 年时间增长了 4.37 倍。监测数据显示：使用国产油料生产的植物油，占我国植物油食用消费总量的比重，已经由 2000 年时的 59.8%，下降至 2010 年的 37.2%；进口植物油（含进口油料折油）所占比重，由 40.2% 上升至 62.8%。②

主要是以下几方面的情况，引起了人们对我国食用植物油安全的担忧：

一是随着我国人口持续增长和人们收入水平持续提高，植物油消费量持续增长，甚至大大超出了预期；而我国油料生产扩大不快，供给能力增长受到自然资源限制，预计油脂油料自给能力还将下降，食用油需求将会越来越依赖于国际市场。

二是过去十几年中，全球主要油脂油料出口国家，在巨大的消费需求出现之后，有效地提高了产量，扩大了出口能力；但是生物能源消费快速增长，未来国际市场供给能力增长能否与需求增长相适应存在不确定性；在已经有较多的耕地投入生产之后，未来主要出口国供给能力的提高能否与全球的消费需求增长同步令人忧虑；现实的情况是价格已经大幅度上涨。

三是全球气候变暖，能源消费增长，流动性泛滥，价格不断上涨，我国市场面临输入型通胀压力。弱势美元将使得以美元计价的农产品价格长时期处于上升过程，而过剩的流动性必将使全球农产品市场波动加大。我国植物油市场已与国际市场高度融合，来自外部的影响直接传导到我国市场，冲击国内市场的稳定。

四是我国市场开放之后，在市场利益吸引下，跨国粮商利用规模、贸易、管理、技术优势，积极寻求业务扩张。尽管我国本土企

---

① 按照我国统计口径，大豆不计为油料，而国际通行的做法是将大豆作为油料统计。世界 7 种主要油料包括：大豆、油菜籽、棉籽、花生、葵花籽、干椰子干和棕榈仁。本报告将大豆计为油料。

② 进口大豆折油比例按 0.185 计算，进口油菜籽折油比例按 0.40 计算。

业也在积极发展，但总体实力仍远逊于跨国粮商。在我国油脂产业集中度提高的过程中，人们担忧跨国粮商占有的我国市场份额会进一步扩大，出现寡头垄断现象，居民福利被侵犯，影响国家食用植物油安全。

五是尽管我国食用油市场已经快速成长了十几年的时间，我国从国际市场购买了越来越多的油脂油料，但由于我国植物油企业还没有真正走出去，到海外建立供给基地和保证我国供应稳定的收购、储存、运输体系，这与高度开放的食用油市场现状显得越来越不协调。

面对快速增长的消费需求、难有较大增长的国内生产、日趋复杂的国际油脂油料市场、完全放开的我国市场和日趋集中的经营格局，研究并提出未来的我国植物油安全战略十分必要。2010 年中国粮食经济学会组织开展了我国食用植物油安全战略研究工作。这是中国粮食经济学会自 2003 年以来已经完成的五项粮食安全问题研究工作的继续①。本课题研究工作启动后，被列为 2010 年国家粮食局粮食重大战略性研究课题。

中国粮食经济学会组织了来自咨询机构、投资机构、商品交易所、大学研究所、油脂企业和信息机构的 30 余名专家、学者和实际工作人员，从我国食用植物油消费变化趋势、食用油资源供给可获得性、全球食用油市场供求环境、我国植物油市场主体发展、贸易模式与内外市场等多角度，分为 14 个子课题，对我国植物油安全问题进行了全方位研究。改革开放以来的实践和我国植物油市场的发展，为研究工作提供了丰富的内容。课题组采取实证分析的方法，对历史情况进行回顾、梳理和分析，从全面实现国家粮食安全的高度，认识我国食用植物油安全问题；针对大豆在我国食用植物

---

① 中国粮食经济学会自 2003 年以来开展了我国粮食安全问题的系列研究工作，研究成果引起各方面的关注，国务院领导同志曾分别在各份研究报告上作出重要批示。

油市场中的特殊地位，建立了大豆及制品供需数学模型，模拟了不同情景下的我国大豆需求与进口情况，分析预测了未来我国食用植物油供给、需求与贸易发展趋势；课题组根据我国食用植物油安全战略研究要求，从供给、贸易、消费、市场等多个角度提出了政策建议。本报告为研究课题的综合报告，反映了各子课题的基本研究成果。

一、我国食用植物油消费供给与产业发展现状

（一）我国食用植物油消费快速增长

国家统计局公布的数据显示：2009 年我国城镇居民人均在家消费的植物油数量已经增加到 9.67 公斤，比 1990 年时的 6.4 公斤增长了 51.1%，年均增长 2.2%；同期农村居民人均年植物油消费量由 3.54 公斤提高到了 5.42 公斤，增长了 53.1%，年均增长 2.3%。[①] 随着城乡居民外出就餐次数的增加，我国居民家庭外植物油消费数量增长更快。依据我国植物油年度食用消费总量和我国人口计算得出数据：2000 年我国人均食用植物油消费量为 10.1 公斤，2009 年为 17.4 公斤，年均增幅为 6.2%。[②]

1992 年我国植物油市场放开之后，促进了我国植物油消费扩大：1995 年我国植物油食用消费量为 950 万吨，较市场放开前增长了近 50%；1997 年我国突破了 1 000 万吨；到 2005 年突破 2 000 万吨；最近几年继续保持较快增长，2010 年已经超过了 2 400 万吨。[③]

目前，我国人均植物油食用消费水平虽然已经相当于世界人均消费的 117%，但仅相当于美国的 58%，欧盟的 70%，我国台湾

---

① 《中国统计年鉴》，国家统计局，历年。
② 《中国统计年鉴》，国家统计局，2009 年；《油脂油料供需状况月报》，国家粮油信息中心，历年。
③ 国家粮油信息中心油脂油料数据库，2010 年。

地区的 74%。预计，未来我国居民食用植物油消费水平，还有较大的增长空间。①

我国食用植物油消费增长表现出以下特点：

一是豆油消费增长速度最快。2000 年我国豆油食用消费量只有 300 万吨，2002 年达到 500 万吨，2004 年突破 700 万吨，2010 年突破 1 000 万吨。目前豆油占我国植物油消费的比重为 40%，而 10 年前只有 25%。这种情况的出现，与我国豆粕消费持续增长相关。肉禽蛋奶消费增长拉动豆粕需求猛增，在国内有足够压榨能力的情况下，需要进口越来越多的大豆，以获得养殖业所需要的豆粕。

二是小品种植物油消费增加。小品种植物油主要包括橄榄油、茶籽油、玉米油、米糠油等，1996 年我国小品种植物油食用消费总量为 47 万吨，占食用消费的比重为 5%。2010 年小品种油食用消费总量达到 160 万吨，占食用消费的比重上升至 6.9%。小品种油源开发，增加了植物油供给。②

三是价格相对便宜的棕榈油消费增长。1996 年我国棕榈油消费量为 110 万吨，占植物油食用消费总量的比重为 11.5%。到了 2010 年棕榈油消费量达到了 480 万吨，占植物油消费总量的比重上升至 20.7%。之所以出现这种情况，除了食品工业用量增加外，也与部分棕榈油被掺兑到其他高价食用油中有关。③

四是植物油食用消费增长更多地来自于居民家庭外消费。与在家消费不同，居民在外就餐偏好高耗油菜品或者说食用油消耗量明显大于在家消费。我国饮食业营业额在过去的 20 年里，年均增长速度达到 18%。④

---

① 《油脂油料市场供需状况月报》国家粮油信息中心，历年。

② 参见《食用植物油安全战略研究子课题之十三——其他油脂品种及其产业发展研究》。

③ 油棕榈是世界上单位耕地产油量最高的油料作物，其油脂价格低于豆油、菜油等，目前是我国消费量最大的油脂品种。参见《食用植物油安全战略研究子课题之十二——棕榈油市场研究》。

④ 《中国统计年鉴》，国家统计局。

五是居民食用油脂消费安全水平亟待提高。目前我国居民的植物油消费安全意识不强，煎炸用油被反复使用的现象十分普遍，餐饮回收油不是被用于工业，而是有相当部分经非法精炼后，再次流入了食用市场（这部分油脂没有计入供给和消费总量）。随着市场监管的加强，在这部分油品被有效禁止用于食用消费后，我国植物油食用消费量可能会有数百万吨的增长。[①]

从营养学的角度分析，我国人均食用油消费量已经超过了合理科学的膳食标准。根据中国营养学会编制的《中国居民膳食指南2007》的建议，我国每人每天烹调油用量不应超过 25 克或 30 克，[②]即使按 30 克测算，人均食用油年使用量应不到 11 公斤。2009 年我国每天人均植物油食用消费量已经达到了 47.7 克，人均年消费量 17.4 公斤。按照《中国居民膳食指南》标准，引导居民科学消费油脂，促使国人养成良好的膳食习惯，已经成为当前需要立即开展的工作。

（二）我国食用植物油供给现状

1. 我国食用植物油生产状况。2000/2001 年度我国植物油产量为 1 206 万吨[③]，2005/2006 年度增至 1 556 万吨，6 年时间增加 349 万吨；2009/2010 年度增至 1 953 万吨，4 年时间增加 449 万吨；后

---

① 餐饮剩油回收后被精炼，又被称为"地沟油"。不断有关于"地沟油"流向饮市场的报道和分析，但到底有多少地沟油被非法用于食用消费，并没有确切的数据，曾有人估计全国每年大约有 500 万吨地沟油，也有估计认为不会少于 300 万吨。食用植物油消费的另一个重大安全隐患是：煎炸用油被反复使用直到全部耗尽。持续高温会使食用植物油分子分解，形成有害物质，不利于人体健康。在我国煎炸用油不安全现象普遍存在，一些食品加工企业也向市场销售本企业不能再使用的煎炸用油。

② 《中国居民膳食指南》，中国营养学会，2008 年。

③ 考虑到我国统计分析习惯，本文中尽可能使用日历年度的概念，但受已有数据口径的限制，也使用市场年度的概念，我国食用植物油市场年度为当年 10 月至次年 9 月。

4 年年平均增长量几乎为前 6 年的一倍。①

大豆油：目前我国大豆油产量已占植物油产量的 50%。1999/2000 年度产量为 292 万吨，2009/2010 年度达到 914 万吨，10 年间增长了两倍多。国产大豆产量徘徊，食用消费增长，用于压榨的越来越少，而进口大豆压榨用量越来越多，2000/2001 年度为 1 300 万吨，2009/2010 年度达到 4 600 万吨。2000/2001 年度用于压榨的进口大豆与国产大豆的比例为 2∶1，到 2009/2010 年度这一比例已经扩大到了 11.5∶1。②

菜籽油：目前我国菜油籽产量已增至 500 万吨水平，2009/2010 年度国产菜籽与进口菜籽用于压榨的比例为 4.81∶1。这些年来我国油菜籽产量维持在 1 100 万吨至 1 300 万吨之间，每年都有一定数量的油菜籽进口。③

花生油：我国花生产量常年 1 400 多万吨，花生油产量也处于相对稳定状态，最近 10 年来，除个别年份外，花生油产量大体保持在 200 万吨上下。④

棉籽油：我国棉籽油产量受棉花产量影响，2006 年棉花大丰收，当年度棉籽油产量增至 158 万吨。最近三年年均产量为 145 万吨。⑤

小品种油：国产小品种油主要包括葵花籽油、芝麻油、胡麻油、玉米油、稻米油等，2000 年合计产量为 83 万吨。近年来玉米

---

① 有关我国油脂油料数据见《油脂油料供需状况月报》，历年。国家粮油信息中心自 1999 年起开始全国油脂油料市场供求平衡分析工作，研究提出我国油脂油料供求平衡表，按月编发《油脂油料供需状况月报》。该项工作的开展得到了有关部门的支持与帮助。

② 2000 年大豆进口量见《油脂油料进出口月报》。2010 年 1～9 月，我国大豆进口量为 4016 万吨，预计 2010 年第四季度大豆进口量为 1450 万吨。进口大豆与国产压榨比例见《油脂油料供求状况月报》，2000 年和 2010 年，国家粮油信息中心。

③ 油菜籽产量见《中国农业统计年鉴》，国家统计局；油菜籽进口量《油脂油料进出口月报》；油菜籽压榨量见《油脂油料供求状况月报》，国家粮油信息中心。

④ 《油脂油料供求状况月报》，国家粮油信息中心，历年。参见《食用植物油安全战略研究子课题之十三——其他品种油脂及产业发展研究》

⑤ 同上。

油和稻米油产量增长较快，国内小品种油产量，已经增至 180 万吨。[①]

2. 油脂油料进口情况。我国是植物油消费大国，在大量进口油籽在国内加工成油脂的同时，还大量进口棕榈油、豆油和菜油等食用植物油脂。2010 年我国植物油进口量保持在 800 万吨水平。[②]

大豆油：2001 年我国仅进口 7 万吨。2002 年我国对植物油进口改行关税配额管理制度，豆油配额内关税由原来的 13% 降到 9%，进口数量连续三年大幅增加。随后我国豆油价格与国际市场价格倒挂，进口数量减少。2007 年国际大豆价格上涨较快，推动豆油进口增长，达到创纪录的 282 万吨。2010 年我国大豆压榨量快速增长，豆油进口量下降。[③]

棕榈油：2001 年中国进口量为 152 万吨，2006 年植物油关税配额取消，进口量达到 514 万吨，2009 年国际市场棕榈油价格降至低位，进口量达到创纪录的 644 万吨。[④]

菜籽油：菜籽油进口量在中国植物油进口中所占的比例很小，即使在进口量最高的 2009 年，47 万吨的进口量也仅占当年植物油进口总量的 5.7%。2010 年进口量达到 98.5 万吨，较上年加了

---

① 《油脂油料供求状况月报》，国家粮油信息中心，历年。

② 2009 年我国共进口植物油 950 万吨，其中食用植物油 817.5 万吨，棕榈油硬脂 132.7 万吨；2010 年我国共进口植物油 826 万吨，其中食用植物油 687.8 万吨，棕榈油硬脂 138.2 万吨。《油脂油料进出口月报》，国家粮油信息中心，2010 年。

③ 我国豆粕需求增长十分旺盛，推动我国大豆压榨能力不断增长，导致我国大豆进口量增加，从而减少了我国豆油进口需求。2008 年和 2009 年我国大豆油进口量分别为 258.6 万吨和 239.1 万吨，2010 年我国大豆进口较上年增加 1 225 万吨，豆油进口量相应减少到 134 万吨。油脂油料数据库，国家粮油信息中心。

④ 我国市场对价格低廉的棕榈油需求强劲，2008 年全年棕榈油进口量为 528.2 万吨，2010 年全年进口量为 569.6 万吨。国家海关总署自 2006 年起将棕榈油硬脂进口量从食用棕榈油进口量统计中剔除单列。本报告仍将棕榈油硬脂计算在食用棕榈油当中。《油脂油料进出口月报》，国家粮油信息中心，2010 年。参见《食用植物油安全战略研究子课题之十二——棕榈油市场研究》。

51.7 万吨。①

3. 我国食用植物油供给量持续增长而自给率不断下降。我国植物油年度供给量包括：新增产量、进口量和期初库存。2000/2001 年度我国生产量与进口量之和为 1 400 万吨，到 2009/2010 年度增至 2 800 万吨，十年翻了一番。最近几年我国植物油和油料库存明显增长，在一定程度上提升了应对国际市场波动的能力。

在供给增长的同时，我国植物油自给率降至 40% 以下。2000/2001 年使用进口油料生产的植物油为 334 万吨，加上进口的 206 万吨植物油，两项合计供给量为 540 万吨，占当年我国植物油消费量的 39.3%。2009/2010 年度使用进口油料生产的植物油为 870 万吨，加上 804 万吨的植物油进口，两项合计占我国植物油消费量的 65.6%。②

（三）我国植物油产业发展状况

1. 植物油加工业快速发展并出现产能过剩。在积极发展外向型经济的宏观背景下，我国油脂加工领域也对外放开，③ 在消费需求的强劲拉动下，大豆、油菜籽、花生、棉籽等油料年压榨能力，已经由 1996 年时的 3 500 万吨，增加到目前的 1.6 亿吨以上，植物油年精炼能力达到了 3 400 万吨以上，④ 产能明显过剩。市场开放促进了技术与产业升级，目前我国植物油加工业普遍采用了先进的生产技术和装备设施，为我国消费者提供了同经济发达国家同等质

① 2010 年我国油菜籽进口量由上年的 328.6 万吨下降至 160 万吨，同时为了托升油菜籽价格国家实施了油菜籽托市收购政策，收购的油菜籽压榨后以菜籽油的形态进入库存，我国菜籽油刚性需求拉动菜籽进口量大增。《油脂油料进出口月报》，国家粮油信息中心，2010 年。

② 食用植物油供求状况平衡表，国家粮油信息中心，历年。

③ 在我国食用油脂供给不足的情况下，曾经有过将我国大豆加工业也发展成为出口外向型产业，进口大豆而出口豆粕，我国获得所需要的豆油的产业政策建议。

④ 参见《食用植物油安全战略研究子课题之四——我国油脂加工业研究》和《食用植物油安全战略研究子课题之九——我国食用油大型企业研究》。

量的食用油品。

2. 植物油加工业规模化和集约化程度提高。以大豆压榨产业为例：20 世纪 80 年代之前，大豆加工企业主要集中于传统的大豆产区，日压榨能力超过 500 吨的企业，全国只有 1 家。1990 年之后，国外资本开始进入我国大豆压榨行业，2000 年以后，随着国民经济的快速发展和人民生活水平的不断提高，对植物油和蛋白粕需求快速增长，进口大豆数量大幅度增加，我国大豆压榨行业进入快速发展阶段，企业规模也不断扩大。[1] 汇总数据显示，2000 年我国日压榨大豆 500 吨以上的企业有 60 家左右，其中日加工能力超过 2 000 吨的有 6 家，占总数量的 10%。截止到 2006 年年底，日压榨大豆 500 吨以上的企业有 117 家，其中日压榨能力超过 2 000 吨的达到了 91 家，占总数量的 77.8%。2007~2009 年又有 16 家日压榨能力 1 000 吨以上的大豆加工企业竣工投产，形成日压榨大豆能力 44 000 吨。2010~2011 年，至少还会有 15 家大型大豆压榨企业建成投产，由此形成的日压榨能力将超过 3 万吨，大豆加工产业集中化过程正在进行中。[2]

3. 植物油加工产业优胜劣汰的竞争日趋激烈。在我国所需的油脂油料更多地从国际市场获得之后，我国油脂加工企业开始由内陆向沿海长江中下游沿岸转移。新建的油脂加工企业规模大、装备技术先进、内部管理规范，物流优势明显。而我国原来依托内陆产区原料优势的油脂企业，在逐步丧失原料采购优势的同时，经营规模、技术装备、管理机制等方面的弱势逐渐显现，不少被竞争淘汰出局。20 世纪 90 年代我国植物市场容量扩大之后，大量的我国资本积极进入油脂加工业，新建了许多现代化的油脂加工企业。由于缺乏市场风险控制意识和能力，2004 年国际市场价格剧烈波动，

---

[1] 参见《食用植物油安全战略研究子课题之八——我国食用油市场集中化程度研究》。
[2] 参见《食用植物油安全战略研究子课题之四——我国油脂加工业研究》。

这使企业出现巨额亏损，有的甚至不得不将工厂出售，为国外资本在我国扩张提供了一次历史性机会。① 尽管我国油脂加工业处于成长过程之中，但市场竞争仍然十分残酷，各类企业均承受竞争压力，这些年也有不少外资企业在激烈的市场竞争中退出了我国市场。在 2004 年之后，成长中的我国油脂企业普遍增强了市场风险控制意识，采取了国际通行的贸易模式与方法，利用境内外期货市场规避市场风险。一些企业或利用贸易优势开展全产业链经营，或积极实施"走出去"战略，或利用自身仓储优势拉长产业链，或采取兼并形式实施战略性扩张，或利用地域优势努力增强自身竞争能力，积极谋求企业的较快发展。②

二、我国食用植物油安全面临挑战

（一）来自消费增长的挑战

1. 新增人口因素将使我国植物油食用消费量继续增加。根据国家统计局公布的数据计算，1995～2003 年我国人口年均增长率为 0.89％，2004～2009 年的年均增长率为 0.53％。③ 国家人口和计划生育委员会预计，2020 年我国人口总量为 14.5 亿人，2033 年左右达到峰值 15 亿人。④ 按这一预计测算，2009～2020 年我国人口还要增长 1.2 亿左右，年均增长 1 090 万人。联合国人口署预计，2020

① 2004 年以来，来宝公司、邦基公司、嘉吉公司、路易达孚公司和托福公司等跨国粮商对我国近 20 家油厂进行了资产重组。其中来宝公司先后收购了钦州大洋公司、龙口新龙、重庆新涪公司、南通宝港公司和锦州华强公司；邦基公司先后收购了日照三维公司、南京华农公司和天津正大公司；嘉吉公司先后收购了东莞华农公司和阳江丰源公司；路易达孚公司收购了张家港江海粮油公司和霸州华农公司；托福公司参股河南阳光和湛江华农公司，并通过河南阳光对许昌山花公司和信阳万福公司进行了资产重组；益海嘉里公司收购东莞富之源公司；美国太平洋国际资本有限公司收购了汕头中星油脂公司等。参见《食用植物油安全战略研究子课题之四——我国油脂加工业研究》。

② 参见《企业忠良》2010 年 2 月号，油脂油料产业链。

③ 《中国统计年鉴》，国家统计局，2009 年。

④ 中国人口信息网，2010 年。

年我国人口总量为 14.3 亿人，2030～2035 年达到峰值 14.6 亿人。①
按这一预测计算，到 2020 年我国人口还要增长 1 亿左右，年均增长 910 万人。按人口增量较低的联合国人口署预计值测算，如果我国植物油人均食用消费量保持 2010 年 17.8 公斤不变计算，2020 年新增人口因素也将使我国植物油消费总量增加 178 万吨。

2. 城镇化推进将使人均植物油食用消费水平继续提高。我国经济城乡二元结构特征明显，在食用植物油消费上也表现突出，农村居民收入偏低，食用植物油消费水平远低于城镇居民。农村收入增长和城市化将改变居民食品消费模式，影响食品消费函数（收入与消费之间的关系）的状态和走势。② 1995 年我国城镇人口占总人口的比重为 29%，2008 年达到 45.6%，随着城镇化进程的推进，使每年约有 1800 万的农村人口向城镇转移。预计到 2020 年我国城镇化率达到 55%，城镇人口约 7.975 亿。③ 城镇化进程推进后我国居民将消费更多的植物油。根据我国植物油人均消费量增长趋势预测，到 2020 年我国植物油人均消费量将由 2010 年的 17.8 公斤增加至 23 公斤，由于人均消费水平增长导致的我国食用植物油消费增长量约为 754 万吨。④

3. 我国食用植物油消费总量增长预测。2000 年我国植物油食用消费量为 1280 万吨，2010 年增至 2410 万吨，年均增长率为

---

① 联合国人口署网站，2010 年。
② 参见《粮食及农业状况 2009》，联合国粮农组织，2010。
③ 关于未来我国城镇化发展速度和水平，有多种不同的评估和预测，最新的预测是中国城市发展研究会理事长程安东预测，到"十二五"末城镇化率将突破 50%，城镇人口超过 7 亿，首次超过农村人口。简新华和黄锟根据我国目前所处经济发展阶段，已经确定的城镇化目标和道路，预测到 2020 年我国城镇化率年均以提高 1 个百分点的速度推进，到 2020 年城镇化率将达到 60%。2010 年。
④ 关于中国人均食用植物油食用消费量的预测很多，2010 年发布的《国家粮食安全中长期规划纲要》预测，到 2020 年我国居民人均食用植物油消费量为 20 公斤，将较 2010 年的 17.8 公斤，提高 12.36%，年均增长 1.17%。本课题预测到 2020 年我国人均食用植物油消费量将较 2010 年增长 29.2%，年均增长 2.6%。

288

6.53%。^① 课题组预测：到 2015 年我国植物油食用消费量将增至 2 960 万吨，到 2020 年将增至 3 340 万吨。^② 课题组做出的关于到 2020 年植物油食用消费量年均增长幅度预测，明显小于过去 10 年年均实际增幅，约为其增长速度的一半，因此可以认为是一个偏于保守的预测。^③

4. 蛋白粕需求强劲拉动大豆进口大幅度增长。就大豆的主要用途而言，除加工食用油外，主要是为饲料生产提供蛋白粕原料。因为其蛋白粕含量为 80%。进口大豆在很大的程度上首先是为了满足我蛋白粕消费需求，即国内饲料养殖业对蛋白粕的需求状态，在很大程度上决定着我国大豆进口数量。随着居民收水平的提高，肉禽蛋奶消费量不断增长，蛋白粕消费需求随之旺盛。1980～2007 年，我国肉类产量增长了 6 倍，产出了世界上一半以上的猪肉，中国肉类产量占到了世界总产量的 31%。^④ 2009/2010 年度我国蛋白粕饲料消费量为 5 700 万吨，其中国内豆粕产量（使用国产大豆和进口大豆生产）为 3 935 万吨。过去 10 年我国蛋白粕饲料消费量的年均增长速度为 7%，其中豆粕饲料消费量年均增幅为 9.67%。^⑤ 2012 年我国饲料产量已达 1.8 亿吨，预计 2020 年我国蛋白粕饲料

---

① 《油脂油料供需状况月报》，国家粮油信息中心，历年。参见《食用植物油安全战略研究子课题之一——我国食用油供求状态研究》

② 此处只是预测了食用植物油食用部分。2010 年我国植物油工业及其他消费量大约为 270 万吨，2010 年植物油食用消费量和工业及其他消费量合计为 2 700 万吨左右。

③ 《国家粮食安全中长期规划纲要》预测，到 2020 年我国食用植物油消费总量为 2 900 万吨，比课题组的 3 340 万吨预测值低 440 万吨。课题组预测 2020 年我国植物油食用消费量将较 2010 年增长 38.59%，高于《国家粮食安全中长期规划纲要》预测值 93%。未来十年我国植物油食用消费量增长幅度将更多地决定于我国居民收入水平的提高。全球金融危机之后，出口对于国民经济增长的拉动作用下降，构建扩大内需的长效机制被提到重要的日程。《中共中央关于制定国民经济和社会发展第十二个五年规划的建议》提出，实现城乡居民收入普遍较快增加，是未来五年经济社会发展的主要目标之一。低收入者收入将明显增加，中等收入群体将持续扩大，我国居民人均食用植物油消费水平提高过程仍将继续。

④ 《粮食及农业状况 2009》，联合国粮农组织，2010。

⑤ 《油脂油料供需状况月报》，国家粮油信息中心，历年。

消费需求将达到 9 680 万吨。[①]

（二）来自我国油料生产领域的挑战

课题组基于我国现有耕地资源状况及变化趋势，根据有关部门这些年来制定的产业规划，分析了我国油料增产前景。

1. 大豆。我国大豆的播种在 20 世纪 80 年代年平均播种面积为 12 150 万亩，90 年代为 12 135 万亩，最近 10 年为 13 740 万亩。大豆年产量最近 10 年平均年产量为 1 535 万吨，比前十年平均产量增长了 15%。[②] 我国消费快速增长，促进了大豆大量进口。这样虽然满足了我国消费，但也在一定的程度上影响了我国大豆生产发展。最近十几年来，除了个别年份国际市场大豆大涨之时我国生产者对大豆价格比较满意外，绝大多数年份由于进口大豆价格水平低于国产大豆，我国大豆生产者以及处于东北大豆主产区的大豆加工企业受到了进口大豆的冲击。根据《全国大豆优势区域布局规划（2008～2015 年）》，"到 2010 年，全国大豆恢复到 1.4 亿亩，平均亩产达到 130 公斤，总产量达到 1 820 万吨"。实际上 2010 年全国大豆总产只有 1 508 万吨。规划提出"到 2015 年，全国大豆恢复到 1.45亿亩，平均亩产达到 150 公斤，总产量达到 2 175 万吨。"[③] 现在看来要达到这一目标非常困难，因为东北大豆产区的大豆实际种植面积开始减少。[④] 课题组认为，在对国产大豆采取积极扶持措施的前

---

① 我国居民肉禽蛋奶消费增加和养殖方式改变，导致我国蛋白粕消费量持续增长，目前增长仍在继续。中国饲料协会副会长刘晓雨预测，2010 年中国饲料产量超过 1.5 亿吨，2020 年将达到 2.5亿吨。参见《食用植物油安全战略研究子课题之六——我国大豆及制品供需预测及价格分析》。

② 《中国农业统计年鉴》，国家统计局，历年。关于中国大豆的播种面积和产量的讨论一直存在。目前国家统计局公布的黑龙江省大豆产量数据，明显小于根据铁路外运量、收购量和省内消费量因素计算的实际产量。黑龙江省的粮食产量受"黑地"（未纳入统计的耕地）因素影响的程度最大，到目前为止，关于全省到底有多少耕地的问题仍在讨论之中。2010 年黑龙江省政府向社会公布全省粮食耕地播种面积 2 亿亩以上，而国家统计局认为的面积数据远小于这一数据水平。

③ 《全国大豆优势区域布局规划（2008～2015 年）》。

④ 参见《食用植物油安全战略研究子课题之十一——大豆油市场研究》。

290

提下，到 2020 年我国大豆总产量有可能提高。但是大豆增产面临着来自水土资源、科技等多方面的多重约束，而且实现增产目标除了需要付出积极的努力外，特别需要出现有利的市场条件。尤其是要充分发挥我国大豆非转基因的独特优势，从政策上保护农民特别是东北大豆主产区农民种大豆的积极性，提高豆农的比较收益。

2. 油菜籽。油菜籽是我国重要的油料品种。近年来我国油菜籽生产受到了来自市场很大的影响，不良的气候也影响了油菜籽产量增加，油菜籽种植效益偏低，生产者积极性不高。最近 10 年除了 2004 年和 2005 年产量超过 1 300 万吨外，其余年份的产量只有 1 000 万吨多一点。① 关于中国油菜籽产量前景有着乐观的估计，《油菜优势区域布局规划（2008～2015 年)》提出，长江流域有可利用冬闲耕地 9 000 多万亩，此外还有滩涂荒地约 3 000 多万亩可以利用，"预计到 2015 年，利用长江流域丰富的冬季闲田资源，再扩大 4 000 万亩以上面积，使优势区油菜种植面积达到 1.39 亿亩是切实可行的"，随着高产品种与高产栽培配套技术的推广，"优势区域油菜单产可望在 2015 年达到 138 公斤/亩"，"总产达到 1 912 万吨"。该规划提出的发展目标是：到 2010 年，油菜优势区域播种面积达到 1.11 亿亩，约占全国油菜总面积的 94.4%，平均单产 130 公斤，总产达到 1 447 万吨。② 实际的油菜生产情况比早先的设想要差很多，2010 年我国油菜总播种面积不到 1.1 亿亩，单产只有 118.3 公斤/亩，总产只有 1 308 万吨。③ 虽然南方一部分冬闲田可以用来生产油菜籽，但是劳动力成本高、生产效益差、机械化程度低、良种良法不配套，均制约着这些耕地投入使用。

3. 花生。2010 年我国花生产播种面积为 6 791 万亩，单产为

---

① 《中国农业统计年鉴》，国家统计局，历年。
② 《油菜优势区域布局规划（2008～2015 年)》，农业部，2009 年。
参见《食用植物油安全战略研究子课题之十一——菜籽油市场研究》
③ 《油料市场咨询》，国家粮油信息中心，2010 年。

230 斤/亩，总产量为 1 564 万吨。过去 10 年花生产量基本保持在 1 400 万吨左右。[①] 全国花生单产虽有提高，但播种面积呈下降趋势，总产增长幅度很小。调查显示，在 2010 年尽管国家实施花生良种补贴试点，加快推进优质花生生产基地县建设，花生价格也创出历史新高，花生生产并未得到有效推动。未来 10 年受资源等多种因素影响，扩大花生生产仍将面临巨大困难。[②]

4. 棉籽。棉籽是我国重要的油料作物之一，2000 年以来棉花产量的增加，棉籽产量增长。2008 年棉籽 1 348 万吨，较 2000 年增加 553 万吨，累计增幅接近 70%。根据全国棉花发展规划，预计到 2020 年棉籽产量将达到 1 480 万吨。[③]

5. 其他植物油。近年来我国玉米胚芽油和米糠油产量增长较多，预计 2020 年时产量可以达到 150 万吨，较目前增加 60 万吨。除此之外，其他油脂如葵花籽油、茶籽油、亚麻籽油、胡麻籽油等也会有所增长，预计增加总量为 110 万吨。[④] 根据全国油茶产业发展规则，到 2020 年全国茶籽油产量计划将达到 250 万吨，而目前产量只有 20 万~25 万吨。[⑤] 实现这一雄心勃勃的增产计划，可能需要做出极大的努力。

（三）植物油加工业面临挑战

1. 我国植物油加工产能过剩。2008 年 8 月 28 日，国家发展改革委公布了《促进大豆加工业健康发展的指导意见的通知》（以下

---

① 《中国农业统计年鉴》，国家统计局，历年。
参见食用植物油安全战略研究子为课题之十三——其他油脂品种及其产业发展研究》
② 花生种植成本居高不下、比较收益过低、花生品种老化、良种扶持政策相对较弱等因素，被认为是花生种植业难有发展的重要原因。《粮食市场报》，2011 年 1 月 26 日。参见《食用植物油安全战略研究子为课题之十三——其他油脂品种及其产业发展研究》。
③ 《中国农业统计年鉴》，国家统计局，历年；《全国棉花发展规划》，中国棉花协会。
④ 国家粮油信息中心内部分析报告，2010 年。
⑤ 《全国油茶产业发展规则》，国家林业局，2009 年。

简称《意见》），对大豆压榨行业进行相应指导。其中"基本原则"部分明确规定：控制规模，有序发展。严格控制大豆油脂加工项目盲目投资和低水平重复建设，把产能控制在合理规模范围之内。调整结构，产业升级。加快大豆加工业结构调整，引导内资大豆加工企业通过兼并、重组方式，整合资源，淘汰一批落后的小规模大豆油脂加工厂，提高行业的整体水平。①

《意见》中"发展目标"部分明确提出，要压缩加工总能力到合理规模。到 2010 年，大豆油脂加工能力控制在 7 500 万吨/年；到 2012 年，大豆油脂加工能力控制在 6 500 万吨/年。② 但实际上，《意见》中的发展目标没有实现。到 2010 年年底，我国油料年压榨能力，已经超过 1.6 亿吨。其中：大豆 9 200 万吨，油菜籽 3 500 万吨，棉籽 2 100 万吨，花生 1 200 万吨，其他小品种油料压榨能力 500 万吨。③ 2010 年我国实际大豆加工量为 5 250 万吨，产能利用率只有57%。油菜籽、棉籽和花生行业也存在产能利用率偏低的情况。④

我国政府已经将大豆初榨行业列入了产能过剩行业的目录。在我国大豆加工产能严重过剩的情况下，正在进行的兼并重组，将推动企业规模进一步扩大。我国市场开放初期时，产业集中度提高，主要表现为落后产能被淘汰，小厂破产倒闭退出经营。现在则出现了千吨级的大豆压榨工厂被兼并的情况，尽管技术先进但不具有规模经营优势的企业也遭淘汰。⑤

2. 外资企业在植物油加工产业中占有较大比重。在中国巨大

---

① 《促进大豆加工业健康发展的指导意见的通知》，国家发改委，2008 年。
② 同上。
③ 参见《食用植物油战略研究子课题之四——我国油脂加工业研究》。
④ 《油脂市场咨询》，国家粮油信息中心，2010 年。
⑤ 中国的油脂压榨业的整合过程一直推进，2007 年中粮粮油路演时向投资者介绍，中国的油脂压榨业正在整合，两三年后会整合完毕。2010 年 2 月该企业一位负责人称，行业经过快速整合，已经处在整合过程的末端。11 月在另一个公开场合，该企业一位部门负责人分析，未来中国市场将只会剩下十几家的大企业或企业集团，其中包括：益海、中粮、中纺、九三、汇福、嘉吉、来宝、邦吉、路易达孚企业，没有竞争能力的企业将被淘汰出局。

的市场需求的诱惑下，以跨国粮商为主体的外资企业积极进入了我国的植物油市场，利用其全球化和多元化的规模优势与经营优势，建立了由贸易体系相连接，以信息体系为支撑，以主要出口国的生产服务体系、收购体系、加工体系、运输体系为基础，延伸到我国的加工体系、物流体系、销售体系的全产业经营链条。跨国粮商在世界上主要的油脂油料出口国，拥有生产、收储、加工与服务于国际贸易的物流体系，掌握了市场资源，有条件强势实现在我国市场的扩张。来自东南亚的资本看到了中国巨大的市场潜力，利用文化上的优势，积极进入了我国油脂产业，发展成为跨国粮油企业集团。[①] 到 2009 年年底，外资企业、外资控股企业及外资租用企业拥有的大豆压榨能力，占到了我国大豆压榨生产能力的 37.7%，实际加工量则接近我国大豆压榨量的 50%，并占有小包装油 55% 以上的市场份额。[②] 国家有关部门为控制 CPI 过快上涨，要求益海嘉里公司等大型企业，在一定的时间内不得上调小包装食用植物油价格，在抑制了价格上涨的同时，在客观上也导致了包括外资企业在内的大型油脂企业的市场销售份额 "被扩大"。

3. 跨国粮商对本土植物油企业生存与发展构成影响。从原料采购的国际贸易角度来看，跨国企业的运作模式十分灵活，通过运用信用证、进口押汇/海外代付等国际贸易结算模式，节省了大量财务费用，增加了资金的利用效率，降低了企业运营成本。跨国企

---

① 1990 年，嘉里粮油集团在中国投资建设的第一家油脂生产厂——南海油脂工业（赤湾）有限公司正式投产，在随后不到十年的时间，又先后成立了以 "防城港新海油脂工业有限公司、天津嘉里粮油工业有限公司、上海嘉里粮油工业有限公司、四川嘉里粮油工业有限公司、西安嘉里油脂工业有限公司、青岛嘉里植物油有限公司、青岛嘉里花生油有限公司、营口渤海油脂工业有限公司、上海嘉里食品工业有限公司、嘉里油脂化学工业（上海）有限公司、南海特种油脂工业（上海）有限公司、深圳南天油粕工业有限公司和深圳南海粮食工业有限公司" 等为代表的 40 多家工厂和 20 多家贸易公司。丰益控股于 1991 年创办，股东有 ADM、中粮。益海集团为丰益控股旗下在华资产。2006 年，益海集团与嘉里集团油脂业务整合，一跃成为中国食用油领域的龙头，对中国食用油高层格局产生深远影响。
参见《食用植物油安全战略研究子课题之九——我国食用油大型企业研究》。
② 参见《食用植物油安全战略研究子课题之四——我国油脂加工业研究》。

业采取期货套保与现货销售相结合的经营方式，有着较强的市场的把握能力与抗风险能力，增加了在贸易环节的获利份额。①

从产业链发展的国际经验来看，跨国粮商实行上下游产业链的一体化，尤其是收储、贸易、加工、物流的一体化，增强企业抵抗油料价格波动的能力，提高企业对产业链的掌控能力。进入我国的跨国粮商都实行多元化经济，粮油业务只是其众多业务中的一部分。跨国粮商在主要生产国建有原料生产基地、仓库收储设施、技术先进的加工厂和完善的营销网络，完整的经营链条使得这些跨国企业具有了很强的竞争能力。②

我国大部分大豆压榨企业，大都实行单体经营，产业链条短，资金规模偏小，经营规模不能满足企业抵抗市场风险的要求。植物油加工业是资金密集型产业，例如一个4 000吨/日的大豆压榨加工厂，至少需要投资5亿元。而我国数量较多的中小大豆压榨企业的资本规模，达到上亿元已经很不错，难以满足复杂形势下开展企业经营业务的需要。我国油菜籽加工业则存在企业数量多，分布广泛，经营规模小的问题。在主产区，菜籽加工企业的规模约在日加工能力300~800吨，每一个地级市，有两三家这样规模的企业，算是比较经济的生产方式。但目前的实际情况是，在产区基本上每个县都有几家日加工能力100吨以下的企业，农村的小作坊更是不计其数。企业数量过多，分布过散，规模过小，加剧了企业间低水

---

① 目前国际大豆贸易中，我国油厂向跨国粮商采购进口大豆，分为购买升贴水和在CBOT点价两步来完成的。事先我国油厂与贸易商只确定升贴水，油厂在一定期限内自行点价，期货合约均价加上升贴水即为油厂真正的采购价格。贸易商在整个大豆贸易中所获得的利润没有任何价格因素，通过点价交易方式贸易商规避了价格波动风险。
参见《食用植物油安全研究子课题之三——油脂油料贸易模式研究》。
② 参见《食用植物油安全研究子课题之九——我国食用油大型企业研究》，《南美大豆考察报告》，2009年，中储粮油脂有限责任公司。

建立政府与社会共保城乡低收入人群口粮安全的长效机制

平的无序竞争，也造成油料资源的浪费。[①]

（四）来自植物油脂油料进口的挑战

1. 我国大豆消费和进口量将继续增长。课题组对 1994 年以来我国大豆供需变化进行了分析，建立了供需模型，基于一定前提，预测了我国未来 10 年间大豆供需情况。模型结果显示：在"基准情景"下，预计到 2020 年我国大豆需求量将增加到 8 725 万吨，比 2009 年增长 44.77%。消费增长幅度明显高于生产增长，到 2020 年可能将形成约 7 300 万吨的产需缺口，缺口规模大致相当于 2009 年的 1.5 倍，大豆自给率将从 2009 年的 24.9% 下降至 2020 年的 20.5%。[②]

预测是为了更好地认识市场变化，帮助人们展望可能出现的市场发展趋势。市场情况十分复杂，预测更多地表现为工作过程并定期修正。如美国农业部 2010 年 2 月下旬发布的《农产品供求长期趋势报告》，预测 2010/2011 年度中国大豆进口量预计为 4 310 万

---

① 20 世纪 90 年代中期之前，我国菜籽加工企业规模普遍较小，大部分企业日压榨菜籽能力在 50～100 吨，日压榨菜籽能力超过 200 吨的企业很少，而且大部分集中于江苏地区。20 世纪 90 年代末，受我国大豆压榨企业规模不断扩大的影响，部分菜籽加工企业盲目扩大生产规模，但受菜籽季节性收购和经营管理混乱影响，投产后企业开工率严重不足，亏损严重，无力经营，先后破产倒闭。

目前我国菜籽加工企业规模不一，日压榨菜籽能力 100 吨以上的规模企业有 250 家左右，其中日压榨菜籽 500 吨（含 500）以上的大型企业在 50 家左右，约占规模以上菜籽加工企业的 20%；日压榨菜籽 200～500 吨的中型企业在 80 家左右，约占规模以上菜籽加工企业的 32%；日压榨菜籽 100～200 吨小型企业 120 家左右，约占规模以上菜籽加工企业的 48%。除此之外，日压榨菜籽能力在 100 吨以下的企业超过 150 家，在四川、贵州等地区还存在部分日压榨菜籽 10 吨以下的榨油作坊。

2009 年我国具有四级菜籽油生产资质的企业共 400 多家，日压榨菜籽能力在 13 万吨左右，年加工菜籽能力接近 4 000 万吨。从我国菜籽压榨能力来看，目前已处于过剩的状态。但考虑我国菜籽收购和加工季节性较强，大部分企业年加工菜籽时间在 6 个月左右，我国菜籽压榨能力过剩情况并不严重，这也是最近几年我国菜籽压榨能力继续增加的主要原因。考虑企业规模效益和提高开工率问题，最近几年我国新建菜籽加工企业的日压榨能力都在 500 吨以上，而且大都可以加工棉籽，部分企业同时也可加工大豆。

参见《食用植物油安全战略研究子课题之十一——油菜籽市场研究》。

② 参见《食用植物油安全战略研究子课题之六——大豆及其制品供求预测与价格分析》。2010 年和 2011 年，受种植比较效益影响，我国东北大豆主产区播种面积持续大幅度减少，粮食种植结构发生明显产业化。国产大豆产量徘徊甚至减少，为了满足国内消费，需要进口更多的大豆。

吨，而到了 2010 年 11 月中旬，美国农业部在月度报告中，已经将数据上调至 5 700 万吨。[①] 2010 年中国大豆进口量大幅度增长，超出了几乎所有机构与市场人士的预测。[②]

2. 植物油脂油料进口可能受到新的不确定因素影响。在过去的十几年间，我国大豆进口快速增长，刺激了巴西、阿根廷和美国大豆生产。据统计，1995 年以来，巴西大豆种植面积扩大了 1 315 万公顷，阿根廷扩大了 1 262 万公顷，美国扩大了 600 万公顷。[③]

从土地资源角度分析，未来巴西大豆增产潜力最大。[④] 巴西大豆协会向政府提交的大豆发展规划称，至 2020 年巴西大豆种植面积将扩大至 3 000 万公顷，产量将达到 1.05 亿吨，[⑤] 比 2010 年增加 650 万公顷，产量提高 3 600 万吨。[⑥] 规划称，为实现规划目标，巴西需要改善交通基础设施，大力加强大豆产区到港口的公路和水路建设，以降低大豆出口成本。2010 年 11 月巴西大豆种植协会负责人在中国广东介绍了巴西增产大豆的艰巨性：这些年强劲增长的需求，已经使得巴西将能够用于大豆种植的土地大都投入使用，再大量扩大大豆种植面积，需要在中西部可以种植大豆的地区修铁路、筑公路、建仓库，还要建码头，不仅投资需要量很大，而且工程建设周期也会很长，目前铁路和一些公路还只是在规划之中。需要注意到，来自环境保护组织的力量，正在影响巴西土地的开垦。[⑦] 相比巴西有大约 2 000 万公顷的耕地等待开垦，在阿根廷目前只有 300 万~400 万

---

① 《美国及全球农产品长期趋势预测报告》，美国农业部，2010 年 2 月；《全球农产品供求趋势预测报告》，美国农业部，2010 年 12 月。

② 2012 年 2 月美国农业部发布了新的《全球农产品供求趋势预测报告》，预测到 2020 年度中国大豆进口量将达到 8700 万吨。

③ 世界农业数据库，美国农业部，2010 年。

④ 世界粮食数据库，国家粮油信息中心，2010 年。

⑤ 参见《食用植物油安全战略研究子课题之二——全球油脂油料供求状况研究》

⑥ 美国农业部，2010 年。

⑦ 课题组成员在第五届国际油脂油料大会期间，与巴西大豆种植协会负责人就巴西大豆生产潜力问题，进行了长达 2 个小麦的讨论和交流，认真听取了该负责人对巴西情况的介绍。有关情况参见《第五届国际油脂油料大会文集》，2010 年。

公顷的耕地可供开垦为豆田，且主要集中在偏远地区。预计阿根廷有着1 100万吨的增产潜力，但也需要改善生产体系和提高生产技术。

美国农业部的报告预测，未来美国大豆种植面积将维持在相对历史高位，随着生产技术的提高，单产的增长趋势明显，将带动产量稳步增长。美国农业部长期趋势报告预测，2020年美国大豆产量可以达到9 489万吨，而2010年美国大豆产量已经达到创纪录的9 200多万吨。[①] 尽管2010年美国大豆产量创历史纪录，但全球大豆供给低于上年，旺盛的需求特别是来自中国的强大买盘，明显拉升了国际大豆市场价格。由于玉米价格上涨幅度更大，玉米与大豆的比价关系，非常不利于大豆播种面积的稳定与扩大。

过去15年来全球油菜籽收获面积的年均增幅为2%，单产年均增幅为2.5%。目前全球的1.9吨/公顷的平均单产离欧盟地区的3.5吨/公顷的还有很大的距离，尤其是印度和中国的单产水平有待进一步提高。[②] 若依照目前的发展速度预测，到2020年全球的油菜籽平均单产有望提高到2.5吨/公顷的水平，随着种植面积与单产的双双提高，到时全球油菜籽总产量可能再提高50%。[③]

到2020年全球油料产量的增速可能较前10年放缓，但在大豆和油菜籽继续大幅增产预期的双双推动下，油料产量有望继续提高20%以上。[④] 供给增加特别是主要出口国产量增加，有利于市场贸易扩大，但要看到，在产量增长的同时，需求增加迅速，能源价格上涨，金融市场动荡，流动性泛滥，已经导致国际市场价格剧烈波动，并表现出明显的上涨过程。

---

① 美国农业部展望报告，2010年。
② 美国农业部数据库，2010年。
③④ 参见《食用植物油安全战略研究子课题之二——全球油脂油料供求状况研究》。

（五）生物能源发展增加了国际植物油市场的不确定性

在传统能源价格受到多种因素影响大幅度上涨之后，欧美生物能源生产在近几年有了较快的发展。欧盟油菜籽产量占世界产量的33%，提出强制性生物柴油使用规定后，油菜籽由出口变为了进口；① 加拿大是世界上第一大油菜籽生产大国，也提出了使用和生物柴油的最低添加标准，以减轻我国供给压力，提高贸易话语权的意图十分明显；马来西亚目前是我国棕榈油的最大进口来源国，正在积极发展了生物柴油生产；② 美国奥巴马政府上台后，提出了新能源战略，2009/2010 年度美国有超过 1 亿吨的玉米，占其玉米总产量的 35% 以上，用于燃料乙醇生产。③ 美国玉米的能源性消费快速增长，导致了玉米价格飙升，在价格的驱动下更多的土地用于生产玉米，这必然影响到其大豆种植面积扩大。石油作为基础性能源，其价格上涨影响巨大。一些主要植物油脂油料出口国在全球需求增长、供给越来越不稳定的情况下，从自身的利益出发，扩大本国供给充足的农产品能源性消费，必然会推动世界植物油脂油料价格上涨。④ 在全球气候变暖，国际社会积极呼吁减少碳排放的大背景下，各国提出新能源战略，以期减少对进口石油的依赖，已经成为一种趋势。尽管将谷物和油料用于生物能源生产对石油消费的替代作用十分有限，无限制地发展必将危及世界粮食安全，但一些国家从本国利益出发依然制定了促进生物能源的发展政策。⑤

---

① 欧盟在 2004/2005 年度开始成为油菜籽净进口国，2008/2009 年度油菜籽净进口量达到 324 万吨，2009/2010 年度超过 200 万吨。2005/2006 年度成为菜籽油净进口国，2009/2010 年度净进口量为 33 万吨。

② 参见《食用植物油安全战略研究子课题之十二——棕榈油市场研究》。

③ 2009/2010 年度美国用于燃料乙醇生产的玉米数量为 11 519 万吨，占当年美国玉米产量的 34.6%；预计 2010/2011 年度将有 11 938 万吨玉米用于燃料乙醇生产，占当年玉米总产量的 35.7%。美国玉米供求平衡表，美国农业部，2010 年 10 月。

④ 参见《食用植物油安全战略研究子课题之二——全球油脂油料供求状况研究》

⑤ 生物能源发展报告，联合国粮农组织，2008 年。

（六）金融因素加剧植物油脂油料市场波动的挑战

美元作为世界上的主要结算货币和储备货币，美元汇率的变化影响国际市场商品价格。与多年前的情况已经完全不同，进入21世纪后，在美元流动性过剩的背景下，金融资本大量进入农产品市场，导致了农产品市场表现出了很强的金融性，农产品价格已经不仅仅由其本身的供求状况所决定，基金的力量推高了农产品价格，国际农产品市场价格具有更大的不确定性。农产品市场的金融化，大大增加了农产品市场的系统性风险。[①] 弱势美元将造成国际市场以美元计价的商品价格大幅度上涨，增加进口国负担和通货膨胀压力，造成进口国居民福利损失。[②]

三、实现我国食用植物油安全的战略思考

（一）努力实现资源约束条件下的食用植物油安全

党的十一届三中全会以后，政策和科技两重因素，推动了我国粮食产量不断提高，我国粮食供求状况有了根本性的改变。随着我国人口不断增长，特别是居民粮食消费水平不断提高，而粮食供给能力增长则受到资源不足的制约，人地紧张的矛盾会越来越突出。[③] 目前我国已经形成了从国际市场进口到所需的植物油脂油料的供给格局，通过国际间贸易活动，增加我国植物油和蛋白粕供应，弥补国内供需缺口，实现食用植物油供给安全。2010 年我国大豆进口

① 《世界粮食安全状况 2009》，联合国粮农组织，2010 年。
② 美联储 2010 年推出"定量宽松"政策，宣布将在未来 2011 年 6 月前，购买 6 000 亿美元国债。该政策出台后，引发了全球商品价格的大幅度上涨。在随后召开的 G20 峰会上，美国的货币政策受到了严厉批评。美国大量发行货币，导致包括中国在内的一些国家承受资本价格上涨和输入型通货膨胀压力。
③ 有学者提出，我国人口增加对有限耕地的压力早在宋朝时已经存在了，大概到了康熙晚年，我国剩余土地已经基本开垦完毕。参见《如何研究中国》，曹锦清，2010 年。

量达到 5 480 万吨，如果全部在我国生产，按我国的平均单产水平计算，需要耕地面积 4.2 亿亩以上；若加上 2010 年进口的 826 万吨植物油也用国产大豆生产，则需要用 7.8 亿亩耕地用于生产大豆。① 显然，我国根本没有如此庞大的耕地资源可供使用。我国耕地资源有限，随着工业化和城镇化过程的推进，耕地数量还将不可避免地会减少。面对耕地资源和淡水资源短缺的基本国情，面对国际粮油供应形势，我们只能优先保住口粮，保证较高的谷物自给率，在稳定并发展我国油料生产的同时，通过进口油脂油料满足不断增长的植物油和蛋白粕消费需求。② 我国扩大大豆种植能力的有限性已经表现得十分明显。③ 例如在黑龙江黑河地区，大豆种植重

---

① 按进口大豆和油脂数量和我国大豆单产水平计算，如果这些油脂油料在我国生产，需要有多少亿亩耕地，其目的只是强调我国已经不具备生产如此巨量大豆的耕地资源。一些人士认为中国是大豆的原产地，中国现在进口这么多大豆，是中国大豆市场被跨国粮商所垄断和操控的结果。事实上我国大豆进口量不断增加，是由于我国需求快速增长而我国生产又受到了自然资源不足的制约。跨国粮商只是看到了中国市场的巨大潜力，积极发展了在中国的业务活动。

② 参见《关于在新形势下保障国家粮食安全面临的新问题与几点建议》，白美清，2010 年。

③ 2009 年我国小麦播种面积为 3.644 亿亩，小麦总产量 11 512 万吨。从总量上分析，产量大于年度我国消费量，年度内有一些结余，但是如果考虑到当年小麦品质总体较差，小麦市场真实的供求形势并不乐观。2010 年冬小麦生产期间又发生了较为严重的自然灾害，部分地区的小麦病害严重，也影响了小麦真实供给。最近几年不断出现玉米价格高于小麦价格的情况，促进了小麦饲用消费和工业消费。如果改变现在的农作物种植结构，改种小麦为种大豆，仅就小麦供求本身而言，就会增加我国小麦市场的不安全性。小麦是我国重要的口粮，需要保持稳定的我国供给。以牺牲小麦产量换取油脂油料自给率的提高，是以一种安全换取另一种不安全，得不偿失。而且从比较效益而言，从事小麦生产比改为油料生产有更好的效益。

玉米消费是我国三大谷物消费中增长最快的，且年度产量变化明显大于小麦和稻谷。在 2008 年我国玉米产量达到创纪录的 16 592 万吨后，受全球经济危机冲击，我国出现了较大的供给压力。但这一压力在进入 2009 年后减退，2009 年秋季东北地区玉米产量因严重干旱大幅度减少，而中国经济率先复苏，玉米的工业消费和饲用消费出现快速增长。我国是玉米的传统出口国，在 2007 年之前的 10 年，我国年均玉米出口量为 801 万吨。从 2008 年全球粮食危机爆发减少玉米出口到目前我国玉米市场出现偏紧状况，只有短短两年多的时间。供求总量平衡分析显示：我国玉米消费量增长正进入一个快速增长阶段，饲用玉米消费和工业玉米消费均明显增加，我国玉米供求关系正在发生本质性的改变。减少玉米种植面积转而生产大豆，无疑会加剧玉米供求矛盾。我国所需要的大豆可以从美国和南美两个地区进口，而如果进口玉米则只能依靠美国，因为美国玉米出口量占到了贸易总量的 60%。玉米出口国别过于单一，显然不利于进口国。

我国稻谷供求基本平衡，但粳稻消费已经出现供给偏紧的情况。随着人口增长和大米消费人群扩大，大米消费总量还在增长。在国际贸易量只有 3 000 万吨左右的情况下，中国必须坚持稻谷的完全自给。

因此，从国情出发，先保口粮、再保谷物，力争稳定油脂油料自给率，应该是理性的选择。

建立政府与社会共保城乡低收入人群口粮安全的长效机制

茬和迎茬问题十分严重。客观地讲，这一地区的大豆生产即使不受到进口大豆的冲击，也应该进行生产结构的调整，寻求实现大豆生产可持续发展的途径。[①]

十几年来我国油脂油料进口量猛增，超出了几乎所有的预测与认识。[②] 从保护我国生产利益的现实出发，一段时期内采取了一些抑制植物油脂油料进口的措施，以图减轻进口对我国生产冲击，但实际效果并不明显，很大程度上只是导致了年度间进口量的波动，并没有实现减少油脂油料进口总量的目标。[③] 当进口量占我国供给份额不多时，采取抑制措施也许会有点作用。现在我国植物油市场对外依存度已经超过了60%，建立长期稳定的海外供给渠道已经变得十分重要。2010年度我国的大豆进口量占年度全球大豆贸易量的59%，植物油进口量占全球贸易量的15.3%。只经过十几年时间，我国已经成为了世界上最大的油脂油料进口国。在国内需求快速增长对国际市场已经产生如此依赖的情况下，如果仍然认为实现我国食用植物市场安全在于减少进口，仍然对于必须开放油脂油料市场的基本形势认识不清，将是非常危险的。

作为人口和粮食消费大国，耕地资源和水资源都短缺的国家，在可能的情况下，进口以及出口必要的粮食，是一种合理与明智的选择。60年来的粮食实践特别是近20年的实践已经证明，参与国际粮食贸易，利用两个市场和两种资源，在总体上有利于实现我国

---

① 参见《食用植物油安全战略研究子课题之十——大豆油市场研究》。

② 在20世纪90年代关于21世纪谁养活中国人的讨论中，人们批驳了中国进口粮食会导致全球粮食市场崩溃的观点。同时也有人预测，随着人们生活水平提高肉禽蛋奶消费量增长，中国会进口一定数量的玉米。遗憾的是，几乎没有人预测到，在十几年之后，中国会进口了超过5 000万吨大豆。中国是食用油资源短缺的国家，但我国进口大豆首先是为了获取蛋白粕，以满足我国养殖业发展需要。蛋白粕大量使用提高了饲料报酬率，相应减少了玉米用量，在我国玉米产量不断提高的提前下，到目前为止我国还没有大量进口玉米。我国没有出现玉米短缺问题，与豆粕消费大幅度增长有着非常直接的关系。从全球范围观察，谷物中的玉米能源属性最为突出，全球第一大出口国——美国，将更多的玉米用于燃料乙醇生产，出口能力明显降低，玉米消费依赖国际市场，可能会受到太多的不安全因素影响。

③ 《油脂市场咨询》、《油脂油料市场供求状况月报》，国家粮油信息中心，历年。

粮食市场的供求平衡。作为世界贸易组织成员，需要遵守有关贸易规则，在接受国际贸易给国家经济发展和粮食安全带来利益的同时，理性面对市场范围扩大后出现的新情况，接受来自国际粮食市场的挑战。

我们要在努力增加我国各类油料产量的同时，更加主动地利用好国际市场资源，特别是要增强我国对进口油脂油料的获得能力。

（二）在全球农产品价格超涨中做好应对国际植物油市场波动的准备

我国油脂油料需求越来越依赖于从国际市场得到满足，国际市场供给与价格是否稳定，在很大程度上决定着我国市场状况。21世纪以来，国际市场大豆等油籽价格已经出现了三次巨大的波动，分别发生于 2004 年、2007 年至 2008 年，[①] 最近又在经历新的一次价格剧烈波动。[②] 三次价格剧烈上涨都给我国市场形成影响。不断出现的市场波动有其内在的联系，反映了市场长期变化趋势，可以用流动性过剩加以解释，可以从能源的角度加以分析，还可以从供求长期趋势变化的角度加以认识。长期以来农产品价格偏低的情况一直持续，世界农产品有效需求不足，农业技术革命带来的农产品供给增加，抑制了农产品价格上涨，甚至导致农产品的实际价格下降。进入 21 世纪以来，全球农产品买方市场特征改变明显，新兴经济体消费需求快速增长，长期以来有效需求不足的状况改变，主

---

① 参见《食用植物油安全战略研究子课题之五——最近两次油脂油料价格波动实证性研究》。

② 自 2010 年 6 月底开始，全球农产品价格出现了一轮快速上涨行情，到本报告截稿时的 2011 年 2 月初止，上涨行情还在持续。此次上涨行情开始于小麦，黑海地区大旱小麦大幅度减产，俄罗斯停止粮食出口，引发了全球对谷物供给的担忧；随后美国农业部将其玉米单产预测数据下调，市场又担忧未来玉米市场供给能力，玉米价格继小麦之后狂涨；美国农业部还不断调低了全球大豆预测产量和美国大豆期末库存数量，不断调高中国大豆进口需求。看涨的预期与失衡的供求，刺激芝加哥大豆期价由 2010 年 7 月初时的 900 美分/蒲式耳上涨至 2011 年 2 月初的 1 400 美分/蒲式耳以上。参见《小麦市场咨询》、《玉米市场咨询》、《油料市场咨询》各期，国家粮油信息中心。

要谷物和油料的库存消费比值降到了几十年以来的偏低水平，农产品价格水平在不断发生的剧烈市场波动中整体上移。[①] 在我国油脂油料进口量不断增加的十几年时间里，在开始阶段国际油脂油料市场在更多的时间里表现出买方市场特征，我们在油脂油料进口问题上，以往更多的是在研究如何抑制过快增长的进口，以降低进口对我国产业的影响。当国际农产品市场整体趋势逆转之后，油脂油料市场将会更多地表现出卖方市场的特征，供应国和供给方会在市场上占有更加主动的地位，由此引发的市场波动会更加激烈，我们应该做好应对剧烈市场波动的思想准备和物质准备。

（三）我国植物油市场同国际市场联动性增强

经济全球化进程不断推进，导致各国经济越来越紧紧地联系在一起。由于我国油脂油料贸易的开放和油脂加工产业投资的对外开放，加之居民消费需求持续快速增长，形成了我国植物油市场对外的高度依赖。在形成进口依赖的同时，我国油脂油料进口贸易价格确定模式发生了根本性的改变，"期货价格＋基差"的定价方式，为我国现货企业提供了更多的选择，相应地降低了传统贸易定价方式的价格风险，促进了我国油脂油料市场同全球油脂油料市场的融合。现在不仅我国外期货市场联动性极强，我国现货市场与国际期货市场也有了很强的联动性，国际期货价格出现涨跌，我国现货市场会随即产生相应的波动。[②] 一般认为，市场范围扩大之后，由于

---

① 最近十年来的价格波动与第二次世界大战以来的农产品走势有着很大的不同，似乎证明了农产品市场正在发生革命性的变化。原油价格上涨不仅增加了农业生产成本和运输成本，更为重要的是使得生物能源生产具有了市场条件。能源性消费的出现可能在根本上改变了持续几十年时间的农产品市场有效需求不足状况。

② 我国外大豆市场的关联程度分析表明，在多数时间里两者的走势变化极为相似，2002 年至今我国大豆期货价格与 CBOT 大豆期货价格相关系数在 0.95 以上，且大部分年份内的相关系数均在 0.9 以上。但 2009 年我国外大豆市场走势相关系数仅为 0.5167，这与我国执行临时储备政策有关。内盘期货市场以大豆为代表的豆类期货品种走势呈现滞涨抗跌的特性，内外盘的联动程度弱化。参见《食用植物油室战略研究子课题之七——我国外油脂油料市场一体化程度研究》。

供给来源更加广泛，市场供给稳定性要比狭小市场的稳定性好。这种分析建立在市场仅受到单一因素——气候因素影响的前提之下，事实上随着市场扩大，金融、能源、政治、文化、环境、气候、运输等多种因素，对市场供给往往产生难以预料的影响。国际市场期货价格波动幅度加大，我国现货价格随之快速变化，明显加大了我国食用植物油市场的不稳定性。[①]

在我国市场相对独立于国际市场之时，应对我国市场波动，可以采取进出口和吞吐库存等调节方式，进行市场宏观调控。但是当我国市场与国际市场高度融合之后，不仅进出口调节基本失去作用，而且运用我国库存稳定我国市场的能力也明显减弱。针对我国市场情况所采取的宏观调控措施，实施之后不仅影响我国市场，也直接影响了国际市场。调节市场范围扩大后，如果调控能力不相应增强，调控作用肯定下降。我国食用植物油市场已经同国际市场高度融合，发生波动的可能性提高，波动的幅度增大，一方面应该提高对市场波动的容忍度，将市场调控的重点放在保证供给的数量方面，另一方面要根据我国外市场总体情况和我国的调控能力，制定并采取有效的宏观调控措施。

（四）充分利用国内外植物油脂油料资源

面对油脂油料的大量进口，我国企业在总体上做出的反应明显滞后，表现为到目前为止，我国油脂企业还没有走出去，到主要的进口国建立起必要的收购储运体系，积极有效地提高获得海外资源的能力。企业受机制和能力的制约，缺乏走出去的主动性。有关方面对我国油脂油料需求强劲增长认识不足，缺乏战略上的考虑与行动。倒是在我国油脂油料进口快速增长过程中获得巨大利益的跨国

---

① 参见《食用植物油安全战略研究子课题之五——最近两次油脂油料价格波动实证性研究》和《食用植物油安全战略研究子课题之三——油料油料贸易模式研究》。

粮商，看到了未来中国市场的巨大潜力，积极建立满足中国市场需要的油脂油料供应链条，将中国市场作为其油脂油料业务的重要组成部分，进一步提高了竞争实力。

关于市场优势的讨论，更多地集中于所谓大豆市场话语权问题上。一些人士认为：中国是世界上最大的大豆买方，因此应该在进口价格的确定上拥有定价权；中国丧失了进口大豆的定价权，是因为跨国粮商垄断了全球大豆市场；跨国粮商通过期货市场操纵大豆价格，从而达到了获取最大市场利益的目的。通过深入的市场考察和研究发现：一是在大豆主要的供应国，市场集中度确实在提高，跨国粮商已经占有较大的市场份额，但跨国粮商之间仍然存在激烈竞争，其他企业也与跨国粮商进行竞争，在主要出口国市场集中化程度远没有到只剩下几家跨国粮商在经营的地步。与铁矿石绝大部分资源由少数矿产资本占有不同，大豆市场的土地由生产国的众多的农民拥有，跨国粮商只是通过提供产前服务、建立收储网络等方式收购当地农户种植的大豆，跨国粮商没有形成对土地资源的垄断。① 二是全球大豆市场快速发展，需求持续增长，拉动供给相应增长。新兴经济体经济快速发展，居民收入提高，食品消费需求大幅度增长，为包括大豆在内的农产品提供了巨大市场，旺盛的需求也在相当大的程度上拉高了商品价格。② 三是从大豆的贸易模式来看，跨国粮商在商品市场中确有优势，但在各类基金大量涌入期货市场之后，期货市场规模明显放大，仅从跨国粮商的资金规模来看，远达不到垄断或是操纵芝加哥大豆期货市场的程度，倒是国际

---

① 《南美大豆考察报告》，中储粮油脂有限责任公司、国家粮油信息中心，2009。
② 美国农业部经济展望局局长班奇 2010 年 11 月称，来自中国强劲的购买需求，拉升了美国大豆价格。2009 年以来中国表现出的旺盛需求，令众多的分析机构与贸易机构的关于中国大豆进口量的预测都失去了准确性，关于中国大豆进口量的数据不断被调高。2009/2010 年度中国的大豆进口量最终达到了 5 050 万吨。2010 年 11 月美国农业将 2010/2011 年度的中国大豆进口量预测值，由上个月的 5 500 万吨上调至 5 700 万吨。有许多机构与企业的预测值高于美国农业部，在 5 800 万吨至 6 000 万吨甚至更多的范围。

游资即热钱经常在国际商品期货市场上兴风作浪。[1] 认为进口量最大就一定应该拥有定价权，就可以利用市场优势地位，取得有利的进口价格，只是一种一厢情愿的看法。因为价格由供给与需求决定，市场供求平衡状态最终决定市场参与者的市场地位和经济实力。在总体供给趋紧大背景下，我们不能一方面表现出刚性的进口需求，另一方面又希望获得较低的价格。国际农产品市场价格长期以来已经形成了以芝加哥期货市场为定价基础的运行体系，进入21世纪以来金融力量更多地介入农产品期货交易，市场预期越来越影响着商品价格水平。

为了提高稳定地获得海外资源的能力，提高获得足够数量商品的能力与合理价格的能力，我国资本与企业应该积极地走出去，使我国市场与国外市场更为紧密地联系在一起。在中国市场已经与国外市场高度融合的情况下，我国有条件的企业需要发展跨国业务，促进海外事业发展，增强资源占有优势与能力，取得市场主动权，防止在热钱流入时上当受骗。

四、对保障我国植物油安全的政策建议

当前我国外油脂油料市场状况表明，实现我国植物油供给安全，需要防范五种风险：一是油脂油料进口不确定性风险；二是油脂油料价格剧烈波动风险；三是我国大豆生产受到伤害风险；四是我国市场集中程度过高风险；五是植物油安全消费风险。[2]

为此，课题组提出，要从实现国家粮食安全的战略高度，强化

---

[1]　跨国粮商在我国期货市场上是天然的"空头"，因为根据"套期保值"的需要，其芝加哥购进大豆后，需要在我国期货市场卖出相应数量的豆粕和豆油，以规避风险。跨国粮商作为商品公司，为了长期的生存与发展，十分注意业务风险控制。到目前为止没有人拿出证据并能够证明跨国粮商已经成功地操控了芝加哥市场价格。但是棕榈油市场的情况不同，对华棕榈油进口业务过度集中于益海嘉里集团。

[2]　宋廷明，在中国粮食经济学会工作会年及研讨会上的总结讲话，2010年。

资源忧患意识，积极实现"三个并举"的战略转变，即：增加我国油料产量与建立稳定国际供应链并举，增加食用油供给宣传科学消费理念并举，坚持市场对外开放与加强我国市场管理并举，努力实现开放条件下的国家食用植物油供给安全。

——实现我国植物油安全的最重要工作是增加供给：一方面要积极发挥我国生产潜力，在不利的市场价格条件下，采取积极保护性措施，保护生产者利益，调动生产者积极性，增加我国油料供给；另一方面要增强主动利用国际资源的安全意识，既允许国外资本在我国守法经营，稳定海外供给，也鼓励我国资本与企业"走出去"，建立购销储运体系，提高资源获得能力，确保油脂油料进口渠道畅通。

——在努力满足植物油消费需求的同时，要十分重视宣传科学健康的食用油消费理念。尽管我国食用油消费总体水平还不高，但在一些人群中已经出现了较为严重的植物油过度消费与浪费行为。从历史的视野观察，中国食物短缺现象存在了太长的时间，由此形成的主流饮食文化，常常视"奢侈"为合理，把浪费当"讲面子"。当越来越多的中国人具有了经济上的消费能力之后，不健康的饮食习惯如果继续，消费行为仍然毫无节制甚至发展到浪费的地步，可能会给中国粮食安全带来灾难性后果。

——未来我国市场将会对国外资源产生更多的依赖，中国需要继续坚持开放方针，推进经济全球化战略。不可否认在开放我国油脂油料市场之初，并没有过多地考虑到我国粮油商品市场的特殊性，允许外资全面进入了我国的植物油产业。在植物油市场放开方针不变的情况下，当前必须加强对食用植物油市场管理，以保护我国食用植物油市场的竞争性为切入点，防止市场出现垄断主体和垄断行为，以实现我国食用植物油供给安全。在跨国粮商在我国已经有较大发展的背景下，在食用油产业集中化的进程中，要支持和鼓励本土企业做大做强，以实现我国油脂油料市场经营主体的结构均

308

衡与合理。

为实现我国食用植物油安全，课题组提出如下具体建议：

1. 采取有效措施稳定并努力提高我国油料产量。我国植物油消费对外依存度已经很高，因此在积极利用海外资源的同时，决不能放松我国油料生产。要认真落实粮食安全中长期规划纲要、千亿斤粮食增产规划、木本油料增产规划等一系列国家战略规划，发掘我国多种食用油资源的生产潜力，充分利用我国生产资源，增加我国油料供给。

南方数量较多的冬闲田可供种植油菜籽，这是扩大我国油菜种植的一个有利条件。现在农民种植油菜籽的积极性不高，受多种原因影响，关键还是价格低。目前有两种政策选择：一是通过补贴方式，增加农民种植收益，调动农民扩大油菜种植的积极性；二是发挥市场机制作用，当我国油菜籽价格达到可以调动农民积极性的程度时，再吸引冬闲田投入使用。前者的好处是可以立即提高我国油菜籽的自给率；后者的好处是由市场配置资源，财政可以减轻负担。根据对市场收购量的监测，目前我国油菜籽的实际产量很可能低于有关方面的统计产量，油菜籽生产还在萎缩。因此建议采取第一种政策。要认真落实已经提出的各项扶持油菜籽产业发展的措施，稳定并提高我国油菜籽产量。[1]

由于生产效率方面存在差异，国际市场大豆价格往往低于我国，从而给我国大豆生产带来冲击。建议调整我国大豆生产发展战略，在东北地区建立非转基因高蛋白大豆种植保护区，坚持非转因大豆的种植，从扶持高油大豆发展作为我国大豆产业出路，转变到坚持非转基因高蛋白大豆生产上来。非转基因食用大豆种植是国产大豆生产的优势，在国产大豆生产问题上一定要扬长避短，重点发展高蛋白优质非转基因食用大豆，努力占领我国及世界食用非转基

---

① 参见《食用植物油安全战略研究子课题之十一——菜籽油市场研究》。

因大豆市场，避免在油用大豆市场上与进口转基因高油大豆发生恶性竞争。在东北大豆主产区要推广大豆科学化生产，实行大豆与其他作物轮作，切实解决化肥农药污染问题，实现大豆生产的可持续性。为了解决东北大豆主产区大豆销售难的问题，可以继续通过政策性收储，实现对生产者的必要保护，建议将政策性托市收购与国家储备工作结合起来。一些企业建立了专门使用国产非转基因大豆的生产线，向市场提供非转基大豆油、豆粕和其他制品，要支持这些企业拓宽市场。建议制定支持企业使用国产大豆的税收政策。2007 年我国颁布了《中华人民共和国农民专业合作社法》，目前黑龙江省各类农民专业合作社已发展到 7 000 多个，其中大豆种植专业合作社已接近 1 000 个，政府应该积极引导和支持大豆种植专业合作社发展。国产大豆用于榨油的数量将逐渐减少，国产油用大豆将以产区当地加工为主，可建立专项资金或特殊的税收政策，保护和支持产区大豆加工龙头企业。目前黑龙江每年销往省外的食用大豆数量在 250 万吨至 300 万吨之间，鉴于市场的实际购销流通情况，应该支持贸易龙头企业，发展贸易带动型大豆产业模式。[①]

要积极开发我国食用植物油资源，扩大稻米油等油品生产。我国稻谷产量在 1.9 亿吨以上，如果能利用更多的谷糠生产米糠油，可以有效地增加我国油脂资源。由于大米加工厂规模不大，米糠收集困难，时间过长易于变质，生产发展一直不快。应制定有利于米糠油发展的支持政策。[②] 要积极扶持木本油料生产，扩大油橄榄、油茶籽等木本油料种植，落实已经制定的促进生产的各项措施。

2. 继续坚持开放我国植物油脂油料市场。为了满足我国植物油需求，国内市场仍要坚持开放原则，利用两个市场、两个资源，实现国内植物油供求平衡。要从我国长期利益考虑，稳定与出口国

---

① 参见《食用植物油安全战略研究子课题之十——大豆油市场研究》；参见《食用植物油安全战略研究子课题之九——我国食用油大型企业研究》。

② 参见《食用植物油安全战略研究子课题之十三——其他油脂品种及产业发展研究》。

的贸易关系，促使出口国家的我国政策的制定，有利于为我国提供所需的油脂油料。要从长期发展和合作共赢的角度，积极发展与重要出口国家的战略合作关系，将保证我国的油脂油料供给，作为国家合作的重要内容。

在开放我国市场的同时，需要规范跨国粮商在我国的业务行为。既要看到跨国粮商具有强大的竞争能力，目前我国企业在购进油脂油料时，还需要与之发生业务往来；也要看到跨国粮商给我国企业的生存与发展带来不利影响，要吸取有关的国际教训。20 世纪在新自由主义影响下，跨国企业在南美地区过度发展，最终给南美诸国的经济社会发展带来了巨大的损失。[①]

3. 加强粮油市场监管，促进发展防止垄断。跨国粮商进入我国后发展很快，表现出了明显的寻求垄断趋势。他们既占据了我国植物油市场较大份额，在国际贸易中也居于寡头垄断优势地位[②]。因此遏制外资企业在我国的继续扩张十分必要，特别是对于那些已经对我国市场具有较强影响力的跨国粮商，要积极利用现有的政策手段，限制其继续扩张。任何企业在我国的粮油市场当中都不应该具有垄断能力，更不能滥用市场地位。在重视制定制度规章的同时，更要切实加强对进入我国粮食市场跨国粮商的市场行为管理，监督其是否滥用市场地位，是否破坏市场秩序，是否搞不公平竞争，是否侵犯消费者利益。一定要将市场监管落到实处，建议国家有关部门根据我国市场发展的现状，设立专门的市场监管机构，承担具体的市场监管责任。要积极发挥行业协会组织作用，通过行业内部管理，有效抑制外资继续在食用油加工与物流领域扩大。要认真执行限制外资油脂企业在我国扩张政策，除对新建、扩建、并购等行为作出规定外，还要规范外资企业以租赁等方式实现实质性扩

---

① 《阿根廷危机回顾与思考》，沈安，2009 年；《拉丁美洲革命现场》，张翠容，2010 年。
② 益海嘉里公司目前在我国油脂市场占有很大的市场份额，在棕榈油进口市场已经具有了垄断能力。嘉里公司的发展势头仍然强劲，政府如何实现对其的监管，规范其行为，是一个全新的课题。

张的行为。

要提高我国油脂油料贸易与加工企业参与全球化市场的竞争能力，支持具有竞争优势的大的企业集团实行战略性扩张，形成我国外经营优势，提高与跨国粮商的竞争力。中储粮总公司所属中储粮植物油有限公司负责中央储备油脂油料管理，该公司应该充分利用自身业务优势，扩大业务范围，成长为能够与跨国粮商制衡和防止垄断的重要市场力量。目前我国中粮粮油、中纺集团、九三集团等大型企业，具有与跨国粮商抗衡的能力或潜力，需要通过机制创新、组织创新、业务创新，提高市场竞争能力，加快发展步伐。[①]

4. 积极支持有条件的国内企业走出去开拓国际植物油市场资源。当前我国外油脂油料市场的一体化特征越来越明显，我国外市场已经高度融合在一起，因此要积极促进我国大型企业发展与油脂油料出口国本土企业的战略合作，支持其与具有规模的出口国本土企业的合作，通过建立长期的贸易关系，稳定海外供应渠道；从长远看更需要支持我国大型企业在主要贸易伙伴国建立收储体系，形成市场产业链条的前端，遏制跨国粮商油脂油料业务在出口国进一步扩张。我国大型油脂企业需要实施全球化经营策略，或直接进入主要出口国的生产、仓储、运输、加工领域，或选择具有发展潜力的国际化或原产地本土企业参股并购，通过多种方式，努力走出去，稳定油脂油料进口供应渠道。要对具备条件的大型国有骨干企

---

① 有分析对我国未来油脂企业发展进行了划分：第一群组中包括：嘉吉、邦基、路易达孚、来宝等外资企业，这些企业在 2009 年占有了 21% 的我国市场份额，其的特点是控制国际大豆收储，国工和贸易的国际巨头，具有强大的综合能力，虽然试图扩张，但受制于国家政策；第二群组包括：益海和中粮，占有我国 33% 的市场份额，特点是扎根我国市场，有国际视野的大型集团，既实力雄厚，又精力旺盛，仍在继续扩张；第三群组包括：九三油脂，中纺，市场份额为 12%，是规模较大的国有企业集团，正在努力扩张；第四群组包括：植之元、渤海油脂，占有 7% 的市场份额，是经营稳健、管理水平较高的区域巨头，也在努力扩张；第五群组是大量的中小企业，虽然市场份额占有量目前仍达到了 27%，市场表现也灵活，但是缺乏长久的竞争能力，将会从市场逐步退出。第五届国际油脂油料大会，会刊，2010 年。参见《食用植物油安全战略研究子课题之九——我国食用油大型企业研究》。吕军，《立足我国市场，面向国际资源》，企业忠良，2010，2。

业提出明确的战略发展要求。要增强资源危机意识。要发挥资本的力量，在资本的层面上联合起来，形成整体合力，实现国家资源安全的战略目标。① 在国家的层面上，要积极推进与巴西、阿根廷、马来西亚和印度尼西亚的国家间战略合作，发展国家间本土企业间的直接贸易，改变现有的国际油脂油贸易格局，实现互惠双赢。建议建立国家级海外农业投资基金，投资发展海外农业，将我国过剩的流动性转变为能够满足我国需求的海外供给能力。"走出去"能否成功，关键是承担走出去任务的载体是否充满活力并有完善的发展机制。政府要支持企业发展，通过机制创新，分担企业海外创业风险。建议拨出专款支持我国油脂油料加工业的行业组织，在巴西、阿根廷、美国、马来西亚设立办事处，承担协调各方关系的责任，帮助我国企业尽快实现走出去的目标。

5. 夯实保障食用植物油安全的物质基础并适度调控。2008 年和 2009 年国家通过收购临时存储大豆和托市收购油菜籽，增加了国家油脂油料储备库存，使得我国油脂油料国家库存水平提高到了与我国消费相适应的程度。② 在国家储备增加之后，2010 年社会油脂油料库存也出现了增加过程。③ 我国油脂油料库存总量增长，是我国油脂油料消费不断增长的结果。实现我国食用油消费安全需要以一定数量的库存为基础，库存水平过低极易导致我国市场在国际市场影响下出现大幅波动。在现有的贸易模式之下，国际期货市场价格发现的过程，很多时候直接影响我国现货市场价格，而国际期

---

① 《立足我国市场，面向国际资源》，企业忠良，2010，2.

② 2008 年国家以 4 400 元/吨的价格收购菜籽加工后充实中央油脂储备油，先后下达三批共 150 万吨的收购计划。2008 年年底至 2009 年上半年，国家先后四次下达收储大豆计划，共计 750 万吨，其中 600 万吨作为临时储备。2009 年新菜籽上市后，国家出台了菜籽托市收购政策。一是由中储粮公司按照 3 700 元/吨的价格委托企业收购菜籽，并加工成国家临时存储菜籽油；二是对部分中央和地方油脂加工企业规定价格收购菜籽，中央财政给予 200 元/吨的一次性费用补贴。2009 年 11 月国家再次在东北地区实行大豆临时收储政策。2010 年国家继续实行菜籽托市收购政策，并将菜籽最低收购价格提高 200 元/吨至 3 900 元/吨；继续在东北大豆产区实施大豆临时收储政策。

③ 2010 年大豆进口量预计超过 5 400 万吨，其中一部分充实了商业库存。

货市场受金融和能源等多种因素的影响，价格波动十分剧烈。因此需要建立我国市场"价格的防波堤"，这是在开放条件下，实现我国市场稳定的必要的保障性措施。根据国际油脂油料市场波动加大的情况，我国油脂油料储备需要达到相对较高的水平，只有建立了数量充足的储备库存，我国才会有话语权，我国才会具有促使价格稳定的能力。[①] 课题组通过专家咨询方式得到："要实现我国目前对价格稳定的要求，大豆储备数量可能需要我国相当于 6 个月的消耗量"的咨询意见。仅从国内消费角度考虑，保持 6 个月消耗量的储备水平偏高，但如果考虑到在我国外大豆市场已经高度融合，调控我国市场在很大程度上会受到来自国际市场的影响，相当于 6 个月消费量的储备数量，仅相当于 1 个多月的全球消费量，数量并不多。专家们也提出，建立相当于 3 个月或是 2 个月我国消费量的储备库存，是我国大豆和食用植物油较为合理的规模，食用油市场与口粮市场不同，干预的程度要适当，要注意到国家调控我国油脂油料市场存在着能力上的有限性。与口粮市场基本自给的情况不同，我国食用植物油市场对外依存度已经超过了 60%，我国外市场已经高度融合，调控我国市场也是在影响全球市场，需要具有更大的调控能力。油脂油料市场调控行为不能不加区别地采取与调控国内谷物市场相同的"平籴出粜"之法。

在开放市场的条件下，在国际农产品市场价格波动加大的情况下，我国要提高对油脂油料市场价格波动的容忍度。中国大豆进口量占我国年度压榨量的 90% 以上，要使我国食用油价格在国际年度产量发生波动的情况下也"基本稳定"，只有建立数量庞大的储备库存，但是这可能会加重国家的财政负担。考虑到植物油消费与口

---

① 我国油脂储备库存偏少时，国家通过抛售库存抑制市场波动的目标很难实现。2008 年我国油脂市场价格过快上涨，国家抛售 20 万吨储备油，不仅没有对市场价格产生抑制作用，反而引发了价格更大幅度波动。在市场剧烈变化的过程中，企业往往与政府博弈，国家要实现调控目标，必须有充分的物质手段。由于我国市场对外依存度已经超过 60% 且我国消费需求旺盛的情况下，需要增加我国储备数量，以备全球市场年度间出现产量波动，影响我国供给。

粮消费的性质不同，植物油的消费弹性大于口粮，且我国植物油人均消费已经高于营养学角度提出的合理水平，应该提高对植物油价格波动的容忍度，除非价格过于剧烈波动，对我国粮油市场稳定造成破坏性影响，一般不要采取价格调控措施。植物油价格上涨后，可以通过对低收入者提供补贴的方式，降低植物油价格上涨对低收入人群的影响。调控油脂油料市场的重点应该是保护我国油料生产，以使生产规模不致缩小，产量不致降低，生产者受到必要保护方面。

未来我国食用油和蛋白粕需求仍将会有大幅度增长，为了能够增加我国油料产量和从国际市场获得足够的供给，需要向市场释放价格信号。没有足够强烈的价格刺激，海外油脂油料生产者将不会表现出更高的积极性，资金不被吸引到扩大油脂油料生产与及相关的基础设施建设上来，油脂油料供给能力将难以提高。

6. 建立协调机制完善植物油市场监测预测预警体系。实现植物油安全需要做大量的工作，特别是实施国家的宏观战略意图，需要有专门的机构推进该项工作。目前部门职责交叉，责任不清，缺乏实施植物油中长期安全战略的执行机制。现在是有责任的部门管事太多，超出执行能力，责任落不到实处；应该管事的部门没有责任，不承担工作任务。建议明确分工，强化责任，建立协调机制。

要针对我国油料加工企业、贸易企业与跨国企业在掌握相关信息数据方面存在着的严重不足的实际情况，尽快建立全面、系统、准确的油料产业信息报告制度和发布平台。一是建立我国与国际油料主要生产国的产量监测评价系统，随时收集信息，定期对全球油料产量和可供量进行预测与分析，并向社会公布；二是建立我国油料消费量定期监测评价系统，根据监测的蛋白粕、植物油等产品的实际消费情况，预测年度油料消费量，并向社会发布；三是建立我国油料进口量定期监测评价系统，根据国产油料的可供量和我国油料预测需求量的差额，预测油料进口水平，并向社会发布；四是建立油料加工企业定期生产监测评价系统。根据国家相关统计制度的规定，建立我国 500 吨以上规模油脂加工企业的产销存动态监测体系，及时收集原料的购进数量与平均价格；原料的库存数量与平均价格；产品的销售数量与平均价格；产品的预售数量与平均价格；原料的库存数量与平均价格；产品的库存数量与平均价格；产品生产结构与库存结构等信息。

为国家企业提供信息服务是驻外机构的任务，建议在美国、巴西、阿根廷、马来西亚、印度尼西亚、加拿大等我国驻外使馆，设立专门负责市场信息收集与行情分析工作的岗位，工作人员由我国相关部门派出并定期轮换，以保证信息服务工作具有针对性并有效率。①

国家级食用油市场信息服务体系要为地方食用油储备工作提供信息服务。各省级人民政府根据中央关于建立食用植物油储备的要求，纷纷建立了地方食用油储备。食用植物油行情变化远比谷物市场复杂，省级食用植物油承储企业虽然大多拥有相当的谷物储备与经营的经验，但普遍缺乏油脂市场经营能力，加之不经常进出市场，对食用油市场变化大都没有深入的认识，完成储备任务存在很大困难。为此，国家粮油信息服务机构要积极为省级油食用油承储企业提供相关服务。

7. 发挥我国粮油期货市场规避风险功能。在我国油脂油料市场对国外市场已经形成高度依赖的情况下，要积极推动我国期货市场相关油脂油料品种上市交易，为我国企业提供规避风险的工具。从我国市场的发展情况看，需要调整有关转基因产品流通和消费法规，提高进口转基因大豆的流通性。目前，我国豆油、豆粕期货市

---

① 我国企业在市场竞争中处于劣势地位，与信息获取能力不足有很大的关系。跨国粮商可以利用其全球化的网络，及时获得来自世界各个角落的信息。而我国本土企业规模不够，实力不强，在信息获得能力方面无法与跨国企业竞争。为此需要国家承担起为企业服务的任务。要支持专门的信息机构，承担信息服务任务。要建立我国权威的信息服务体系，建立面向社会的信息发布制度，通过公开、透明、及时的信息服务，帮助我国企业认识市场形势，提高市场竞争能力。

场已发展得较为成熟，为油脂油料企业的产品销售提供了有效的避险工具，但是，这些企业却无法在我国期货市场上锁定其原料大豆的采购价格。由于我国对进口转基因大豆流通限制十分严格，大连商品交易所黄大豆2号期货（以进口转基因大豆为标的，适合大豆压榨企业套期保值）的交易一直不活跃，黄大豆2号期货市场极度缺乏流动性，大豆和豆粕、豆油套期保值市场分割，影响了压榨企业规避市场风险。要组织大豆等作物的种植农户开展套期保值，提高产业客户对油脂油料期货市场的参与度。目前，我国大豆等种植农户普遍存在着规模小、期货专业知识缺乏的特点，直接参与期货市场的条件尚不具备，但是，这些农户在生产过程中却面临着很大的价格风险，有避险需求。要在主产区成立大豆生产合作组织，指导参与合作组织的农民，从事套期保值交易，积极发挥期货市场为产业发展保驾护航的作用。探索新的油料品种上市交易。规范期货交易管理，在发挥期货市场服务功能的同时，加强期货市场管理，防止进入期货市场的资金恶意炒作，进而影响现货市场的稳定。[①]

8. 加强市场管理，保障食用植物油消费安全。要强化食品生产经营单位的食品安全责任意识，严格执行生产卫生标准和操作规范。积极推广实施放心粮油工程，不断提高放心油的覆盖面和市场占有率，坚决杜绝不合格油脂进入市场和消费领域。要加大市场监督管理力度，在有条件的大城市，停止在零售市场供应散装油，防止不合理油品流入消费市场。要对小包装食用油生产企业进行整顿，淘汰一批根本不具备安全卫生生产条件的落后企业。督促落实国务院办公厅《关于加强地沟油整治和餐厨废弃物管理的意见》，杜绝地沟油回流餐桌，确保居民食用油消费安全。

9. 大力提倡科学健康的食用植物油消费观念。目前，我国粮食浪费现象十分严重，这不仅表现在餐桌环节浪费惊人，而且也表现摄入

---

① 参见《食用植物油安全战略研究之十四——进一步发展并完善大豆及油脂期货市场各项功能》。

量过多。从营养膳食的角度分析，目前我国人均食用植物油消费已经超过了符合健康要求的范围。由于食用植物油摄入量过多，肥胖人群增加，人们的健康受到影响。应该大力加强营养健康知识的宣传教育，在全体国民中建立科学消费理念，促进科学健康的消费行为养成。需要对电视台播出餐饮文化节目作出规定，不要提倡餐馆饮食家庭化，不要宣传多油菜品制作，不要提倡过度用油菜品的消费。

结束语：充分利用国内外油脂资源保障我国食用油安全

食用植物油安全是国家粮食安全的重要组成部分。实现我国的食用植物油安全，需要建立全球化视野，从经济全球化的高度，提高对利用海外资源必然性的认识，积极采取有效的稳定海外资源的各项措施。

长期以来国际农产品市场有效需求不足的状况可能正在发生着根本性的转变。2006 年以来全球农产品价格大幅度上涨，2008 年爆发金融危机阻断了价格上涨过程，并导致了包括农产品在内的大宗商品价格大幅度下降。但 2010 年下半年以来，全球农产品价格再度上涨，到 2010 年 12 月联合国粮农组织食品价格指数达到了 214.7，超过了 2008 年 6 月粮食危机爆发时的 213.4 的高位。[①]

全球农产品市场供给不足的特征正在变得越来越突出。而我国大豆进口量在 2010 年已经达到了 5 480 万吨，一些机构已经认为中国将由玉米出口国转变为进口国，在 2011 年中国可能需要进口玉米以补充国内玉米供给。[②] 在我国粮食产量连续八年增产的情况下，

---

① 联合国粮农组织网站，2011 年 1 月。

② 2010 年我国大豆进口量较上年增加 1 225 万吨，按一半被压榨计算，将生产近 500 万吨豆粕并被使用。根据蛋白粕消费增长推算，2010 年国内玉米消费量增加数量应该达到千万吨水平。除饲料消费增长外，2010 年玉米深工加消费数量也明显增加，证据之一是尽管玉米价格不断上涨，但下游产品价格也随之提高，保证了玉米深加工业的加工利益，企业开工率保持在很高的水平。据有关部门核查，全国玉米深加工能力在 2009 年和 2010 年增长很快。国家粮油信息中心预测，2010 年全国玉米深加工消费量已经达到 5 000 万吨。

粮食供求关系发生改变，可能表明国内需求增长快于供给的增长，我们需要面对新的更加复杂与多变的市场形势。

在我国更加需要从国际市场获得粮油资源的情况下，国际市场供求格局出现较之过去几十年不一样的变化，必须引起我们的高度重视并采取更加积极的行动。进入 21 世纪之后，国际市场大宗商品价格变化除表现出明显的金融属性特征外，另一个重要的特征就是受中国因素影响。当前，我们既要关注由于中国进口大量增加导致国际市场价格上涨从而给我国市场稳定带来的负面影响①，也应该更加关注未来国际市场的供给能力的增长状况。我国粮油消费需求刚性增长，而我国农业综合生产能力已经不足以满足我国农产品消费需求，因此有必要提高利用海外资源的主动性，因为这关系到国家粮食安全。

综合报告课题组成员

负责人：尚强民

成　员：尚强民　曹　智　张立伟

　　　　王晓辉　李云峰　王振纲

　　　　曾晓红

（2011 年 3 月）

---

① 2009/2010 年度全球大豆产量较上年增加 4 800 多万吨，但由于中国大豆进口需求旺盛，国际市场价格并没有出现人们所预测的深度下跌。2010/2011 年度因为预测中国需求仍然旺盛还将有较大幅度增长，而全球大豆产量因南美减少预计较上年下降，价格一路上行，芝加哥期价 2010 年底盘中价格超过了 1 400 美分/蒲式耳。国际市场油脂油料价格上涨，明显拉升了我国食用油价格，增加了 CPI 上升压力。

参考文献:

1. 白美清. 关于在新形势下保障国家粮食安全面临的新问题与几点建议. 2010

2. 聂振邦. 中国粮食发展报告. 历年

3. 中国粮食经济学会. 国家粮食安全系列研究报告. 2003 ~ 2009

4. D. 盖尔·约翰逊. 经济发展中的农业农村农民问题. 2005

5. 世界银行. 全球经济展望 2009. 2009

6. 联合国粮农组织. 农业及粮食状况. 2008、2009

7. 联合国粮农组织. 世界粮食不安全状况. 2008、2009

8. 联合国粮农组织. 农产品市场状况. 2008、2009

9. 理查德·邓肯. 美元危机. 2007

10. 高濑保. 世界贸易组织与自由贸易协定. 2008

11. John Seitz. 全球议题（第三版）. 2010

12. 约瑟夫 E. 斯蒂格利茨. 全球化及其不满. 2010

13. 圭拉姆·德拉德赫萨. 全球化博弈. 2009

14. 吴定玉. 外商直接投资对中国市场结构的影响. 2006

15. 沈桂龙. 中国 FDI 绩效研究. 2007

16. 根岸哲等. 日本禁止垄断法概论. 2007

17. 美国国家情报委员会. 全球趋势 2025 年. 2009

18. 罗伯特·斯坦. 全球大牛市. 2010

19. 希拉·纽曼等. 最后的能源危机. 2009

20. 王健等. 市场化、国际化背景下中国粮食安全分析与对策研究. 2007

21. 柯炳生. 入世以来中国农业发展与新一轮谈判. 2005

22. 课题组. 中国农民食物消费研究. 2007

23. 袁振龙等. 农民问题国际比较研究. 2010

24. 曹锦清. 如何研究中国. 2010

25. 温铁军. 三农问题与制度变迁. 2009

26. 沈安. 阿根廷危机回顾与思考. 2009

27. 陈少伟等. 中国粮食市场研究. 2009

28. David Sandalow. 打破石油魔咒. 2010

29. 宋立刚等. 经济增长、环境与气候变迁. 2009

30. 徐滇庆. 经济命脉系三农——深化农业结构改革. 2010

31. 拉瑞·威廉姆斯. 与狼共舞——股票、期货交易员持仓报告揭秘. 2009

32. 课题组．我国粮食安全与开发银行的对策研究．2005

33. 中国粮食培训中心．中国粮食安全发展战略与对策．2009

34. 卢布等．中国区域粮食发展研究．2009

35. 国家粮油信息中心．世界粮油市场月报．历年附录：

提高油脂自给率　保障食用油安全[*]
——食用植物油安全专题研究专家意见反映

中国粮食经济学会秘书处

近年来，特别是面对 2007 年底和 2008 年初国内外食用植物油（以下简称食用油）市场价格暴涨、国内自给率连续下降和进口量猛增的严峻形势，结合抗击冰雪灾害和四川汶川特大地震的成功经验，中国粮食行业协会、中国粮食经济学会、中国粮油学会油脂分会和中国植物油行业协会组织有关专家和企业，就如何提高油脂自给率、保障食用油安全问题进行了连续跟踪专题研究。

在国内日益旺盛的消费需求拉动下，油料油脂进口连年猛增。通过引进外资进入油脂加工行业，对满足国内市场对小包装精炼食用油的巨大需求，起了十分重要的作用。同时，也出现了一些新的情况和问题：一是国内外市场联动效应加大，尤其是近年美国、巴西和欧盟力推使用大豆植物油脂等生产生物柴油，导致食用油供求失衡和价格暴涨，对国内的食用油市场形成了巨大冲击；二是食用油自给率连续下降，对外依存度大为增加，不利于我国掌握油脂的主动权；三是国内精炼油市场外资比例偏高且产能过剩。上述问题，对国家宏观调控和食用油安全有潜在的不利影响。

为提高油脂自给率和保障食用油安全，有关专家经认真研究，有如下

---

　　* 这是白美清会长主持中国粮食行业协会、中国粮食经济学会、中国粮油学会油脂分会和中国植物油行业协会四个单位邀请资深粮油专家和骨干粮油企业，对如何保障我国食用植物油安全进行深入研讨后，于 2008 年 6 月 24 日向国务院领导同志和有关部委报送的专家意见。6 月 25 日，国务委员兼国务院秘书长马凯批示："报请家宝、克强、良玉同志阅示。"6 月 25 日，回良玉副总理批示："请张勇、杜鹰同志阅。"6 月 26 日，温家宝总理作出重要批示："请良玉、岐山同志阅示。可转农业部、商务部、发改委研究。"国务院和有关部委的领导同志均作了圈阅和批示。

322

建议：

一、下定决心，争取用五年左右时间把我国食用油自给率恢复到50%左右

在过去低标准凭票证供应的计划经济年代，我国食用油尚能做到自给。改革开放以后，随着人民生活水平不断改善和食用油市场逐步放开，我国从20世纪90年代开始批量进口油料油脂以满足内需。"入世"前的2000年，我国食用油自给率为68%，对外依存度约32%，自2001年"入世"后，逐年下降。2007年，国产油料折油总计1 050万吨，进口油料油脂共折油1 510万吨，油脂总供给量约2 560万吨，食用油自给率仅为41%，对外依存度高达59%。

专家建议，今后用5年左右时间把食用油自给率恢复到50%左右，即比目前提高近8~9个百分点，净增约250万吨油脂。目前，我国大豆、油菜籽和花生三大油料的产量均未达到历史最好水平，食用油的综合生产潜力还未充分发挥出来。大家认为，只要政策对头，下定决心，紧抓不放，这一目标是可以实现的。

二、要像抓三大主粮那样抓大豆、油菜籽、花生三大油料作物，提高国内食用油的综合生产能力

专家认为，为保障食用油安全，必须像抓三大主粮那样抓提高大豆、油菜籽和花生三大油料作物的综合生产能力。2007年，三大油料产量是：大豆1 350万吨，油菜籽1 038万吨，花生1 302万吨，而大豆进口量为3 082万吨，对外依存度高达70%。东北大豆主产区在一定程度上存在与粮食作物争地的问题；在花生主产的黄淮海地区，则主要利用河滩沙地和边角空闲地种植；在油菜籽主产的长江流域，是利用冬闲地种植，来年收获油菜籽后再接种水稻等粮食作物，基本上不与粮食争地。

本着"不与主粮争地、抓好三大油料、因地制宜发展、广辟食用油源"的原则，"冬抓休闲地，春抓撂荒地"，发展油料作物。专家建议：

1. 在东北，稳定大豆种植面积，主攻单产，推广高油良种，提高大豆总产量。

2. 在北方，充分利用撂荒地、河滩和边角空闲地种植花生，着力提高花生综合生产能力和总产量。

323

3. 在南方，特别是长江流域，充分利用冬闲地种植油菜，大力培育推广高油低芥酸油菜籽高产良种。

4. 因地制宜发展其他草本和木本油料，如棉籽、葵花、油茶籽、芝麻、胡麻等；同时，充分利用谷物加工副产品，如米糠、玉米胚芽和小麦胚芽等提取食用油。

5. 让大豆、油菜籽和花生三大油料作物享受与三大主粮一样的国家优惠扶持政策，即在油料种植直补、良种补贴、农资综合直补、农机具购置补贴、农业保险和最低收购价保护等方面，与三大主粮享受同等优惠待遇。

三、建议像扶植大豆那样扶植花生和油菜籽等油料作物，建立国家级生产及科研基地，充分调动农民种植油料的积极性

1. 在黄淮海平原的冀、鲁、豫等省建立国家花生生产科研基地，可选择若干重点花生生产县作为国家花生基地县，与商品粮基地县享受同样的优惠政策，由中央和省（区、市）给予重点扶植。

2. 在长江中下游的川、渝、黔、鄂、湘、赣、皖、苏选择一批油菜籽主产县作为国家油菜籽基地县，与商品粮基地县一样由中央和省（区、市）给予重点扶植。

3. 由国家重点扶植几个花生和油菜籽科研机构，集中搞好良种培育攻关和推广，切实解决品种老化和退化问题，提高花生和油菜籽的单产、质量和总产量。

4. 建立完善和加强国家花生和油菜籽等油料生产和科研基地县的相关事宜，建议由国家发展改革委牵头，会同农业、粮食、财政、金融等部门商主产省（区、市）具体落实。

四、重点扶植大型油脂企业，使之成为承担国家宏观调控的载体和保障居民食用油安全的骨干

（一）产业政策扶植

一是除废油利用和非食用油脂外，国家应从产业政策上禁止发展以食用油脂为原料的生物柴油项目。

二是对大型油脂企业，国家宜在企业整合升级、重组并购、技术改造、投资融资和税费减免等方面，给予优惠扶植，鼓励企业开展大豆、油菜籽和花生油脂的精深加工、综合利用，打造具有国际核心竞争力的中国油脂企业

324

"航母"，进一步提高国内外市场占有率和"话语权"。

三是对外商今后投资新建、改扩建食用油加工项目和并购内资食用油企业，国家应在世贸组织规则框架内，从市场准入等产业政策上有所节制。

（二）实施品牌战略

通过深入实施"放心粮油工程"和品牌战略，扶持内资油脂企业争创中国名牌和国际著名品牌，提高内资油脂企业的国际国内信誉度和知名度。

（三）代存储备食用油

为扶植大型油脂企业，保障食用油安全，建议国家拿出一部分新增食用油储备，通过竞争招标方式，委托有资质的大型油脂骨干企业代储，掌握一部分成品油储备，以利各级政府应急调度，灵活调控食用油市场。

五、正确引导食用油消费，鼓励居民改变传统膳食结构，在全社会提倡合理用油、科学用油和节约用油

我国近年食用油消费持续猛增与居民膳食结构不合理和烹饪中的浪费直接相关。如某些油炸、烹煎、"过油"、"水煮"菜肴，食用油浪费惊人。人体油脂过量摄入不仅对健康有诸多不利，而且供给也难以为继。

据营养学家测算，我国目前人均食用油日消费已超标，尤其是城市居民超标更多。因此，必须大力节制过量消费，杜绝食用油浪费，在全社会形成构建节约型和谐社会的强大舆论氛围，以保障食用油安全。

六、增加政府食用油储备和强化油料油脂进出口调控，为保障食用油安全夯实基础

（一）增加食用油储备

鉴于 2007 年冬和 2008 年上半年国内外食用油市场异常波动、我国南方冰雪灾害和四川汶川特大地震造成的影响，为保障食用油安全，建议今后在及时补足食用油储备库存的基础上，将中央和地方政府的食用油储备逐步增加到 1 个月左右的消费量，即储备油料和油脂折油 200 万吨左右。在南方和中西部缺油省（区、市），除需增加中央食用油储备和合理布局外，重点应增加地方政府食用油储备，以便在紧急情况下确保居民食用油供应。

（二）调整油料油脂进出口政策

一是在保护国产大豆的同时，减缓大豆进口增长速度，使大豆进口保持稳中略增的态势，以满足国内食用油和饲料的需求；二是花生油和菜籽油力

争做到国内自给有余，并适当保持少量进出口调剂；三是调整油料油脂进口结构，继续实行"多进油料、少进油脂"的方针，以保护内资油脂加工企业，满足饲料业对豆粕、菜籽粕的需求，促进国内就业。据统计，2007年进口油脂高达866万吨，大大超过了进口油籽的折油量，在经济上对我不利。

七、强化食用油储运基础设施建设，构建高效畅通的现代食用油物流体系

从过去计划经济年代留传下来的一些储油罐和专用运输工具，均已严重老化，亟需更新改造。随着近年来食用油销售和物流量猛增，物流基础设施的缺口很大。专家建议：

（一）增加新型储油罐

可在交通便捷的油料主产区和油脂主销区，规划增建一批现代化的储油罐和基础设施，实行计算机管理和控制，以备急需。

（二）更新食用油运输工具

一是更新和增加一批铁路食用油专用的油罐车皮，以提高油脂运输效率；二是发展大吨位公路食用油专用油罐卡车，实行中短途油脂直达运输；三是普及精炼小包装成品油的集装箱和厢式货车直达配送，实行减免公路收费等优惠政策以降低运输成本，稳定市场食用油价格。

（三）实行政策优惠

国家对食用油物流基础设施建设实行投资补助、贷款贴息和税费减免等优惠扶植，并纳入国家粮食现代化物流建设规划，抓紧分期分批组织实施。

八、建议国务院召开全国油料生产会议，专门做出部署

为提高我国油料综合生产能力和食用油自给率，专家建议，国务院召开一次全国油料生产会议，重点对三大油料，即在长江流域充分利用冬闲地播种油菜、在黄淮海平原充分利用撂荒边角空闲地播种花生和使东北大豆种植基地实现稳产高产等问题，及早专门部署，尽快把我国油料生产恢复到历史最好水平，争取来年春天让遍地金黄的油菜花香飘江南原野。

后　记

　　本书初版于 2011 年 4 月初问世后，受到了全国粮食行业和社会各界的广泛欢迎和高度重视。为了满足广大读者的需要，由中国粮食经济学会和中国粮食行业协会课题组在初版的基础上重新进行了编辑增删，集中汇集了中国粮食经济学会和中国粮食行业协会国家粮食安全课题组在深入开展国家粮食安全系列研究基础上撰写的七个专题研究报告和白美清会长为报送这些报告向国务院领导同志提出的建议，传达了时任国务院总理温家宝、副总理李克强、回良玉等领导同志对这些研究报告所作出的一系列重要批示，记载了这些系列研究报告对于促进各级党政领导干部和粮食行政管理部门高度重视国家粮食安全，强化和改善粮食宏观调控，及时调整和出台各项保障粮食安全、保护广大农民和消费者利益的惠农利民政策等方面所发挥的积极作用。尽管 2008 年曾爆发了世界粮食危机，2010 年又出现过世界粮价波动，但我国粮食市场却一直相当平稳，可以说是"任凭风浪起，稳坐钓鱼船"。其中的秘诀，就在于我国党和政府一直高度重视国家粮食安全并采取了一系列强有力的政策措施加以保障和落实。这不仅是今后我国保障国家粮食安全的一大法宝，从国际上看，我国保障国家粮食安全的成功经验，对于当今世界上众多受粮食短缺困扰的发展中国家，也有借鉴意义。

　　本书的增订再版得到了国家粮食局的高度重视和全力支持。中国粮食经济学会和中国粮食行业协会更是将其作为一项重要工作任务具体组织落实。本书由白美清会长任主编，宋廷明、宋丹丕、尚强民任副主编，编委会由一批资深粮食经济专家组成。这次增订再版编辑工作由严涛同志负责复编、复审，宋廷明同志负责终审，白美清同志审定。参加本书再版编辑和资料收集工作的还有李为民、耿兆书、姚国勤、张瑞琪、宋进军、韩丽丽等同志。经济科学出版社的同志给予了大力支持和协助。

本书汇集的国家粮食安全系列研究报告，均按原文付印，在这次增订再版时，只在文字上作了个别订正。其中所引用的数据，除注明为官方正式公布或国家出版物公开发表的以外，均系课题组根据官方数据或调查收集的数据进行测算或换算出来的。其中有些数字和计量单位，均保留了原文采用的习惯表述，未作统一修改，以便读者查询。

在本书增订再版之际，谨向所有为此做出贡献的同志表示由衷的感谢！这些系列研究报告作为一家之言，有些看法不一定正确，分析预测也有不够准确之处，如对2004年以后粮食增产情况的估计略显偏低、对食用植物油自给率达到50%以上的构想明显偏高等。限于编著者的水平，疏漏错误之处难免，谨以此书抛砖引玉，敬希广大同行和读者批评指正。

编　者

2013年7月